# Um Dia Minha Alma Se Abriu Por Inteiro

# *Iyanla Vanzant*

autora de *Enquanto o Amor Não Vem*

# Um Dia Minha Alma Se Abriu Por Inteiro

3ª edição

*40 dias e 40 noites em busca de liberdade e plenitude*

*tradução*
Claudia Costa Guimarães

*preparo de texto*
Regina da Veiga Pereira

*capa*
Silvana Mattievich

*revisão*
José Tedin Pinto e Sérgio Bellinello Soares

*fotolitos*
Mergulhar Serviços Editoriais Ltda.

*impressão*
Geo-gráfica e Editora Ltda.

CIP-BRASIL. CATALOGAÇÃO-NA-FONTE
SINDICATO NACIONAL DOS EDITORES DE LIVROS, RJ.

---

V383d Vanzant, Iyanla
Um dia minha alma se abriu por inteiro : 40 dias e 40 noites em busca de liberdade e plenitude / Iyanla Vanzant ; tradução de Claudia Costa Guimarães. – Rio de Janeiro : Sextante, 2000

Tradução de: One day my soul just opened up
ISBN 85-86796-42-5

1. Vida espiritual. 2. Meditações. I. Título.

00-0224. CDD 158.2
CDU 159.94

---


GMT Editores Ltda.
Av. Nilo Peçanha, 155 Gr. 301 - Centro
20020-100 - Rio de Janeiro - RJ
Tel.: (21) 524-6760 - Fax.: (21) 524-6755
Serviço de Atendimento a Clientes: 0800 22 6306 (ligação gratuita)

# Sumário

## Fase Três – Reverencie as Pessoas



## Fase Quatro
## Reverencie o que Você Sentir

## Fase Cinco – Reverencie o Seu Processo



## Fase Seis – Reverencie a Vida

## Fase Sete

Este livro é dedicado ao Ego,

aquela parte de nós que continua a se preocupar,

que vive na dúvida,

que é cheia de receios,

que julga os outros,

que tem medo de confiar,

que precisa de provas,

que acredita apenas quando lhe convém,

que não consegue dar continuação às coisas,

que se recusa a praticar o que prega,

que precisa ser salva,

que quer ser vítima,

que dá verdadeiras surras no "eu",

que precisa estar certa o tempo todo e

que insiste em se agarrar àquilo que não funciona...

Este é o seu aviso prévio...

SEUS DIAS ESTÃO CONTADOS!

# Agradecimentos

Pelo processo de parto e nascimento deste livro, eu gostaria de agradecer às seguintes almas dedicadas:

Obrigada, meu Deus! Eu lhe sou tão grata.

Aos meus filhos: Gemmia Vanzant, que me sugeriu o título, Damon Vanzant, que está livre, enfim!, e Nisa Vanzant, que se encontra em pleno processo de abrir a alma e responder ao chamado.

Aos meus netos: Aso 'le, Oluwalomoju Adeyemi, Adesola e Niamoja Adilah Afi, por manterem minha alma aberta com seu amor.

Ao poderoso time de mulheres que é fonte constante de força e apoio: Linda Stephens, Joia Jefferson, Theresa Caldwell, Fern Robinson, Muhsinah Berry-Dawan, Cassandra Barber, Almasi Zulu, Tulani Kinard, Felicia Baldwin, Adara Walton, Helen Jones, Janet Barber, Judith Hakimah, Ebun Adelona, Coleen Goldberg, Yawfah Shakor, Lucille Gambrell, Rene Kizer e Rev. Vivianna Hentley-Brown.

Aos homens amorosos que tornam minha vida como mulher uma experiência verdadeiramente agradável e espiritualizada: Alex Morgan, Rev. Michael Beckwith, Rev. Cochise Brown, Rev. Jeremiah Wright, Rev. Frank M. Reid III, Dr. Na'im Akbar, Dr. David Phillips, Ken Kizer, Ralph Stevenson, Basil Farrington, Ralph Blum e Bobby Stephens.

Às irmãs-amigas que me encorajaram a ir em frente: Susan L. Taylor, Jewel Diamond-Taylor, Tina Ansa McElroy, Bebe Moore Campbell, Maria Dowd Carothers, Jeanne Blum e Blanche Richardson.

À minha mãe espiritual e guardiã constante, Dra. Barbara King.

À minha agente e colega na Sala de Emergência, Denise Stinson.

À minha editora, Dawn Daniels, que reverencia meu processo e jamais duvida que eu acabarei por terminar e entregar o meu trabalho.

Ao time de gerenciamento editorial da Simon & Shuster, que está participando do processo de fé comigo.

Ao meu parceiro de vida e meu melhor amigo, Adeyemi Bandele.

Muito obrigada a todos vocês por fazerem com que mais esta jornada valha a pena.

# Primeiras Palavras

Um dia minha alma se abriu por inteiro
e as coisas começaram a acontecer.
Coisas que não consigo explicar.
Quer dizer,
eu chorei e chorei como jamais havia chorado.
Chorei as lágrimas de dez mil mães.
Eu não podia sentir coisa alguma
porque chorei até ficar entorpecida.

Um dia minha alma se abriu por inteiro.
Senti um orgulho irresistível.
Do que eu me orgulhava
só Deus sabe!
Como o orgulho de cem mil pais
iluminados pela glória de seus filhos recém-nascidos,
eu sorria de orelha a orelha!

Um dia minha alma se abriu por inteiro,
comecei a rir
e ri pelo que me pareceu ser uma eternidade.
Não que houvesse qualquer coisa de particularmente
engraçado acontecendo,
mas eu ri mesmo assim.
Ri com a alegria de um milhão de crianças brincando
na lama.
Ri até a barriga doer.
Meu Deus! Como foi bom!

Um dia minha alma se abriu por inteiro.
Houve revelações, aniquilações e resoluções,

sentimentos de dúvida e traição, vingança e perdão,
lembranças de coisas que vi, de coisas que fiz,
de lugares por onde andei, embora não soubesse quando.
Houve vidas que vivi,
pessoas que amei,
batalhas que travei,
vitórias que tive
e guerras que perdi.

Um dia minha alma se abriu por inteiro
e para fora foi despejado
tudo aquilo que eu andava escondendo
e negando
e vivendo
coisas que aconteceram há instantes apenas.

Um dia minha alma se abriu por inteiro
e eu decidi
que estava curada e pronta!
Estava curada e pronta
para entregar
minha vida
a Deus.

E assim, com a alma aberta,
eu me sentei,
escrevi um bilhete para Ela
e lhe disse isto.

Gemmia L. Vanzant

# Introdução

## *Tirando o Véu*

Houve uma época da minha vida em que acreditei ter tudo sob controle. Eu trabalhava na carreira dos meus sonhos. Morava numa casa decente. Tinha um relacionamento amoroso sólido. Meus filhos passavam por uma adolescência normal. Então, certa manhã, acordei me sentindo completamente infeliz. Nada de especial acontecera. Bem, na verdade, acontecera sim. Em algum momento, no decorrer daquela noite, enquanto dormia, decidi contar a verdade para mim mesma. Eu odiava meu trabalho. Sentia-me sozinha numa cidade nova onde não conhecia ninguém. Estava saindo com um homem casado. E tinha a sensação de ter sido uma péssima mãe, completamente incapaz de compensar meus filhos pelos anos de loucura a eles infligidos. Quem olhava de fora achava que eu realmente tinha tudo! Quem era eu para duvidar? Na luta do dia-a-dia, eu me convencera de que os outros tinham razão.

A sensação de tristeza, confusão e desespero começou a crescer como um fungo irritante em minha mente. Meus pensamentos foram se tornando vagos. Passei a ser ríspida com os outros. Profissionalmente, fui me tornando agressiva e competitiva. Eu me levava à exaustão, todos os dias, para que nenhuma outra verdade pudesse me ser revelada enquanto eu dormia. Agarrava-me ao meu relacionamento acreditando que, se terminasse, eu certamente perderia a cabeça. E terminou. E eu perdi a cabeça. Perdi a parte da cabeça que me fez negar os fatos durante grande parte da vida. Perdi a cabeça que vivia cheia de distorções, meias verdades e idéias alheias que alimentavam minha infelicidade como a um cão faminto. Perdi a cabeça que tinha raiva de minha mãe, que odiava meu pai, que se ressentia de meu irmão, que queria controlar qualquer coisa e qualquer um que a penetrasse e que pudesse de alguma forma me machucar. Na época, não me dei conta do que estava acontecendo. Achei que estava atravessando uma típica maré de azar. Enquanto assistia minha vida desmoronar, fiz o que qualquer pessoa sem consciência faria. Fiquei enfurecida! É o que chamam de *insanidade temporária*.

Acontece uma coisa engraçada quando a gente enlouquece. As pessoas nos ajudam a ficar no mesmíssimo lugar! Há aquelas que se identificam com a nossa raiva e nos apóiam. Contamos a elas a nossa história. Sabem por que estamos com raiva. E o que fazem? Tomam as nossas dores. Elas nos ajudam a gritar e a espernear. E até mesmo nos oferecem um drinque. E há aquelas que se identificam com a nossa confusão. Também lhes contamos a nossa história, e chegamos a ligar para elas todos os dias, relatando as novas guinadas e viradas que só serviram para aumentar nossa raiva e confusão. E o que fazem? Oferecem sugestões. Nos dizem o que fazer e o que dizer. Na hora, tudo soa maravilhosamente bem. No entanto, quando chega o momento de dizer ou de fazer o que nos sugeriram, ficamos cada vez mais confusos, com a sensação de estarmos enlouquecendo, e voltamos a nos enfurecer.

Muito embora eu não tenha me dado conta na ocasião, tive muita sorte. Houve uma pessoa em minha vida que identificou minha confusão, minha raiva e loucura imediatamente. Este indivíduo extremamente perspicaz chegou até a detectar uma vulnerabilidade ainda maior: o medo. Medo de estar perdendo o controle. Medo de que as outras pessoas me julgassem. Medo, que por algum motivo eu não me dispunha a explorar ou mencionar, de estar sendo castigada. E, mais importante, essa pessoa identificou que por baixo de tudo aquilo havia a necessidade de crescer. A necessidade de mudar. Ela sabia que eu estava vivendo uma crise fundamental em minha vida. Crise significando risco e oportunidade de crescimento. Era um momento crucial que exigia um coração ousado, uma mente forte e um espírito valente. Essa pessoa ouviu minha história e ofereceu uma única sugestão, muito desconcertante: "Mantenha-se aberta. Algo de muito maior do que você pensa está acontecendo." Ora bolas! O que é que ela queria dizer com aquilo?

Sobrevivi à experiência. As coisas melhoraram e, depois, tornaram a piorar. Troquei de carreira. Troquei de parceiro. Cortei os cabelos e perdi quinze quilos. As coisas melhoraram e, depois, tornaram a ficar difíceis. Durante o processo, algo maravilhoso aconteceu. Adquiri certas habilidades, hábitos e práticas que me levaram a compreender que as coisas, na verdade, nunca desmoronam. Elas simplesmente mudam. De alguma maneira, até mesmo quando eu me sentia prestes a perder a cabeça (outra vez), conseguia me agarrar à idéia de que tudo sempre é como deve ser. Se era para eu enlouquecer, então eu simplesmente ia enlouquecer. Talvez eu estivesse dormindo quando tomei consciência de algo que me ampara até hoje: "Se você sabe quem caminha ao seu lado, jamais poderá ter medo!" Gostaria de ter percebido o momento exato em que isso aconteceu, pois eu teria dado uma festa para comemorar. Agora acredito que foi nesse momento que minha alma se abriu e que o espírito dessa energia universal que eu chamo de Deus ou Divino entrou em minha vida.

Conheci centenas de milhares de pessoas que identifico, devido à minha própria experiência, como completamente loucas. Não é o tipo de loucura que interna alguém num manicômio. É, aliás, um tipo de loucura muito bem aceito e praticado em nossa sociedade. É a loucura que nos faz lutar pelo controle da nossa vida e da de todos os que fazem parte dela. Sabe qual é? É a loucura que nos leva a nos esforçarmos desesperadamente, a nos empenharmos para realizar cada vez mais, cada vez melhor, para irmos cada vez mais longe. Infelizmente, como estamos loucos, podemos até mesmo passar na frente dos outros, ganhar todas as paradas, sermos eleitos os melhores e, ainda assim, achar que não é suficiente. Você conhece essa loucura, porque ela atormenta mais da metade da população adulta, na maioria dos países. Ela faz com que pessoas inteiramente capazes e competentes se eternizem em empregos que as fazem infelizes. Que permaneçam em relacionamentos nos quais traem ou são traídas, porque não há laços afetivos honestos e verdadeiros. Elas se envolvem em toda espécie de situações nas quais são maltratadas, desvalorizadas, destruídas, ignoradas, roubadas de sua humanidade. Essa loucura se instala em nós quando nos esquecemos ou desconhecemos *quem* caminha ao nosso lado e *quem* vive dentro de nós. Este esquecimento fecha a nossa alma.

Se você tem esses sintomas, cuidado! A pessoa com essa loucura pode andar por aí convencida de que está bem. Aliás, a maioria dos loucos faz isso. Tenha cuidado, pois por trás da fachada de que "está tudo bem" pode haver um fungo maligno de medo, confusão e tristeza corroendo a alma. À medida que a alma vai sendo corroída, os dias se transformam numa série de tarefas enfadonhas. As pessoas à sua volta tornam-se muletas e vítimas ou passam a ser vistas como opressoras. Se você estiver sentindo que alguma coisa, ou tudo, está desmoronando, preste atenção! Pode ser o primeiro sinal de que a loucura está à espera de uma oportunidade para tomar as rédeas da situação, anuviar sua mente e destruir seu espírito. Se isso acontecer, alguma parte sua estará prestes a se fechar. E ela precisa se fechar para que você sobreviva. Mas se identificar esses sintomas em você ou em alguém conhecido, aqui vai um conselho: "Abra-se. Algo muito maior do que você pensa está acontecendo."

Ao escrever este livro, espero estar oferecendo apoio e orientação para os loucos temporários. Eu já estive em seu lugar e sei que, realmente, trata-se de algo apenas temporário. Às vezes, a vida parece nos sobrecarregar com muito mais do que podemos ou queremos suportar. Não é uma questão de sermos ou não capazes de lidar com uma determinada coisa. O que acontece, normalmente, é que não *sabemos* como lidar com ela. Aqueles que forem sábios ou corajosos o suficiente para pegar este livro antes da loucura se manifestar estarão equipados para enfrentar as tarefas que os aguardam. E aqueles que querem deixar de ser loucos encontrarão neste texto um eficiente auxiliar. Seja como for, o importante é que quero compartilhar com você aquilo que mais me ajudou a permanecer aberta e bem fundamentada na compreensão de quem realmente sou, quando as experiências da vida ameaçaram fazer-me esquecer.

Estou propondo uma jornada de quarenta dias e quarenta noites para que você tome consciência das coisas que realmente importam nesta vida. Este será o primeiro passo na direção do crescimento pessoal e do fortalecimento espiritual. Se você se parece minimamente comigo quando eu estava louca, poderá levar até seis meses para completar o processo de quarenta dias. Tudo bem! Faça o que conseguir fazer, do jeito que for melhor para você. Respeite o seu ritmo, não force nada. O lado bom da coisa é que, quando precisar deste livro, ele estará ao seu lado. As noções práticas destes quarenta princípios espirituais lhe darão uma nova percepção de si e da vida. Não faça como eu, quando estava louca. Não tente compreender nem se apresse! É possível que os novos pensamentos e os novos sentimentos não surjam imediatamente. Mas eles vão vir. Quarenta dias e quarenta noites talvez lhe pareçam muito pouco tempo, porque gente louca acha que quanto mais complicada é uma coisa, melhor deve ser. Mas isso simplesmente não é verdade. Quarenta é um número místico. Tem o poder de curar a loucura.

Se você se dispõe a admitir que enlouqueceu mesmo – a loucura que eu descrevi no início do capítulo – e quer mudar, conte comigo para ajudar. Se você não tem esses sintomas, mas conhece gente amiga que esteja nessa situação, conte comigo para ajudar. Se ganhou este livro de presente e não consegue compreender por que, vai acabar descobrindo a razão! E conte comigo. Estamos prestes a embarcar numa jornada rumo a um lugar onde a loucura não vai mais reinar. É um lugar onde as coisas loucas em que você acreditava e achava que queria irão desaparecer, pouco a pouco. É um lugar onde você vai encontrar coisas que não sabia possuir ou precisar. Nós, minhas queridas amigas e meus queridos amigos, estamos prestes a penetrar em sua alma.

Para uns, a jornada será curta e agradável. Revelações vão surgir. A compreensão fluirá. No quadragésimo primeiro dia, terão algo para compartilhar com amigos, com familiares e com a pessoa amada. Para outros, essa jornada será assustadora, acidentada, fazendo com que, em alguns momentos, tenham vontade de parar ou voltar atrás. Esquecerão de fazer uma ou outra tarefa e ficarão convencidos de que não estão tirando proveito algum do investimento. Mas aqui quero compartilhar a palavra de esperança que deu início à mudança em minha vida: “Abram-se. Algo muito maior do que pensam está acontecendo.”

# O Processo Diário

Esta jornada de quarenta dias exigirá de você trinta minutos de dedicação todos os dias: vinte minutos para os exercícios matinais e dez para os noturnos. É claro que, se você quiser, pode dedicar mais tempo do que isso, mas menos tempo não é recomendável. Se as suas manhãs se parecerem só um pouquinho com as minhas, sugiro que você faça os exercícios assim que acordar, antes de começar qualquer outra coisa. Depois que você sai do quarto, entra numa vibração completamente diferente, e é bem possível que encontre todas as desculpas do mundo para não abrir este livro. Para começar, você vai precisar do livro, de um caderno, de um lápis ou de uma caneta e de dois marcadores de texto ou lápis de cor para assinalar os trechos que escolher. Coloque o livro, o caderno, as canetas e os lápis ao lado da cama, antes de se deitar, para comprometer-se com o trabalho do dia seguinte.

Ao acordar pela manhã, respire bem fundo para purificar o seu organismo, de cinco a sete vezes, inspirando pelo nariz e expirando pela boca, fazendo um som assim: *Ahhhhhh!* Deite-se de barriga para cima e, imóvel, focalize algum ponto do teto. Procure relaxar o corpo e respirar normalmente. Quando conseguir isso, sente-se bem devagar. Trabalhe os músculos do pescoço, girando a cabeça três ou quatro vezes para a direita e depois para a esquerda. Respire fundo outra vez. Chegou a hora de começar.

Cada um dos quarenta princípios que estão neste livro é apresentado através do que chamei de *Definição de Trabalho*. Esta definição baseia-se no significado universal, espiritual ou metafísico do princípio abordado e serve para que todas as pessoas que estiverem utilizando este processo compreendam o conceito da mesma forma.

Após ler a definição de trabalho do princípio apresentado, leia o *Comentário* escrito a respeito dele. Use um marcador de texto ou um lápis de cor para sublinhar aquilo que lhe parecer familiar ou verdadeiro e tudo o que for novidade para você. Use o marcador de texto ou o lápis de uma cor diferente para identificar o que lhe provocar resistência, aquelas coisas que lhe soarem completamente forçadas, estranhas. Depois de ler o comentário, pegue o seu caderno. Transcreva nele as frases que estão no *Diário do Comentário* e registre as respostas e reações imediatas ao que acabou de ler. Talvez também seja útil anotar as frases que marcou e as impressões e sensações que elas lhe despertaram. Depois do Diário do Comentário, você encontrará uma *Afirmação Matinal.* Trata-se de uma prece para auxiliar a integrar o princípio à sua consciência. A Afirmação Matinal é um instrumento poderoso que deixará sua mente alerta para as experiências que você terá durante o dia. Você pode lê-la em silêncio ou em voz alta, quantas vezes desejar. Talvez queira, também, marcar as passagens que lhe causaram maior impacto. Depois de ler a Afirmação Matinal, passe alguns momentos em silêncio, para que sua mente absorva as palavras. Esse é o momento perfeito para fazer uma prece por você ou por outra pessoa. A leitura combinada à prece é uma excelente maneira de concentrar a sua energia. É hora de começar o seu dia. Pode ser que, no princípio, você leve um pouco mais de tempo, mas, depois que pegar o ritmo, o processo todo não levará mais do que vinte minutos.

No final de cada prece, incluí um lembrete contendo as principais afirmações do Comentário, para que você possa integrar melhor o princípio do dia às suas atividades. Se levar o livro com você, poderá lê-las quantas vezes desejar. Se deixar o livro em casa, copie essas afirmações num cartão, colocando-o na carteira ou no bolso, talvez pregando-o na sua mesa de trabalho. São pequenas "injeções de ânimo" que auxiliarão a colocar em prática o princípio do dia.

O processo noturno é relativamente simples. Antes de se deitar, releia o Comentário, fazendo uma revisão do seu dia e vendo quando e de que forma conseguiu empregar o princípio, e quando não pôde fazê-lo. Se o princípio aplicado funcionou ou não. Transcreva no caderno as frases que se encontram no *Diário Noturno.* Tanto essas frases quanto as do Diário do Comentário servirão para ajudar, mas sinta-se livre para escrever o que lhe ocorrer. Registre se o princípio se aplicou ou não às experiências do seu dia, como isso aconteceu, o que você sentiu e está sentindo agora. Tudo isso está relacionado à sua jornada. Ao escrever, o princípio assume forma e transforma-se num elemento concreto com o qual você poderá trabalhar.

Quando tiver preenchido o Diário Noturno, você terá terminado o princípio. Mas se sentir que algo ficou faltando, que precisa continuar a trabalhar com aquele princípio, volte a ele quando acordar no dia seguinte. Se sentir que completou o processo, pode começar a trabalhar com o próximo princípio.

Todas essas são sugestões. À medida que for trabalhando, talvez você descubra outras maneiras mais adequadas ao seu modo de ser. Pode ser que você prefira outro princípio ligado às suas necessidades para aquele dia, ou queira trabalhar com um ou dois princípios pelo tempo que achar necessário. Ao trabalhar com um princípio ou aplicá-lo às experiências de sua vida, não se preocupe se achar que não captou a sua essência, se não se sentir em paz, ou se ainda houver qualquer resistência ou medo. Sua mente está sendo aberta para uma nova perspectiva que facilitará o seu crescimento, mesmo que você não sinta ou não acredite nisso. A grande verdade é que nada do que você irá ler é novidade. Tudo o que está sendo apresentado neste livro trará à lembrança algo que foi gravado em sua mente há muito tempo e que está no seu subconsciente.

Mas é preciso tomar certos cuidados. Você pode ter certeza de que sua vida vai mudar bastante se investir nesse trabalho. A minha mudou e já vi muitas outras mudarem. Mas duas coisas podem acontecer: o processo de mudança para o crescimento nem sempre é agradável. Somos muito estruturados em nossa forma de ser e resistimos ao que nos questiona. Infelizmente, também sentimos culpa e remorso em relação a comportamentos passados. Por isso o processo pode ser doloroso. Por outro lado, fazer uma coisa nova, pensar de uma nova forma, aplicar ativamente essa informação à sua vida e às suas experiências é um processo de aprendizado bastante profundo. Até que os princípios formem uma base de consciência que apoiará suas ações, talvez você ache que nada está acontecendo. Esse desânimo é muito natural, mas confie e siga em frente, acreditando que uma feliz mudança está ocorrendo, mesmo que você não tenha consciência dela. Seja paciente e tolerante, trate-se com a gentileza que teria com um filho amado. Saiba que tudo está funcionando a seu favor. Se você der um passo na direção da luz dessa Energia Universal, ela dará cinco passos por você.

# *Fase Um*

*Querido Deus,*
*fale através das minhas palavras hoje.*
*Pense através dos meus pensamentos hoje.*
*Trabalhe através dos meus atos hoje.*
*Eu Lhe pertenço para que me utilize, hoje e sempre.*
*Que assim seja!*

## Honre o Divino

Sei que não sou a única pessoa que passou grande parte da vida com raiva de Deus. Quando eu não estava com raiva de Deus, estava completamente confusa, e quando não estava confusa, estava com medo. Na religião em que fui criada, Deus me foi apresentado como uma entidade externa a mim, grande, feroz, só esperando que eu fizesse alguma besteira para me pegar. "Me pegar" tinha a ver com me fazer sofrer e tirar as coisas que eu amava e desejava ter, como minha mãe. "Me pegar" tinha a ver com jamais me aprovar ou me aceitar, por causa de todas as coisas ruins, erradas ou puramente humanas que eu poderia fazer. Em algum ponto da minha vida, compreendi que Deus não estava feliz comigo. Isso não tinha nenhuma importância, porque eu também não andava muito entusiasmada com Ele.

O que significa acreditar em Deus? A minha percepção infantil de Deus, de que *Ele* estava em todo lugar, de que podia ver tudo, me perseguiu até a idade adulta. *Ele* me viu roubar balas. *Ele* me viu beijar os meninos. *Ele* sabia que eu falava palavrão, que eu fumava, que eu bebia e que tinha sido promíscua. *Ele* sabia que eu havia mentido para meu chefe (matando minha avó e outros parentes sobressalentes), para meus filhos e para a Receita Federal e, é claro, *Ele* sabia que eu havia mentido para minha mãe muitas, mas muitas vezes. *Ele* estava uma fera comigo, e por este e por muitos outros motivos eu tinha medo *Dele*. Sua raiva, concluí, ficava evidente nos dramas e na crise constante que era minha vida. *Ele* me deixou engravidar aos dezesseis anos. *Ele* permitiu que eu me casasse com um homem que me batia, que me abandonou, que voltou para casa para me bater de novo, depois para me trair e, finalmente, para me abandonar outra vez. *Ele* permitiu que eu passasse fome e que ficasse sem teto. *Ele* se recusou a me contratar para aquele emprego do qual eu tanto precisava. Era isso mesmo, eu e Deus raramente nos falávamos, e, quando isso acontecia, *Ele* sempre me castigava por algo que eu havia feito ou deixado de fazer.

Eu vivia tentando fazer com que Deus gostasse de mim. Eu sabia várias orações de cor, conhecia canções que pareciam trazer consolo para tanta gente. E cantava bem alto, achando que podia fazer com que Deus acreditasse que eu O conhecia e confiava Nele de verdade. Eu também sabia convencer aqueles que pareciam revoltados contra Deus, dizendo-lhes que Deus sabia o que era melhor para eles. Eu dizia para essas pessoas que rezaria por elas, convencida de que sabia mesmo rezar. Ouvia minha avó e as outras "santas" da igreja rezarem, e seguia seu exemplo. Eu esperava que, se fizesse tudo o que haviam me ensinado, Deus ficaria satisfeito comigo. Mas em algum lugar, bem lá no fundo, eu sabia que aquilo não passava de um jogo. Eu realmente queria acreditar em Deus, mas não tinha a menor idéia do que isso queria dizer.

As coisas que vovó dizia só aumentavam minha confusão. Se Deus estava em toda parte e tinha tanto poder, será que não sabia que eu estava confusa e assustada? Se Deus tinha tanto carinho por mim, por que não me ajudava, por que não impedia que eu fizesse certas coisas, por que não me guiava pelo caminho mais certo? Por que Deus permitia que coisas ruins acontecessem com gente boa? E que gente ruim parecesse muitas vezes tão feliz? Eu *queria* uma resposta para essas perguntas, eu *precisava* de uma resposta para o questionamento de toda uma vida: o que quer dizer acreditar em Deus? E como era difícil tentar decifrar isso, fiz como tantas outras pessoas: fechei-me, desliguei-me de Deus. Nossa, que grande alívio, como eu me senti bem! Era só fazer o que tinha de ser feito no momento certo, sem ter medo do que poderia acontecer. Aquilo parecia fazer sentido e reforçava minha crença íntima de que Deus só estava disponível para certas pessoas. Um grupo de pessoas especiais do qual eu não fazia parte.

Eu gostaria muito de saber com precisão o dia em que tudo mudou para mim. Gostaria muito de conseguir identificar o livro que li. A música que ouvi. As palavras que soaram claras e verdadeiras em minha mente, que responderam a todas as minhas perguntas e me fizeram enxergar a presença de Deus em minha vida como algo divino e bom. Imagino que tenha sido em algum momento em que eu estava com problemas sérios. Porque, mesmo não querendo acreditar em Deus, quando eu estava atolada até o pescoço, eu corria para Ele. Acho que fui eu quem inventou aquela prece: "Deus, se Você me tirar dessa encrenca, prometo nunca mais incomodá-lo! E desta vez estou falando sério!" Nunca eu ou meus filhos ficamos seriamente doentes, o que quer dizer que não foi o medo da morte ou a necessidade de uma cura física que me fez procurar Deus. Eu sei que não foi dinheiro. Fui pobre grande parte da vida e estava farta de saber que Deus não dá dinheiro para quem não tem. Não creio que estivesse implorando para que algum amante voltasse para mim. A única coisa de que me lembro é que um dia percebi claramente a presença do Divino em minha vida, e ela chegou como uma silenciosa certeza dentro do meu coração. Não sei direito qual foi o pensamento profundo que me levou a fazer algo que mudou minha vida para sempre. Não sei mesmo como ou quando aconteceu, mas de repente eu soube, sem a menor sombra de dúvida, que eu e *Ele* estávamos, enfim, bem um com o outro. Eu também sei que foi essa experiência que me ensinou que acreditar em Deus é reconhecer e aceitar Sua presença *dentro* de nós.

Hoje, depois de tantos anos de tormento, e apesar de todas as escolhas tolas e decisões erradas que tomei na vida, sei que "Deus está dentro de mim e acredita em mim". Agora eu acredito, do fundo do coração, que "existe uma Mente apenas e cada um de nós é a manifestação dessa Mente, a Mente de Deus, dessa Energia Universal, do Divino". Também acredito que cada um de nós é uma expressão única da Mente Divina e que vivemos para cumprir uma missão e um objetivo divinos. Por isso, não há nada que precisemos ter ou saber que esteja além das nossas possibilidades. Sinto-me profundamente grata a todos os que me ajudaram a tomar consciência disso. Hoje em dia, quando sinto desespero ou confusão, sei que "o Pai sabe do que preciso mesmo antes de eu Lhe pedir!". E agradeço ao Espírito que vive dentro de mim por me ensinar, por me mostrar, por ser paciente comigo, por ter aberto meu coração e minha mente para tomar contato com Sua presença.

O que significa acreditar em Deus? Significa reverenciar nossa própria dimensão divina. Não é uma tarefa fácil, mas vale cada grama de energia que se gastar. Embora eu agora saiba o que significa acreditar e aceitar a presença do Divino como parte inerente de quem sou, há épocas em que retorno aos meus velhos medos, minhas velhas crenças e minha velha confusão. Admito que há momentos em que me concentro no problema e não na presença do bem que é Deus. No entanto, hoje em dia, eu sei ficar quieta, sei fazer a pergunta certa e sei ouvir a resposta, porque sempre tento me lembrar de que "Deus está bem aqui onde eu estou e Ele acredita em mim". É em momentos como esse que a mente racional se aquieta e o Espírito se manifesta. É em momentos como esse que você pode fazer um pedido silencioso, acreditando que a presença do Divino está sendo ativada, inundando o seu ser com uma pacífica sensação de bem-estar. Aprendi que não há fórmula mágica nem maneira especial para se viver tais momentos. No entanto, há um requisito que parece ser verdadeiro para todo mundo. Você precisa ter o profundo desejo de conhecer o Divino. Basta isso, ter um desejo profundo. É extremamente simples.

O que significa acreditar em Deus e abraçar essa presença divina? Quer dizer que, às vezes, você pode tropeçar, esquecer o que quer e cair de cabeça em velhos hábitos e crenças. Não se assuste, é natural! Quando os velhos hábitos se sentem ameaçados pelos novos, eles lutam com unhas e dentes para sobreviver. Haverá momentos em que você sentirá um medo enorme de perder o controle, de fazer esquisitices, de trocar o que lhe é familiar e confortável por algo que certamente lhe causará estranheza e desconforto. Um amigo me disse certa vez: "Enquanto você se sentir confortável, não estará crescendo." Se você quiser crescer para ocupar um lugar divino na vida, deve respirar fundo (*Ahhhhh!*) e ir em frente. Lembrando-se sempre de tratar a si e aos outros com paciência e com carinho, porque é isso que Deus faz o tempo todo conosco.

Pode ter certeza de que haverá momentos em que você cairá de cara no chão. Você terá a impressão de que quanto mais reza, quanto mais tenta confiar, quanto mais sagrada procura tornar a sua vida, pior ela fica. Aquilo que ia bem começará a dar errado. As coisas que iam mal ficarão piores ainda. É uma armadilha! Não se deixe enganar pelas aparências. Apegue-se às palavras, à frase, à prece, aos caquinhos de confiança e de fé que conseguir reunir. Não se trata de um teste! É um processo de fortalecimento! Lembre-se: não há como falhar! Quando se deseja e se procura, todos os caminhos levam à mesma estrada. A estrada da paz, da alegria e da lembrança do amor incondicional de Deus.

Talvez você esteja se perguntando se vale mesmo a pena fazer essa jornada. Por que iria procurar Deus se tudo está caminhando tão bem? Você está vivendo com o que sabe, com o que aprendeu, aparentemente não precisa de ajuda. Então, que vantagem pode haver para você? Eu já me fiz essas mesmas perguntas muitas, mas muitas vezes. Encontrei várias respostas que emergiram da velha escola, do sistema de crenças antigo que me mantinha amedrontada e confusa. Se eu não procurasse Deus, Ele viria "me pegar" um dia. Quantas vezes tentei me convencer desesperadamente a acreditar. Mas, apesar de repetir que "Deus é bom, Deus sabe o que é melhor!", quando as coisas não caminhavam conforme eu achava que deveriam, ficava zangada e assustada. A resposta para essas questões que ficou comigo por mais tempo e causou o maior impacto sobre mim foi: "Deus depende tanto de você quanto você Dele!" O Criador do universo, a Divina Energia da vida, precisa que eu demonstre a bondade que Ele/Ela reserva para todas as pessoas. "Eu sou a luz do mundo", e Deus quer que eu irradie essa compreensão. Deus acredita que vou conseguir. Quando a idéia me foi apresentada dessa maneira, eu me dei conta de que tinha muito pouco a perder e tudo no mundo a ganhar. Com um pouquinho de fé, confiança e esforço, sei que descobrirá que tudo isso é também verdadeiro para você.

# *Dia 1*

# Reverencie o Divino com a VERDADE

## Definição de Trabalho

O princípio com o qual trabalharemos hoje é a VERDADE. A Verdade é o Absoluto, é aquilo que revela a vontade do Divino e é o princípio que governa a vida. A verdade é eterna, é hoje a mesma que foi ontem. A totalidade da Verdade Divina existe no coração de cada ser vivo. O princípio básico da verdade é que a mente de cada indivíduo forma uma só unidade com a Mente Divina, para sempre. A compreensão se dá quando a consciência individual se expande e abraça o conceito da Verdade Divina.

## Comentário sobre a Verdade

Quantas mentiras havia na minha vida. Minha mãe, que Deus a abençoe, me ensinava o que achava que eu precisava saber para me dar bem na vida. Essas coisas construíram a minha armadura, a minha proteção contra a aspereza do mundo. Infelizmente, minha querida mãe, o que você me ensinou nada tinha a ver com a verdade do meu eu. Foi doloroso aceitar que minha mãe era essencialmente uma mentirosa. Foi ainda mais difícil sair do emaranhado de seus ensinamentos para encontrar a verdade, a verdade de Deus. Tive que examinar tudo o que me haviam dito e comparar com a verdade universal. É ainda mais lamentável que a verdade tenha sido distorcida pela Igreja, pelos noticiários de televisão e até por programas infantis.

"A vida é difícil! Ninguém lhe oferece nada de graça! Você precisa dar um duro danado para conseguir o que quer! Não confie nas pessoas! Vão pisar em você, se não tomar cuidado. Você precisa ser melhor do que todo mundo! Se não se destacar, ninguém vai notar você!" Foram essas as coisas que meus pais e os amigos deles enfiaram na minha cabeça. Faziam isso porque me desvalorizavam e esperavam pouco de mim, por eu ser mulher. Estou certa de que minha mãe, meu pai e minha avó achavam que estavam me ajudando, e naquela época eu acreditava que estavam mesmo. Infelizmente, suas afirmações, aliadas às minhas próprias percepções, resultaram numa confusão dos diabos na minha cabeça.

Apesar da histeria protetora dos responsáveis por mim, devo admitir que algumas das pérolas presenteadas por eles acabaram, a longo prazo, me ajudando. Em especial esta afirmação: "Siga o seu primeiro pensamento." Naquele momento eu interpretei assim: "E por que haveria de seguir o pensamento de um ser tão deplorável como eu sou? Apenas certas pessoas são dignas da atenção de Deus, e a maioria delas é homem. Eu sou jovem demais! Não sei o bastante! Sou mulher!" E eles acrescentavam: "Faça aos outros o que gostaria que fizessem a você." Um momentinho, por favor! Quem são os outros? São aquelas mesmas pessoas que estão só esperando para acabar comigo? Para pular em cima de mim? Para trair a minha confiança, levando tudo o que eu tenho e me deixando com uma mão na frente e outra atrás? A única coisa que posso fazer é me proteger delas! Outra coisa que afirmavam: "Não devemos nunca nos esquecer de que Jesus morreu pelos nossos pecados. Se quiser ir para o céu, você precisa aceitá-lo como o seu salvador." Não sei o que acontece com vocês, mas a idéia de ter feito alguma coisa, especialmente algo que eu não sabia direito o que era, mas que custara a vida de outra pessoa, me deixava arrasada de tanta culpa. E, quando eu me sinto culpada, tenho dificuldade de enfrentar as pessoas que me lembram daquilo que fiz ou que deixei de fazer para me sentir culpada. Além disso, aquelas imagens da infância, de Cristo pendurado na cruz, me faziam lembrar minha culpa e também davam a impressão de que Ele não se dera tão bem assim. Como é que Ele poderia me salvar, se estava em péssima situação? As mensagens. As imagens. O conflito que havia dentro de mim me levava para ainda mais longe do lugar da verdade, que era onde eu queria estar.

"Você precisa investigar e descobrir por você mesma o que é a verdade." Essas palavras poderosas ditas por um amigo que me ensinava sobre a fé Baha'i são um bom ponto de partida para a jornada de revelação da verdade. Quando você tem coragem bastante para pôr em dúvida e examinar aquilo que aprendeu a aceitar como verdadeiro, a sua recompensa será deslumbrante. Descobrir e abraçar uma única verdade eterna encherá seu coração, levará lágrimas aos seus olhos e erradicará as falsas crenças num instante. Como é que você vai saber que encontrou a verdade? "As ovelhas sempre reconhecem a voz do Pastor!" Mais importante é a frase que está no Evangelho: "A verdade vos libertará!" A verdade nos levará de volta ao local onde começamos, como uma idéia divina na cabeça de Deus. A verdade nos libertará dos temores habituais que o processo da vida nos impõe. A verdade eliminará a necessidade de sermos qualquer coisa além do que já somos. Nós somos *divinos.* Se estivermos convencidos disso, não precisaremos mais usar unhas e garras para conseguir qualquer coisa nesta vida. A verdade é que já temos dentro de nós tudo aquilo de que precisamos. A verdade, em sua forma mais simples, é um ato de exorcismo para nos livrar do "espírito do faça-faça": faça isso, faça aquilo, faça agora, faça rápido. A verdade permite que você apenas *seja.* A capacidade de se sentir bem com quem você é, fazendo o que quer que esteja fazendo, em qualquer momento, é o pedaço de paraíso que passamos a vida toda nos matando para atingir. Os resultados da sua busca da verdade são a única prova segura de que a verdade é eterna, coerente, confiável e nascida do amor. Para mim, a descoberta da *verdade a respeito da verdade* me fez perdoar minha bem-intencionada mãe e todos aqueles que apoiaram meus conceitos errados a respeito de mim mesma e da minha vida.

## Postulados sobre a Verdade

Ao partir em busca da verdade, fui encontrando certas idéias que se repetiam de várias formas em textos religiosos, livros sobre crescimento pessoal, tratados da "nova era". São elas que listo abaixo com o nome de *Postulados sobre a Verdade*. Essas idéias deram sentido à minha vida, fazendo-a parecer digna de ser vivida.

### Postulado 1

Deus é Vida. Deus é Espírito. Deus é Mente. Deus é a única força que controla a vida, o espírito e a mente.

### Postulado 2

Deus está dentro de você e de todos os seres vivos. Isto quer dizer que cada ser vivo é uma representação única da identidade de Deus – mente, espírito e vida.

### Postulado 3

Nada temos além do tempo e ele está a nosso favor. É por isso que continuamos a ser presenteados com a oportunidade de repetir e de recriar nossas vidas.

### Postulado 4

Deus não nos castiga. Somos nós que nos castigamos com a culpa, a vergonha e o medo, quando desconhecemos nossa natureza inerentemente divina.

### Postulado 5

Há uma Ordem Divina para tudo na vida. É por esse motivo que o local onde você se encontra em qualquer momento é exatamente onde você deveria estar.

### Postulado 6

A vida é o desdobramento de experiências que foram projetadas para nos fazer tomar consciência do funcionamento dos princípios universais, às vezes chamados de leis naturais. Quando temos consciência de que esses princípios estão em funcionamento e procuramos viver em harmonia com eles, fica fácil compreender as experiências pelas quais passamos na vida.

### Postulado 7

Recebemos a graça de Deus sob forma de abundância, paz, alegria, bem-estar, e recebemos o amor em função do que pensamos, sentimos e acreditamos com relação à vida, a nós mesmos e ao Divino.

### Postulado 8

Nossas vidas são o reflexo de nossas escolhas conscientes e subconscientes. Quando não escolhemos, vivemos à revelia.

### Postulado 9

Todos nós nascemos para cumprir um objetivo divino, e Deus nos deu tudo aquilo de que precisamos para cumprir esse objetivo.

É fundamental descobrir qual é a verdade que sustenta os nossos atos, pensamentos e comportamentos. À custa de muito trabalho, eu consegui, e é por isso que quero compartilhar com vocês. Acho que o maior desafio que enfrentamos é aprender a viver, na medida do possível, de acordo com as nossas crenças, todos os dias, o tempo todo, em todas as circunstâncias. As pessoas nem sempre se portam como representantes de Deus. Há momentos em que você pensa que o castigo é a única explicação possível para o que acontece ao seu redor. Prazos e exigências parecem restringir o seu tempo, às vezes de uma forma sufocante. Você não entende por que há uma distribuição tão injusta de bens e de recursos. Se você realmente fizesse aos outros o que eles fazem com você, correria o risco de ser despachada para o manicômio ou para a cadeia. Como é que eu posso aplicar essas idéias à minha vida, se todos à minha volta continuam a viver a vida do mesmo jeito: o mais rápido possível, da maneira que for preciso, fazendo as coisas custe o que custar, levando vantagem sobre os outros se for necessário? A resposta é muito simples, mas funciona extraordinariamente bem: "Olhe para mim! Estou fazendo algo novo! Vivo a verdade do universo!" Aderindo à verdade perfeita e imutável do Divino, incorporando-a a cada aspecto do seu ser e da sua vida, você estará livre das amarras do hábito. É para isso que servem esses exercícios, e é por isso que insisto carinhosamente para que você os faça. Ao lembrar-se, diariamente, que você é uma representação única e perfeita de tudo aquilo que é Deus, você descobrirá que possui o equipamento necessário para lidar com qualquer coisa, com qualquer situação. Este processo ajudará você a lembrar e a praticar a verdade da sua alma.

## Diário do Comentário

– Depois de ler o comentário de hoje me dou conta de que...

– A(s) frase(s) de que quero me lembrar e com a(s) qual(quais) desejo trabalhar hoje é(são):

## Afirmação Matinal sobre a VERDADE

*Hoje eu peço que a VERDADE me seja revelada.*

*A VERDADE é eterna. A VERDADE é a essência da minha alma. A VERDADE é a minha ligação com a divina fonte de toda a vida.*

*Hoje eu saúdo a presença da VERDADE como a inteligência universal que sabe exatamente o que devo fazer em cada situação, em qualquer circunstância.*

*Não importa o que me acontecer hoje, sei que há uma VERDADE maior, fundamentada no amor, no poder, na paz, na alegria e na sabedoria, que me guiará e me protegerá.*

*Hoje eu invoco a presença da VERDADE como a luz que expulsará todos os pensamentos de separação, limitação e confusão.*

*A luz da VERDADE inunda a minha mente, lembrando-me que há um poder e uma Presença Divina que é mais forte do que qualquer problema físico.*

*Hoje eu digo a VERDADE. Hoje eu ouço a VERDADE. Eu vejo a mais divina VERDADE em cada situação que vivo.*

*A VERDADE, que é divina, eterna, onisciente e sempre presente, agora me liberta para viver plenamente.*

*Agradeço pela VERDADE que me está sendo revelada neste dia.*

*E que assim seja!*

## Fazei com que Eu me Lembre de que...

*Deus é VERDADE. A VERDADE é divina.*

*A VERDADE é eterna e consistente. Não muda jamais.*

*Deus se encontra dentro de todos os seres vivos, o que significa que há uma VERDADE divina e eterna em tudo o que vejo.*

*A VERDADE é maior do que qualquer problema do plano físico.*

*A VERDADE é que Deus acredita em mim.*

## Diário Noturno da VERDADE

– Eu, ________________, me abro para conhecer a verdade a meu próprio respeito com relação a...

– Eu, ________________, me abro para conhecer a VERDADE com relação a...

– Eu, ________________, aceito como VERDADE que eu...

# *Dia 2*

## Reverencie o Divino com a CONFIANÇA

### Definição de Trabalho

O princípio com o qual trabalharemos hoje é a CONFIANÇA. Ela é a certeza de que dependemos do Divino para tudo aquilo de que necessitamos. É o reconhecimento e a aceitação da presença do Divino como o bem supremo, onipotente e onipresente.

### Comentário sobre a CONFIANÇA

Há uma enorme diferença entre confiar em alguém e depositar a sua confiança em alguém. A primeira vez que tentei explicar essa diferença para alguém foi muito difícil. Uma amiga vinha tentando recuperar o irmão viciado em drogas, mas, apesar de todo o seu empenho, fracassara. Após diversos meses longe da família, o irmão reapareceu. Estava com aparência saudável e assegurou à irmã que estava tentando livrar-se das drogas. Disse que precisava de um lugar para se hospedar, e ela, movida por medo, culpa e vergonha, ofereceu o sofá para o irmão dormir. Nas semanas seguintes, ele disse que estava tentando encontrar trabalho. Ela o ajudou de todos os modos, dando comida, roupas, gastando dinheiro com ele. Numa bela manhã de sábado, ela deixou o irmão dormindo no sofá e saiu para resolver alguns assuntos. Quando chegou em casa, no final da tarde, a televisão, o som, duas máquinas fotográficas, diversas jóias, um casaco de peles e o irmão haviam sumido.

Quando *confiamos* em alguém, reconhecemos que essa pessoa é representante da energia divina. Por isso ela é digna da mais alta estima e respeito, pois, faça o que fizer, sua essência, que é divina, não mudará. O mesmo acontece com você: aconteça o que acontecer, a sua essência permanecerá inalterada. Não é na pessoa que confiamos, mas na presença divina que existe dentro dela e que poderá um dia manifestar-se externamente.

Quando *depositamos a nossa confiança em* alguém, esperamos que essa pessoa cumpra o que se comprometeu a fazer, normalmente algo que deveríamos estar fazendo por nós mesmos. Depositamos nossa confiança mais em palavras ou em promessas do que no Divino. Por que será que depositamos nossa confiança nos outros, se sabemos que os seres humanos são capazes de fazer qualquer coisa quando sentem medo, culpa ou vergonha? Por quê? Porque esquecemos de invocar a presença do Divino em todos os momentos de nossa vida. Quando invocamos o Divino e nossa confiança é traída, culpamos o ser humano em vez de considerar a experiência como uma lição do Divino para o nosso crescimento.

Minha amiga ficou arrasada. Chorando, me disse que o irmão havia traído sua confiança. Não, assegurei-lhe, ele agiu de acordo com a sua condição de dependente químico. É claro que a experiência foi sofrida. Mas por que ela tinha esperado outra coisa dele? Ela não sabia explicar. Uma pessoa que está *tentando* não está fazendo. E ela o conhecia bem, já tinha vivido outras experiências com ele. Então, por que não se protegeu, trancando pelo menos a porta do quarto, de onde ele tirara os objetos de maior valor? No mais íntimo de seu ser, ela não confiava nele de verdade. Mas preferiu confiar *naquilo* que ele havia dito em vez de confiar na sabedoria divina, que a alertava para os riscos que corria. Essa sabedoria lhe dizia que o irmão ainda era capaz de roubar.

Cada ser vivo, por ser uma manifestação da energia divina,

merece confiança. Mas há situações e pessoas que demonstram de várias formas, através de suas ações, que não é sábio depositar nossa confiança nelas. Nesses casos, a nossa sabedoria inata, que às vezes chamamos de intuição, nos dá um sinal interno. Nós nos sentimos inseguros, pressionados, divididos. Quando hesitamos em dar um passo à frente ou em acreditar no que ouvimos ou vemos, precisamos respeitar essa voz interna e examinar melhor a situação. Se, em vez de confiarmos em nós mesmos e no Divino que há dentro de nós, preferimos confiar nos nossos impulsos e simpatias, descartamos nossa sabedoria e corremos o risco de nos tornarmos vítimas de nosso próprio julgamento.

Confie no Divino para lhe proporcionar tudo de que você precisa para viver de maneira plena, pacífica e abundante. Isso não quer dizer que as pessoas farão sempre o que é divino e certo. Mas, lembre-se, você não está depositando a sua confiança nas pessoas, está confiando que o Divino se manifestará através delas. O que não quer dizer que seu carro não será roubado ou que não levarão sua bolsa. O que não quer dizer que pode ter certeza de que jamais prejudicarão você e que as coisas roubadas e perdidas lhe serão restituídas. Confie no Divino, que lhe dará a sabedoria necessária para que você tome a decisão certa em qualquer circunstância. Se quiser saber o que fazer, pergunte, em silêncio, ao seu coração. Pergunte muitas vezes. Quando fizer isso, seus atos serão guiados. Você receberá proteção. Pode ser que, em alguns momentos, você não pareça estar fazendo a coisa certa. Você poderá ter dúvidas a seu próprio respeito. Pessoas e situações poderão desafiar você. Em momentos como esse, o Divino pede que você ative a sua confiança. Acredite no que seu coração lhe diz ser verdadeiro. Não tenha medo de ver a verdade de cada situação e de agir de acordo. Confiar no Divino contém um aspecto importante que certamente terá um impacto positivo na sua vida: aprender a reconhecer e a interpretar os sinais que certamente vai receber lhe ajudará a ter mais confiança em você.

## Diário do Comentário

– Após ler o comentário de hoje me dou conta de que...

– A(s) frase(s) de que quero me lembrar e com a(s) qual(quais) desejo trabalhar hoje é(são):

## Afirmação Matinal sobre a CONFIANÇA

*Hoje eu deposito minha CONFIANÇA no Divino.*

*CONFIO que o Divino me guiará hoje.*

*CONFIO que o Divino me protegerá hoje.*

*CONFIO que tudo aquilo que diz respeito a mim será submetido à ordem divina de acordo com a perfeição da Vontade Divina.*

*CONFIO que minhas experiências do dia de hoje vão me proporcionar revelações divinas que me farão compreender melhor o Divino e que aumentarão em mim a sabedoria divina.*

*CONFIO que todas as minhas necessidades serão satisfeitas hoje.*

*CONFIO que os desejos puros de meu coração se manifestarão hoje.*

*CONFIO que a amorosa presença do Divino amparará este dia, como fez em todos os dias antes deste e sempre fará.*

*Agradeço por CONFIAR em tudo o que há de bom. Deus e o Divino são todo o sustento de que precisarei para sempre.*

*E que assim seja!*

## Fazei com que Eu me Lembre de que...

*CONFIAR no Divino não é o mesmo*
*que CONFIAR nas pessoas.*
*A CONFIANÇA é um instrumento da sabedoria divina.*

*CONFIAR é acreditar que o Divino nos*
*proporciona todas as coisas.*
*A CONFIANÇA no meu "eu" mais profundo*
*é a CONFIANÇA no Divino.*

## Diário Noturno da CONFIANÇA

– Hoje achei difícil CONFIAR quando...

– Hoje achei fácil CONFIAR quando...

– Hoje me dei conta de que é difícil CONFIAR em mim quando...

# *Dia 3*

# Reverencie o Divino com a PRECE

### Definição de Trabalho

O princípio com o qual trabalharemos hoje é a comunhão. A PRECE é uma forma de comunhão. É o meio de comunicação entre o homem e o Divino destinado a purificar e aperfeiçoar a consciência. Um ato para alcançar o Ser Supremo.

### Comentário sobre a PRECE

A idéia que temos sobre a prece foi aprendida com nossos pais ou na igreja. Lemos histórias de como a prece transformou pessoas ou situações. Numa dada época, eu achava que precisava rezar de joelhos, ao lado da cama. Depois, conheci a prece na igreja, em voz alta, às vezes alta até demais. Nas muitas aulas, palestras e conferências às quais compareci, aprendi a rezar em silêncio, com firmeza, pedindo pelos outros. Também aprendi a rezar *acima* das coisas, *dentro* das coisas, *por causa* das coisas e *em meio* às coisas. Mais importante, ensinaram-me a rezar *para* as coisas. No final das contas, aprendi que a prece é um ato muito pessoal e íntimo. A forma como rezamos, o momento em que rezamos e a razão que nos leva a rezar são um reflexo direto de nossa compreensão do Divino e do papel que Ele desempenha em nossas vidas.

Rezar é o ato espiritual mais eficaz que uma pessoa pode realizar. Quando a oração é uma expressão verdadeira da nossa crença na presença de Deus, ela acelera a energia mental e emocional que existe dentro de nós. A linguagem da prece, quer ela seja rezada como súplica – pedindo alguma coisa – ou como afirmação (declarando que algo já foi realizado), ajuda a alinhar os corpos mental, físico e emocional, intensificando a energia do Divino. A maioria das pessoas acredita que essa energia divina está fora de nós e que sai por aí pedindo por nós. Mas a verdade é que ela está dentro de nós. A prece, portanto, nos põe em contato com o que já existe dentro de nós e abre nossas mentes para descobrir essa existência no mundo exterior. Em outras palavras, nós já possuímos aquilo que pedimos, mas, em muitos casos, não sabemos disso.

Nos meus momentos mais insanos, rezei pedindo as coisas mais absurdas. Dinheiro. Amor. Para que alguém fosse prejudicado. Para que alguém que eu amava fosse poupado de alguma tragédia. Em todas as situações, minhas preces foram ouvidas. Infelizmente, eu não reconhecia a resposta quando ela vinha. Depois de passar anos reclamando que Deus não ouvia as minhas preces, eu me dei conta de que Deus sempre as escutava! De acordo com os princípios da verdade, de acordo com a Vontade Divina para o meu bem maior e de acordo com a minha fé (de que falaremos mais tarde), eu sempre obtive uma resposta. Agora, eis aí a questão. Quando eu não deixava a dúvida se instalar na minha mente, minhas preces eram ouvidas. Quando eu realmente esperava um resultado positivo, minhas preces eram ouvidas. Quando eu era bastante específica com relação ao que queria, minhas preces eram ouvidas. Quando eu parava de culpar Deus e as outras pessoas por tudo o que acontecia de errado na minha vida e me dispunha a aceitar minha responsabilidade sobre ela, minhas preces eram ouvidas imediatamente!

Eu me encontrava num aperto financeiro dos mais ferozes e liguei para uma amiga muito querida, pedindo que me ajudasse a rezar para eu conseguir dinheiro. Rezamos e desligamos o telefone. Instantes depois ela me ligou de volta, dizendo: "Sabe de uma coisa, a gente vive rezando para um Deus que vive do lado de fora de nós, pedindo que ele venha e faça alguma coisa por nós. Acho que isso é o que ensina a filosofia ocidental. Na filosofia oriental, nos ensinam que o espírito do Divino já existe dentro de nós. Nós temos que aceitar a sua presença e pedir para esse poder se manifestar dentro e através de nós, nos dando forças para fazer o que for preciso. Nós sabemos o que fazer e simplesmente precisamos de força para isso. Vou rezar para que você reconheça sua própria divindade e possa invocá-la como força." Ela estava tão certa, que me fez chorar.

Alguma vez nos ensinaram que podemos rezar a qualquer instante, em qualquer lugar? Aprendemos que, para ter bons resultados, precisamos rezar de uma determinada maneira, com fé e persistência? Por muitos e muitos anos, minhas orações buscavam resultados. Eu queria uma certa coisa e achava que a prece poderia consegui-la para mim, quando eu mesma não podia. Demorei algum tempo para me dar conta de que a prece é, na realidade, uma *afirmação daquilo que já existe.* Quando rezamos, demonstramos que estamos dispostos a receber o que existe porque acreditamos que virá o que nos fará bem. A prece é o reconhecimento de nossa confiança no Divino para nos proporcionar tudo aquilo de que precisamos, quando precisamos. Mesmo quando rezamos para fazer um pedido, estamos afirmando que estamos abertos e prontos para receber. Quando rezamos, estamos pedindo que o Espírito intervenha a nosso favor ou a favor de uma outra pessoa. Essa intervenção espiritual é sempre para o nosso maior bem, mesmo que isto não seja imediatamente claro.

É preciso saber quem somos de fato para compreender o verdadeiro significado da prece. "*Invoque o Divino que se encontra dentro de você para que ele seja a força de que necessita para fazer o que precisa ser feito.*" Se você precisa tomar uma decisão, invoque o Divino. Se precisa resolver um conflito, invoque o Divino. Se precisa de cura, ajuda financeira, força ou sabedoria, invoque o Divino. Saiba que aquilo de que precisa já existe dentro de você. Invoque o Divino não para conseguir alguma coisa, e sim para saber que Ele habita em seu ser. Invoque o Divino não como se estivesse mendigando, mas com a confiança de quem sabe que Ele surgirá quando você o chamar. Invoque o Divino não por não saber mais o que fazer, e sim porque você precisa de força espiritual para fazer o que for melhor para você. Ao invocar o Divino através da oração, você estará sintonizando sua mente, seu corpo e seu espírito com exatamente aquilo de que você precisa naquele momento.

## Diário do Comentário

– Após ler o comentário de hoje me dou conta de que...

– A(s) frase(s) de que quero me lembrar e com a(s) qual(quais) desejo trabalhar hoje é (são):

## Afirmação Matinal sobre a PRECE

*A divina fonte de toda a vida é a realização de todo o potencial.*

*Acredito que a energia divina da inteligência universal esteja me guiando agora.*

*Acredito que a fonte divina da abundância esteja preenchendo cada necessidade minha agora.*

*Acredito que a presença divina da integridade e do bem-estar esteja preenchendo o meu ser neste instante.*

*Eu sei o que o Divino sabe.*
*Eu possuo o que o Divino possui.*
*Eu sou o que o Divino é.*
*Eu sei que essa é a verdade do meu ser.*

*Aceito essa verdade como a vontade do Divino.*

*Confio na Vida única, na Mente única, na Presença única para manifestar-se plenamente e satisfazer a cada bem que meu coração desejar.*

*Agradeço tanto por conhecer essa verdade e tudo o que ela significa.*

*E que assim seja!*

## Fazei com que Eu me Lembre de que...

*Eu tenho o poder de invocar o Divino.*

*Cada PRECE é atendida de acordo com a Vontade Divina.*

*Eu já possuo tudo aquilo de que necessito.*

*Eu já sei tudo que preciso saber.*

*A PRECE me faz entrar em sintonia com*

*o bem existente dentro de mim.*

*Acredito que reconhecerei a resposta à minha*

*PRECE quando ela surgir.*

## Diário Noturno da PRECE

– Hoje lembrei-me de invocar o Divino quando...

– Hoje consegui reconhecer a presença do Divino como sendo/quando...

– Hoje foi fácil/difícil eu rezar quando...

# *Dia 4*

# Reverencie o Divino com a MEDITAÇÃO

## Definição de Trabalho

O princípio com o qual estamos trabalhando hoje é a QUIETUDE. Ela é atingida através da meditação, que é o ato de aquietar a mente física/consciente com relação a todos os estímulos externos. É o pensamento que conduz à verdade. É o empenho constante da mente para conhecer e ouvir a voz de Deus vinda de dentro do ser. O ato de "não fazer" para expandir a percepção do ser. É quando silenciamos a mente consciente para escutar a Presença Divina.

## Comentário sobre a MEDITAÇÃO

No começo, somos seres minúsculos sem olhos, sem ouvidos, sem nariz ou boca. Não sabemos se somos negros ou brancos, homens ou mulheres, ricos ou pobres, atraentes ou não. Não trabalhamos, mas não nos consideramos preguiçosos ou improdutivos. Não temos responsabilidades para com nós mesmos ou para com os outros. Não temos consciência de que sabemos alguma coisa. Como não sabemos que sabemos, não nos sentimos inferiores por não sabermos. Estamos satisfeitos em nos tornarmos vida. As pessoas sabem que estamos em processo de crescimento e nos deixam em paz, nos deixam crescer sozinhos. Pode ser que essas pessoas nos amem mesmo sem nos verem. Mas também pode ser que o fato de começarmos a existir as deixe bastante contrariadas, desesperadas até, mas isso não importa. Vamos crescer mesmo assim. Há um poder, uma força vital dentro de nós e ao nosso redor que nos ama até mesmo quando as pessoas à nossa volta nos rejeitam. Essa força vital que nos cerca é que nos ajuda a crescer. O auxílio é gratuito. Ele nada pede em troca. Enquanto estamos boiando na escuridão, essa força permanece conosco, nos banhando com seu amor. É essa força vital que assegura que todas as nossas partes importantes estão no lugar certo e de que temos suficiente alimento. É essa poderosa energia que nos protege na escuridão. Que nos faz funcionar lá dentro para que possamos funcionar aqui fora. A energia à qual me refiro, a energia que está conosco e dentro de nós desde o início, é o espírito do Divino.

Depois que nascemos, nos esquecemos completamente da divina energia de vida que nos formou um dia, talvez por não conseguirmos enxergá-la com nossos olhos. Ela é como as correntes de eletricidade que fluem através dos fios de uma televisão. Ligamos o aparelho na tomada, apertamos o botão de "ligar" e pronto! Lá está a imagem. Sabemos que existe um poder oculto em funcionamento, mas não pensamos nisso. Sabemos que se não ligarmos a televisão na parede ou se não apertarmos o botão de "ligar", ela não fará coisa alguma. Mesmo que não pensemos, sabemos que a presença invisível da eletricidade produzirá aquilo que desejamos. O poder do Divino funciona exatamente da mesma forma. Sua presença invisível é a energia da qual precisamos para entrar em funcionamento.

Volte ao começo da sua vida. Você não tinha olhos, ouvidos ou voz. Não sabia coisa alguma. Não fazia coisa alguma. Essa é a melhor descrição da meditação que eu posso oferecer. Deixar-se flutuar num mar de escuridão. Isso quer dizer que você precisa aprender a se desapegar. Precisa se desapegar de qualquer pensamento a seu próprio respeito, a respeito de suas responsabilidades, do juízo que faz de si, de seus desejos e de seus medos. A meditação permite que você se desapegue daquilo que sabe. Para meditar, você precisa aceitar que esse poder invisível, a força da vida que flui pelo seu interior, lhe dará tudo de que precisar. Pense da seguinte forma: você passou nove meses flutuando na escuridão do útero e tudo ficou muito bem. Será tão difícil assim voltar a esse estado durante cinco, dez ou quinze minutos? Não vale a pena tentar?

Perdi a conta das vezes em que as pessoas me disseram: "Não sei meditar." Ou: "É difícil meditar", "Sinto-me idiota de ficar sentado ali, sem fazer nada!". Para aqueles que se sentem assim, quero afirmar: você não está "sem fazer nada". Está se ligando na tomada. Está se fazendo lembrar de onde veio. Está abrindo espaço para permitir que a divina força vital entre em seu ser. Será difícil se você ficar repetindo que é difícil. Quando comecei a meditar, eu possuía um plano elaboradíssimo. Velas. Incenso. Uma esteira e uma veste especial. Eu demorava vinte minutos me preparando para sentar. E, quando sentava, estava cheia de expectativas. Minha meta era concentrar a energia e a atenção a ponto de levitar. Desnecessário dizer que isso jamais aconteceu. Não aconteceu, porque eu estava empenhada demais em fazer com que acontecesse. Levei as minhas expectativas para a meditação com excessiva intensidade e elas mantiveram minha mente ocupada demais para se aquietar e fazer-me ligar à força que me levaria a flutuar.

"Aquiete-se e saiba!" A quietude é a chave. Aquiete a mente. Aquiete o corpo. Aquiete a necessidade de ser qualquer coisa para poder se ligar na tomada. Quando se ligar, a energia começará a fluir. Você saberá o que for preciso saber. Se houver alguma coisa que precise saber, receberá instruções. Pode ser que você veja alguma coisa. Pode ser que não. Pode ser que você ouça alguma coisa. Pode ser que não. Não importa o que aconteça ou deixe de acontecer, você saberá que recebeu energia e houve em você uma renovação. E como é que você vai perceber? Confie em mim, você vai perceber através de resultados que chegarão lentamente e que serão diferentes para cada pessoa.

Estou tentada a dar-lhe instruções sobre como respirar, como se sentar, onde se sentar. Vou resistir à tentação, por suspeitar que as instruções poderão fazer você acreditar que existe uma maneira certa e uma maneira errada de meditar. Cada um vai encontrar sua própria maneira, seja concentrando-se em uma palavra, seja entoando cânticos ou qualquer outra forma. Antigamente eu diria que você deve respirar profunda e ritmicamente para aquietar a mente e entrar em contato com o poder do Divino. Ainda acredito nisso e sei que funciona para mim. No entanto, como eu quero insistir cada vez mais na necessidade de meditar e menos numa forma correta de fazê-lo, eu direi apenas: *aquiete-se* e *saiba* que há uma força universal querendo manifestar-se através de você. O instrumento dessa força é a sua mente. Quando você aquieta a mente frente a todas as influências externas, a todo o falatório interior, a força será ativada. *Aquiete-se* e *saiba* que não há nada mais importante do que o tempo que você passa na presença da força universal. Durante esses poucos momentos do dia, as pessoas devem deixar você em paz. Você precisa se entregar à força invisível da vida. O resultado dessa quietude, do silêncio e do ato de confiança será o crescimento. Você crescerá em capacidade mental e compreensão espiritual. Você crescerá em percepção e habilidade. Você crescerá em consciência. Você crescerá em sua divindade.

Eu farei uma pequena sugestão. Sugiro que você inicie a meditação com uma prece. Alguém já disse que a prece é falar com o Divino e a meditação é ouvi-lo. Se começamos a meditação dizendo ao Divino o que gostaríamos de saber, receberemos a resposta apropriada. Obter uma resposta, no entanto, não deve ser a meta. Precisamos saber que ao apresentarmos nossa necessidade em forma de prece, a resposta se fará disponível. Talvez não venha hoje, mas virá. Quando buscamos metas com a meditação, corremos o risco de nos desapontarmos ou de nos sentirmos desencorajados. Quero também sugerir que a meditação se torne o principal alimento espiritual de sua vida. Da mesma forma que alimentamos nossos corpos três vezes ao dia, devemos alimentar nossos espíritos. Da mesma forma que jamais pensaríamos em permitir que nosso carro ficasse sem combustível, não devemos pensar em conduzir nossas vidas sem a força do Divino. Pense na meditação como um *check up*. Você precisa parar de vez em quando para ver como vão as coisas, certificando-se de que todos os sistemas estão funcionando!

## Diário do Comentário

– Após ler o comentário de hoje me dou conta de que...

– A(s) frase(s) de que quero me lembrar e com a(s) qual(quais) desejo trabalhar hoje é(são):

## Afirmação Matinal sobre a MEDITAÇÃO

*Eu sei que existe apenas uma Vida, uma Força, uma Mente, um Espírito de inteligência, de sabedoria e de juízo universais. Eu sei que essa Vida, essa Força, essa Mente e esse Espírito são oniscientes, onipotentes, ilimitados, abundantes, alegres e pacíficos. Eu sei que essa presença flui através do meu ser como a verdadeira essência do que sou. Por tudo isso, agradeço.*

*Sei que o poder e a presença da Mente Universal, do Espírito da vida, está fluindo através do meu ser, ligando todos os fragmentos de pensamento e emoção e transformando-os num fluxo consistente de inteligência divina. Eu sei que, neste exato momento, a presença ilimitada e curativa da Mente Divina está inundando o meu ser com a sua luz, com o seu amor, com a sua perfeição. Por tudo isso, agradeço.*

*Eu sei que tudo o que é bom, que tudo o que é Divino está à minha disposição e que eu desejo ser como um recipiente usado pelo Divino para derramar bondade, paz, bem-estar e amor para o meu próprio crescimento e para o de toda a humanidade. Eu agora me abro para que a divina verdade da vida me encha de luz, de amor, de inteligência e de sabedoria. Por tudo isso, agradeço.*

*E que assim seja!*

## Fazei com que Eu me Lembre de que...

*A MEDITAÇÃO não é difícil. A MEDITAÇÃO é necessária.*
*Tudo aquilo de que preciso ou que preciso saber*
*está disponível para mim na quietude.*
*Quando eu me aquieto, a força do Divino é ativada.*
*É na quietude que se encontra o saber.*

## Diário Noturno da MEDITAÇÃO

– Hoje não pude meditar porque...

– Quando consigo meditar eu sinto...

– Eu acho que a MEDITAÇÃO é necessária/desnecessária porque...

# *Dia 5*

# Reverencie o Divino com a DISPOSIÇÃO

## Definição de Trabalho

O princípio com o qual estamos trabalhando hoje é a DISPOSIÇÃO. Ela é um estado de receptividade mental e emocional que nos torna abertos e disponíveis para sermos inundados pela vontade do Divino. É a vontade firme de realizar coisas que servem para o nosso bem enquanto seres divinos.

## Comentário sobre a DISPOSIÇÃO

Houve momentos em que eu soube exatamente o que fazer para solucionar um conflito ou para acabar com uma situação insuportável. Eu tinha clareza sobre o que devia fazer, mas não estava sempre disposta a fazê-lo. Com grande freqüência, eu tinha medo do resultado. Eu não queria me zangar ou desagradar os outros. Não me dispunha a dar o primeiro passo, sobretudo se não soubesse direito onde estava pisando ou se tivesse medo da reação do outro. Eu não queria correr o risco de estar errada. Eu não estava disposta ou preparada para me defender se me desafiassem. É isso mesmo: eu sabia o que precisava ser feito, mas não me dispunha a fazê-lo. Eu resistia.

A resistência em fazer aquilo que sabemos que deve ser feito vem do medo. O medo é uma ferramenta do ego. Espertamente disfarçado de resistência, ele apóia a omissão e a fuga. Nós não nos dispomos a errar, a parecer incapazes, a sermos desafiados ou derrotados. Quanto mais nos enterramos na resistência, mais nos distanciamos da vontade. E esquecemos que o Divino não lembra dos nossos erros e nem censura aquilo que percebemos como derrota. A energia divina também não julga nossos métodos ou escolhas. O Divino simplesmente pede que nos disponhamos a fazer o que for preciso para entrarmos no nosso próprio estado de divindade, o que significa que precisamos desenvolver a sabedoria e a coragem através do fortalecimento da vontade.

Em muitas das experiências pelas quais passamos na vida, sabemos exatamente o que é preciso fazer ou dizer. A nossa dificuldade está em não saber como fazer ou como dizer. A disposição permite que você diga o que for preciso, no momento mais adequado. Ela enche sua consciência com o espírito do amor que jorrará da sua boca quando você tiver bastante coragem para permitir que isso aconteça. Muitas vezes nós sabemos *o que* dizer e *como* dizer, mas não conseguimos descobrir *quando* ou *se* devemos dizer. A disposição acende em você a sabedoria divina que vai descobrir o melhor momento e fazer a melhor escolha entre falar e calar-se. Esta é uma prática que venho me empenhando em desenvolver. Às vezes, quando estou enfrentando uma situação que me intimida, eu me imagino dizendo e fazendo coisas que não ousei "fazer em sã consciência". O que eu chamo de "sã consciência", para justificar minha omissão, é a parte do meu ego que bloqueia a disposição, porque quer sempre agradar às pessoas. Descobri que o fortalecimento da disposição nos faz mais corajosos. E todos nós precisamos de coragem para nos dispormos a reverenciar o Divino nos desafios que enfrentamos como seres humanos.

A disposição reforça a ligação entre a mente física e a mente divina ou espiritual, formando um caráter espiritual forte. Quando você quer tornar-se um verdadeiro representante da energia divina, você se dá conta da necessidade de construir uma base espiritual sólida. Sabe que precisa, antes de mais nada, rezar. Tem confiança de que a resposta virá. Você age de acordo com o que o seu coração lhe diz, sabendo que o Divino sempre fala a verdade diretamente para o seu coração, para a sua emoção. Quando você se dispõe a construir uma base espiritual, sabe que receberá proteção e direção e que a luz e o amor do Divino inundarão seu ser.

Quando você faz ou diz aquilo que seu espírito ordena, talvez algumas pessoas não fiquem muito satisfeitas com você. Podem achar que você está sendo inconveniente! Podem acusar você de querer perturbar suas vidas. Mas é possível que você seja o único recipiente do Divino num dado momento. O Divino sempre precisa de um recipiente de onde jorrarão as suas energias.

Exercer a disposição não levará as pessoas a concordarem sempre conosco nem fará que as coisas aconteçam da maneira que achamos ou sentimos que deveriam acontecer. Mas, por outro lado, a disposição estimula a cooperação entre as pessoas, porque demonstra disponibilidade para um diálogo em busca da verdade. Quando uma pessoa se dispõe a rever seus pontos de vista e mudar uma atitude, a tensão é aliviada. Quando não há tensão, há paz. A paz é a energia do Divino. A disposição não tornará sua vida mais cômoda, mas ajudará você a lidar melhor com cada experiência que enfrentar nesta vida. Ter coragem de dizer o que pensa e de dizer a verdade através da ótica do amor e não da raiva ou do medo, abrir-se para aceitar o ponto de vista dos outros sem sentimentos de ameaça ou de derrota, abrir mão da necessidade do ego de ter tudo sempre sob controle, dispondo-se a fazer o que for preciso para estabelecer a paz – todas essas são formas de crescimento. Você cresce em agilidade mental, em força espiritual e em vigor divino.

Quando você se dispõe a entregar seus pensamentos à Mente Divina, você recebe a direção divina. Essa direção permitirá que você dê a seus sentimentos uma dimensão de amor, de franqueza e de paz. À medida que sua natureza divina se desdobra, você vai exercendo sua disposição em seu próprio benefício e do mundo à sua volta. Ao enfrentar dificuldades e desafios é preciso se dispor a errar, a dar mais de si, a cair, se levantar e cair outra vez, sabendo que a ajuda divina está sempre próxima. Dentre todos os princípios espirituais que nos levam a um momento de graça, a disposição nos ensina que, quando aceitamos abrir mão de tudo o que possuímos, o Divino nos devolve dez vezes mais.

## Diário do Comentário

– Após ler o comentário de hoje me dou conta de que...

– A(s) frase(s) de que quero me lembrar e com a(s) qual(quais) desejo trabalhar hoje é(são):

## Afirmação Matinal sobre a DISPOSIÇÃO

*Eu me DISPONHO a ficar em silêncio.*
*Eu me DISPONHO a confiar na Presença Divina que existe dentro de mim.*
*Eu me DISPONHO a confiar no Divino, no silêncio de meus pensamentos.*
*Eu me DISPONHO a confiar ao Divino os segredos de meu coração.*
*Eu me DISPONHO a confiar ao Divino a essência de minha força vital, meu espírito.*
*Eu me DISPONHO a ouvir a voz do Divino.*
*Eu me DISPONHO a conhecer a vontade do Divino.*
*Eu me DISPONHO a me entregar à presença do Divino.*
*Eu sei que a força vital do Divino se importa comigo, fala comigo, me ama e me protege.*
*Por todas essas coisas, agradeço!*
*E que assim seja!*

## Fazei com que Eu me Lembre de que...

*Seja feita a Vossa vontade, não a minha.*

*Eu me disponho a honrar a Vossa vontade.*

*A vontade do Divino é minha salvação.*

*Ter DISPOSIÇÃO é ter coragem.*

## Diário Noturno da DISPOSIÇÃO

– Hoje descobri que as coisas que eu mais me dispus a fazer me fizeram sentir...

– Hoje descobri que, quando eu resistia, eu sentia...

– As coisas às quais eu resistia e que agora me disponho a fazer são...

# *Dia 6*

# Reverencie o Divino com a CRIATIVIDADE

### Definição de Trabalho

O princípio com o qual estamos trabalhando hoje é a CRIATIVIDADE. Ela é a força invisível por trás de todas as coisas visíveis. É a capacidade de se refazer. É a habilidade humana de realizar no plano físico/visível aquilo que foi concebido nos planos mental (consciente ou inconscientemente) e emocional.

### Comentário sobre a CRIATIVIDADE

O Divino passou às criaturas humanas sua habilidade criativa, para que completássemos sua obra. Para isso o Divino nos deu a capacidade de conceber, expressar e usufruir os resultados de nosso poder criativo. Nós criamos através do pensamento, da palavra e de atos. Cada um de nós está aqui para revelar o ideal criativo do Divino. Além da criação artística, estou falando da nossa capacidade de criar um ambiente mundial que reflita ideais divinos como o amor, a paz, a abundância, a alegria, a harmonia e o poder. Há um certo espanto quando menciono o poder, porque na maioria das vezes ele é usado para dominar, ou em proveito de poucos. Mas o poder usado de forma divina cria justiça, solidariedade e paz.

Em seu livro *Handbook to Higher Consciousness* (Manual para a consciência elevada), um professor espiritual realmente iluminado chamado Ken Keyes afirma: "Como é a sua consciência (seus pensamentos) que cria o seu universo, tudo o que você precisa para mudar seu mundo é mudar a sua consciência!" Quando li isso pela primeira vez, não entendi nada. Achei que fosse algum tipo de mágica. Pense tal pensamento e pronto! O que você deseja surgirá diante de seus olhos. Levei tempo para entender que eu sou um ser divino e criativo cujo pensamento se manifesta através de ações concretas. Infelizmente, as coisas que eu estava criando naquela época eram um pesadelo!

A maioria de nós desenvolve um padrão de pensamento e de comportamento e acredita que ele não pode ser mudado. Nossos pais fizeram assim, imitando os pais deles, e agora somos nós que repetimos esses pensamentos e ações. Algumas vezes, por sorte, temos pais que nos dizem: "Não cometa os erros que eu cometi!" Mas mesmo quando não reproduzimos os comportamentos de nossos pais, inventamos nossos próprios erros, porque ninguém nos ensinou o potencial criativo de nossos pensamentos e de nossas emoções. Poucos sabem que dentro de nós há milhões de sementes prontas para desabrochar. Nossos padrões de pensamento e reações emocionais fazem germinar essas sementes e elas se tornam experiências concretas. É isso o que estou dizendo: que há experiências em nossas vidas e no mundo, hoje, que são um reflexo daquilo que pensamos. Agora, vamos parar um instante e olhar o mundo que criamos.

Em termos gerais, há muito ódio no mundo. Parte do ódio nasce da raiva. Quando as pessoas discordam de você, você sente raiva. Quando você não consegue fazer com que alguém veja as coisas do jeito que você as vê, há uma tendência natural de sentir muita, mas muita raiva. Se você deixar alguém com raiva, essa pessoa passa a achar que odeia você. Na verdade, é bem possível que tenha medo de você.

O medo nasce da falta de compreensão, da necessidade de controlar e, mais importante, da ausência do amor. Os cristãos não podem amar os muçulmanos. Os muçulmanos não podem amar os judeus. Na realidade, não é verdade que não *podem* se amar, apenas é difícil distanciarem-se dos rótulos. Nós criamos alguns rótulos realmente raivosos! Marginal! Crioulo! Vaca! Veado! Salim! Sara! Sapatão! Porco! Gordo! Magrela! Se você tascar um rótulo desses numa pessoa, ela certamente ficará com raiva de você. Se você o disser em voz alta, é bom sair correndo. E quer saber de uma coisa? Não precisa nem dizer o que está pensando em voz alta. Se você pensar com intensidade, a pessoa agredida em pensamento poderá odiar e temer você sem saber dizer por quê.

Pensamento + Palavra + Ação = Resultados. Esse é o processo criativo. A força da criatividade dos seres humanos nunca se encontra ociosa. Quando temos consciência dessa força, nós a usamos de maneira construtiva, assim como usamos o fogo para cozinhar. Quando não temos consciência da força ou duvidamos de sua existência, ela pode se tornar tão destrutiva quanto a ferramenta de um incendiário. Estamos sempre criando, a cada segundo de nossas vidas, individual e coletivamente.

Como não nos ensinam a eficácia de nosso potencial criativo, às vezes usamos essa força e em outras esquecemos a sua potência. Vivemos à revelia, vítimas dos resultados daquilo que pensamos mas não ousamos dizer, daquilo que dizemos sem pensar, provocando reações de medo e de ódio nos outros, e do que fazemos em resposta àquilo que achamos que outra pessoa possa dizer ou fazer. Nossos pensamentos se desdobram em forma de palavras. Palavras inspiram ações. As ações dos seres humanos criam situações no mundo que atingem todos nós. Ódio, raiva, mal-estar, pobreza, guerra, destruição da natureza, assim como alegria, beleza e abundância de todas as coisas boas, acontecem e nos afetam por causa da fórmula de criatividade gravada em nosso DNA pelo Divino.

Pessoalmente, não quero assumir a responsabilidade pela corrupção do governo, pelos sem-teto, pelos assassinatos ou pela fome na Somália. Eu mal posso enfrentar a responsabilidade de pagar minhas prestações em dia. Estou certa de que todos podemos encontrar motivos, razões, desculpas fora de nós para explicar, racionalmente, muitos dos desafios que enfrentamos na vida, isentando-nos de qualquer responsabilidade. No entanto, com a evolução de meu crescimento e compreensão espirituais, não posso escapar do fato de que *fui feita à imagem e semelhança do Divino.* Eu sou criativa. Minha mente produz idéias que se cristalizam em pensamentos. Eu me zango, sinto medo e sou absolutamente detestável quando reajo a percepções limitadas, baseadas em atos do ego. Eu já disse e fiz coisas, por causa dessas percepções, que afetaram negativamente meus filhos, meu companheiro, meus funcionários, o motorista no carro da frente, meus vizinhos. Minha energia forma ondulações, como uma pedra que cai num lago, e vai afetando outras pessoas. Isso também acontece com você. E é triste pensar, mas criamos um mundo bastante feio.

Há um processo bastante simples para usar nossa criatividade inata de forma muito melhor. Comece o seu dia visualizando-o da maneira que você gostaria que ele se passasse. Veja-se lidando com cada uma de suas responsabilidades de maneira pacífica e eficaz. Confie que, mesmo que os resultados que você espera não se mostrem imediatamente, eles acabarão aparecendo. Veja-se durante o dia com um sorriso no rosto e o coração cheio de alegria. Imagine as pessoas que você vai encontrar reagindo à sua paz e alegria da mesma forma. Se durante o contato com elas acontecer algo que provoque sua raiva ou o seu medo, reze imediatamente pedindo ajuda. Lembre-se de que você é uma imensa força criativa! Não acrescente um só pensamento, palavra ou ato a uma situação destrutiva. Fique no mesmo lugar, imóvel, e reze. Peça a luz da paz, do amor, do Divino. Use a sua criatividade para reverenciar o Divino, invocando Sua energia nos lugares onde ela for necessária. Nem sempre será fácil, mas lembre-se de que a pessoa que age de forma agressiva e destrutiva está gritando em altos brados, pedindo cura e ajuda. Só o Divino pode curar e ajudar. Usando você como instrumento de criatividade, o Divino pode transformar qualquer situação. Deixe-se utilizar como instrumento criativo da cura e da evolução divinos.

## Diário do Comentário

– Após ler o comentário de hoje me dou conta de que...

– A(s) frase(s) de que quero me lembrar e com a(s) qual(quais) desejo trabalhar hoje é(são):

## Afirmação Matinal sobre a CRIATIVIDADE

*Eu sou a força CRIATIVA a serviço do Divino.*

*Escolho ser a expressão da bondade, da paz, da alegria e da abundância.*

*O Divino pensa através de mim.*

*Meus pensamentos são transparentes.*

*O Divino expressa-se em meu coração.*

*Meu coração está aberto para a bondade da vida.*

*O Divino CRIA, cura, restaura e constrói através de cada um de meus atos.*

*Meus olhos, ouvidos, mãos e pés são instrumentos do Divino.*

*Hoje eu me alegro por todo o bem que estou CRIANDO através de pensamentos positivos, de um coração aberto e cheio de amor, e pela ação do Divino em mim.*

*Por tudo isso e por muito mais, eu agradeço.*

*E que assim seja!*

## Fazei com que Eu me Lembre de que...

*A fórmula divina da CRIATIVIDADE é*
*pensamento + palavra + ação = resultados.*
*Cada pensamento é uma ferramenta CRIATIVA.*
*Meu mundo exterior é um reflexo CRIATIVO*
*de meu mundo interior.*
*Posso mudar de idéia a qualquer instante.*
*Tenho o poder de escolher, conscientemente,*
*os meus pensamentos.*

## Diário Noturno da CRIATIVIDADE

– Hoje, o que CRIEI em meu mundo foi...

– Amanhã, o que pretendo CRIAR em minha vida é...

– O que pretendo CRIAR no mundo é...

# *Dia 7*

## Reverencie o Divino com a PAZ

### Definição de Trabalho

O princípio com o qual estamos trabalhando hoje é a PAZ. Ela é um estado interior de harmonia e de tranqüilidade. É pensamento, palavra e ação em resposta ao desejo de criar, promover ou manter esse estado.

### Comentário sobre a PAZ

Uma amiga me contou uma história que me fez entender mais profundamente o que é a paz. A história lhe foi contada por um professor da tradição Siddha Yoga.

Certa vez uma mulher foi a um parque para meditar. Encontrou um local silencioso, ensolarado, abriu uma manta no chão e sentou-se. Fechou os olhos, respirou fundo, preparando-se para começar a voltar-se para seus pensamentos e sensações interiores. Enquanto a respiração ia ficando regular e sua mente se aquietava, deu-se conta de que alguns pássaros cantavam perto dela. De início, acrescentaram melodia e paz à sua jornada interior. Dali a instantes, no entanto, os pássaros começaram a grasnar estridentemente, quase como se gritassem uns com os outros. Enquanto a mulher tentava manter-se concentrada em sua própria respiração, os pássaros pareciam gritar cada vez mais alto.

A mulher abriu os olhos repentinamente. Havia pelo menos vinte pássaros ao seu redor, gritando uns com os outros. Ao olhar em volta e constatar que o resto do parque estava vazio, com um movimento rápido de mão, ela espantou os pássaros dali. Alguns se foram. Os que ficaram permaneceram em profundo silêncio. Assim que ela fechou os olhos, eles recomeçaram a grasnar. Irritada, a mulher procurou outro lugar e sentou-se para voltar à meditação. Os pássaros levantaram vôo e a seguiram. "Isso é ridículo!", disse a mulher aos pássaros. A mulher voltou a expulsá-los, eles voaram um pouco mais alto, mas, como se quisessem desafiá-la, continuaram a grasnar. Completamente enfurecida com os pássaros por perturbarem sua paz, a mulher se levantou e começou a persegui-los. Ela corria para a esquerda e agitava o cobertor em cima deles. Os pássaros voavam, mas não se calavam. Assim que ela se livrava do grupo à sua esquerda, chegava um outro pela direita. Mudando de direção, ela também os enxotava. Eles voavam em círculos ao redor dela, gritando estridentemente, e pousavam a alguns metros de onde ela se encontrava. Em breve a mulher estava agitando os braços, ensandecida, berrando com os pássaros, que grasnavam de volta. Ao se dar conta de que devia estar parecendo uma louca, agarrou o cobertor do chão e saiu do parque pisando duro.

À noite, a mulher contou a experiência ao seu guru, seu professor. Só de contar a história, ela foi tomada da mesma irritação. O guru sorriu e perguntou: "Por que não os convidou a unirem-se a você?" "E como eu faria isso?", indagou a mulher. "Om Nama Shiva", respondeu o guru, "que significa, 'eu me rendo a Shiva (ou Deus), que vive dentro de mim'."

Alguns dias depois, a mulher voltou ao parque. Passou pelo mesmo processo. No instante em que se aquietou, os pássaros começaram a cantar. Tão logo os ouviu, ela declarou, mentalmente: "Om Nama Shiva." Os pássaros começaram a gritar. "Om Nama Shiva." Parecia que os pássaros da região haviam convergido para o local onde ela se encontrava. Ela não abriu os olhos. Continuou a respirar fundo, declarando cada vez mais alto, mentalmente: "Om Nama Shiva. Om Nama Shiva! OM NAMA SHIVA!" Ela mentalizava as palavras cada vez mais rapidamente, cada vez mais alto. De repente, ela se deu conta do silêncio. Ou os pássaros haviam voado para longe ou simplesmente haviam se calado. Ela não abriu os olhos para saber qual das duas coisas tinha acontecido.

Por que razão, quando entramos numa sala cheia de crianças barulhentas, berramos, a plenos pulmões: "QUIETOS!" Se você quer paz, seja a paz. Meu neto de cinco anos, Oluwa, não consegue falar abaixo de 100 decibéis. Certo dia, alguém da família ficou tão exasperado com ele, que gritou: "Dava para você ficar quieto!" As outras pessoas da sala fizeram coro aplaudindo: "Obrigado!" O silêncio de Oluwa durou três minutos. O próximo som a sair da sua boca veio naquele mesmo volume de furar o tímpano.

Se você quer a paz, seja a paz. Como eu sou a vovó velhinha e sábia, aprendi a usar uma abordagem completamente diferente. Quando Oluwa grita comigo, eu me agacho para ficar na altura dele, encosto o nariz no dele e sussurro: "Não estou te ouvindo. Você está falando alto demais." No começo, ele não entendeu, mas eu ficava no mesmo lugar, encarando-o, olho no olho, até ele baixar a voz. Hoje em dia, quando Oluwa me dirige a palavra, sussurra tão baixinho, que preciso pedir que ele repita o que disse. Ele e o resto da família ainda parecem ter problemas para se ouvirem. Olho para eles e sorrio. Se você quer sentir paz, comece de uma postura de paz. Apenas uma palavra amiga: prepare-se para assumir essa postura pelo tempo que for preciso. E tente fazer dela uma atitude de vida.

## Diário do Comentário

– Após ler o comentário de hoje me dou conta de que...

– A(s) frase(s) de que quero me lembrar e com a(s) qual(quais) desejo trabalhar hoje é(são):

## Afirmação Matinal sobre a PAZ

*Eu sou a PAZ e quero me expressar PACIFICAMENTE.*
*Eu sou a PAZ e quero me expressar PACIFICAMENTE.*
*Eu sou a PAZ e quero me expressar PACIFICAMENTE.*
*Eu sou a PAZ e quero me expressar PACIFICAMENTE.*
*Eu sou a PAZ e quero me expressar PACIFICAMENTE.*
*Eu sou a PAZ e quero me expressar PACIFICAMENTE.*
*Eu sou a PAZ e quero me expressar PACIFICAMENTE.*
*Eu sou a PAZ e quero me expressar PACIFICAMENTE.*
*Eu sou a PAZ e quero me expressar PACIFICAMENTE.*
*Nada pode perturbar essa expressão de PAZ.*
*Nada pode perturbar essa expressão de PAZ.*
*Nada pode perturbar essa expressão de PAZ.*
*Nada pode perturbar essa expressão de PAZ.*
*Nada pode perturbar essa expressão de PAZ.*
*Nada pode perturbar essa expressão de PAZ.*
*Nada pode perturbar essa expressão de PAZ.*
*Nada pode perturbar essa expressão de PAZ.*
*Nada pode perturbar essa expressão de PAZ.*
*A PAZ será vivida neste dia.*
*A PAZ será vivida neste dia.*
*A PAZ será vivida neste dia.*
*Assim como eu serei, que assim seja!*
*Por isso, sinto tanta gratidão!*

## Fazei que Eu me Lembre de que...

*Para ter PAZ, preciso ser a PAZ.*

*Posso escolher a PAZ em todas as situações.*

*Nada no mundo pode perturbar a PAZ que eu criar dentro de mim.*

*Acolho aqueles que desejarem juntar-se a mim na PAZ.*

## Diário Noturno da PAZ

– Hoje me dei conta de que é fácil ficar em PAZ quando...

– Foi difícil ficar em PAZ quando...

– A partir deste momento sinto-me completamente em PAZ com relação a...

# *Dia 8*

# Reverencie o Divino com a SIMPLICIDADE

## Definição de Trabalho

O princípio com o qual estamos trabalhando é a SIMPLICIDADE. Significa ser simples, sem complicações. Ter clareza. Objetividade. Existir da forma mais básica. Livre de juízos.

## Comentário sobre a SIMPLICIDADE

Nós nos amamos. Levamos trinta anos e três casamentos (com outras pessoas) para chegarmos à decisão de passarmos o resto de nossas vidas casados. (A história completa é assunto para outro livro.) Da forma mais simples e direta, essa é a nossa história. Imagino que o coração da maioria das mulheres flutue dentro do peito só de pensar em finalmente estar ao lado do homem que amaram a vida toda. Esse simples pensamento é capaz de tirar o fôlego de qualquer uma. Mas eu ainda queria mais. Eu precisava de uma cerimônia de casamento.

Imagine o seguinte: ele tem quarenta e seis anos, eu quarenta e quatro. Ele tem sete filhos, eu tenho três. Os pais dele são divorciados e o pai se casou de novo. Meus pais são falecidos. Ele tem duas ex-mulheres com as quais mantém um relacionamento amigável. Eu tenho três melhores amigas (uma das quais é minha filha) e nós queremos não apenas uma cerimônia de casamento, mas uma enorme cerimônia de casamento. Espere. Tem mais! Precisa ser um casamento ao ar livre (idéia minha), com um conjunto tocando ao vivo (idéia dele), sem toldo no jardim (caro demais), perto de um hotel (todos os filhos, pais, melhores amigos, ex e os integrantes do conjunto moram em outras cidades), num sábado, véspera do Dia das Mães. Eu diria que foi tão complicado quanto o simples fato de alguém estar apaixonado e querer se casar pode se tornar. Pensa que acabou? Tem mais!

A astróloga teria de nos ajudar a escolher uma data. Essa data seria, então, confirmada pelo numerólogo. Eu jamais me perdoaria se escolhesse uma data na qual astros e planetas estivessem agindo de maneira esquisita. Os dois "ólogos" não conseguiam entrar num acordo. Após digerirmos as informações, escolhemos a que prometia ser a melhor das duas datas. A seguir, desenhei o convite. Tinha um tamanho incomum, seria impresso num papel difícil de ser encontrado e não cabia em nenhum envelope, o que fazia com que muitos tipógrafos o olhassem e dissessem: "Nossa, nunca vi nada parecido com isso! *Talvez* a gente consiga fazer, mas vai sair caro!"

A seguir, contratamos uma planejadora que imediatamente nos perguntou: "Qual é o orçamento?" Orçamento? Que orçamento? Nós queremos isto e precisamos de você para nos ajudar a concretizar o nosso desejo. "Mas vocês precisam de um orçamento para podermos negociar os melhores preços para tudo." Disse a ela a primeira cifra que me passou pela cabeça. "É razoável", respondeu, e saiu à caça das coisas que queríamos e das quais precisávamos. Como é que eu ia saber que, quando ela mencionava meu nome mais ou menos conhecido para algum negociante mais esperto, o tino comercial do indivíduo ascendia a um patamar completamente novo. Ou que este novo patamar criaria a necessidade de um ajuste orçamentário ou de táticas de barganha ferozes. Minha planejadora pechinchava como ninguém. Infelizmente isso de nada adiantou na compra da fazenda do meu vestido, que estava vindo de outro país para ser confeccionado por um estilista que vivia em outro estado. Mas espere. Tem mais.

Havia outro evento marcado para logo depois do nosso casamento. Tínhamos quatro horas para a cerimônia e a recepção. Uma hora para a cerimônia. Uma hora para as fotos. Sobravam, assim, duas horas para dançarmos, comermos e cumprimentarmos os quase 300 convidados. Só de pensar, eu perdia o fôlego. Vamos adiantar o casamento uma hora. Seria mais confortável, mas exigiria que a planejadora e eu trabalhássemos lado a lado para chegarmos a um esquema administrável. Em circunstâncias normais, uma noiva trabalhar com uma planejadora experiente para coordenar um casamento simples não seria uma tarefa árdua. Só que nesse caso eu não estava planejando um casamento simples.

Eu estava planejando um casamento ao mesmo tempo em que transferia meu escritório para um prédio novo, onde, três dias após a mudança, surgira misteriosamente um vazamento no teto. Eu estava planejando um casamento ao mesmo tempo em que terminava dois manuscritos. Eu estava planejando um casamento com duas madrinhas que moravam, respectivamente, no Alasca e em Detroit. Eu sou órfã e estava tentando decidir com quem entraria: com meu filho de vinte e seis anos que insistia em usar óculos escuros, com o padrinho que fica encabulado em público ou com meu irmão mais velho que poderia aparecer ou não, com a mesma facilidade, apesar de ter anunciado, em estado mais ou menos sóbrio: "Você sabe que eu vou aparecer!"

Eu realmente acredito que existe algo na psique humana que odeia a simplicidade. Houve uma época em minha vida em que, quando não havia um draminha acontecendo, eu ficava desconfiada. Dei um duro danado durante anos para me curar dessa doença. No entanto, na hora do meu desejado casamento, sofri uma recaída. Por que não convidei apenas a mãe e os filhos dele, os meus filhos e alguns amigos para virem ao meu quintal testemunhar meu padrinho, que é pastor, nos casar? Por que meu futuro marido não me sacudiu, me beliscou ou negociou de alguma forma uma outra maneira mais simples e tranqüila de começarmos nossa vida em comum? Por quê? Porque somos todos humanos e isso teria sido simples demais.

Eu estava num ônibus certa vez quando uma mulher e eu começamos a conversar sobre mães. Disse a ela o quanto sentia a falta da minha. Lembrei das inúmeras vezes que, ao receber uma notícia boa ou má, peguei o telefone querendo contar para ela. Só quando ouvia a gravação avisando que o número havia sido desligado é que me lembrava que ela se fora. "O que foi que aconteceu com ela?", indagou a mulher. "Ela morreu." "Meus pêsames", ela disse, "mas o que foi que aconteceu com ela?" "Ela parou de respirar." Eu sabia onde ela queria chegar, mas não queria compartilhar essa história com uma estranha. "Compreendi que ela morreu, mas o que foi que aconteceu? Ela estava doente?" A mulher começava a mostrar irritação. "Talvez", respondi, "mas no final ela simplesmente decidiu abandonar seu corpo e seu lugar neste planeta, e então parou de respirar." Completamente irritada, a mulher exclamou: "Ora, mas que visão simplista você tem da morte de sua mãe!"

A morte, pensei comigo mesma, é simples. Para-se de respirar. Para-se de viver. Com freqüência, quando ficamos muito ansiosos ou tensos, paramos de respirar. Paramos de pensar. Nossas mãos ficam geladas. Ficamos embotados. Nossas bocas ficam secas. O nome disso é estresse. Na maioria das vezes, o estresse não é causado pelas situações e circunstâncias que enfrentamos, mas pela forma como reagimos às situações. O ser humano tem tendência a complicar, dramatizar, descobrir intenções enroladas, supervalorizar os aspectos negativos, criar acréscimos para alegrias que podem ser pequenas e básicas. "Seja simples!" Certa vez, essas duas palavrinhas me custaram US$ 4.100 (talvez eu conte essa história num outro livro). Na época do meu terceiro casamento achei que estava curada. É óbvio que me enganei. Vai ser sempre assim, avançando e retrocedendo, mas a vida estará sempre nos proporcionando oportunidades para nos corrigirmos. E simplificarmos.

### Diário do Comentário

– Após ler o comentário de hoje me dou conta de que...

– A(s) frase(s) de que quero me lembrar e com a(s) qual(quais) desejo trabalhar hoje é(são):

### Afirmação Matinal sobre a SIMPLICIDADE

*Hoje me dou conta da SIMPLES verdade de que Deus me ama.*

*Hoje me dou conta da SIMPLES verdade de que sou um ser criativo, feito à imagem e semelhança de Deus.*

*Hoje me dou conta da SIMPLES verdade de que escolho meu mundo através do que penso, do que digo e do que faço.*

*Hoje compreendo a SIMPLES verdade de que não há a menor necessidade de minha vida ser difícil. Nem há a menor necessidade de eu não usufruir as coisas boas da vida. Nem me pode ser negado o que é meu por direito divino.*

*Hoje aceito a SIMPLES verdade de que a fé SIMPLES, baseada na confiança SIMPLES, fundamentada na prece SIMPLES, SIMPLESMENTE produzirá resultados fantásticos!*

*Sinto muita gratidão por ter entendido essas SIMPLES verdades.*

*E que assim seja!*

### Fazei com que Eu me Lembre de que...

*Deus SIMPLESMENTE me ama.*

*O amor não é complicado.*

*O medo complica tudo.*

*A vontade e a verdade levam à SIMPLICIDADE.*

*Eu posso escolher a SIMPLICIDADE em vez da complicação.*

## Diário Noturno da SIMPLICIDADE

– Hoje descobri uma forma mais SIMPLES de...

– Hoje descobri que é mais fácil manter a SIMPLICIDADE quando...

– Quero criar uma forma mais SIMPLES de...

# *Fase Dois*

*Reverencie o seu Eu.*
*Medite sobre o seu Eu.*
*Venere o seu Eu.*
*Ajoelhe-se diante do seu Eu.*
*Compreenda o seu Eu.*
*Seu Deus vive dentro de você e é você.*

*MUKTANANDA*

## Reverencie-se

Eu não queria ir. Simplesmente porque eles não gostavam de mim, nem eu deles. Entre nós havia um mal-estar familiar. Fingíamos que tudo estava bem mesmo quando nos sentíamos infelizes uns com os outros. Todos nós sabíamos desempenhar esse papel, sorrindo e trocando amenidades para esconder a raiva ou o medo que fervia por baixo da superfície. Era um lindo dia de sol e eu não estava com vontade de representar essa farsa. Eu também sabia que, além da morte, não haveria desculpa para a minha ausência. Em vez de me arrumar, eu tentava encontrar uma forma de estar morta por um dia apenas.

Quando é que nos ensinam que podemos dizer o que sentimos, quando sentimos? Certamente não quando somos crianças. Na infância nos ensinam o que não dizer e o que não fazer se ou quando aquilo fizer uma outra pessoa sentir-se mal. Essa outra pessoa é sempre gente grande. Quando somos crianças, nos ensinam a cuidar de gente grande, de adultos, das figuras de autoridade. "Não fale quando houver gente grande falando", "Não expresse suas idéias se forem diferentes das de gente grande", "Sempre aceite o que gente grande lhe oferecer, mesmo se não gostar". De maneira insidiosa, embora não maldosa, nos ensinam que gente grande é que é importante, nós não somos. Até quando nós mesmos nos tornamos gente grande, ainda há gente maior, mais velha e mais importante do que nós. Essas são as pessoas que devemos reverenciar. Ao nos ensinarem a reverenciar gente grande, nos ensinam a nos desrespeitar.

A primeira forma de desrespeitar a nós mesmos que nos ensinaram foi quando nos fizeram esconder a verdade. A verdade sobre o que sentíamos, o que queríamos ou o que pensávamos. Nas reuniões da minha família, as frases favoritas eram: "Criança foi feita para ser vista e não ouvida!" e "Alguém te perguntou alguma coisa?". E acrescentavam as seguintes pérolas: "Fique feliz com o que te dão!", "Não diga isso! Não é delicado!". Quando ouvíamos essas frases, sabíamos que devíamos calar a boca e engolir o que sentíamos, porque estávamos por um triz. Se passássemos desse limite, talvez gritassem conosco, nos dessem um tapa ou nos castigassem. Ou pior, talvez tivéssemos de ouvir um sermão de meia hora sobre o quanto o nosso comportamento não era apropriado. Quando criança, aprendi que explosões espontâneas de verdades sobre gente grande, percepções instintivas sobre erros cometidos por gente grande e hipocrisias claramente observáveis não deviam ser discutidas ou questionadas. Muitas vezes me mandaram não acreditar no que eu estava vendo ou me convenceram de que o que eu estava sentindo com relação a determinada situação não era correto. Em vez de acreditar na minha intuição e no meu sentimento, eu devia aceitar as explicações dos adultos para aquela situação. Mesmo adulta, eu continuei a encarar meus pais e parentes mais velhos como gente grande. Por fim, esse grupo passou a incluir empregadores e outras pessoas em posição de autoridade. Eu fazia qualquer coisa ao meu alcance para honrar os sentimentos e desejos dessas pessoas, até mesmo quando isso implicava a minha própria desonra.

Quando você mente para si sobre as suas próprias necessidades, acabará mentindo para os outros sobre essas mesmas coisas. Lembro-me de que quando comecei a namorar, eu ficava muito mais preocupada em não aborrecer os rapazes com quem saía do que em honrar a mim mesma. Tudo bem que eles chegassem tarde para um encontro. Quando não telefonavam, como haviam prometido, eu perguntava por que, mas o fazia com todo o cuidado para não parecer grosseira. Quando eles apareciam, conforme prometido, eu tinha pouquíssimas opiniões sobre o que quer que fosse. "Onde você quer ir?" "Ah, qualquer lugar que você escolher está ótimo." "O que você quer comer?" "O que você quer?" Responder uma pergunta com outra pergunta não é a melhor forma de conseguir o que se quer. Não é assim que honramos e respeitamos a nós mesmos. No entanto, eu tomava cuidado para não pedir demais ou para não dizer a coisa errada, sobretudo quando eu não tinha a menor idéia do orçamento em questão. Meus namorados, assim como meus pais, professores, supervisores, vizinhos, pastores, eram pessoas que tinham algo de que eu precisava ou algo que eu queria. Eu sabia muito bem que não devia ofendê-los ou chateá-los. Eram gente grande.

Mentir para si ou para os outros sobre nossas necessidades, desejos, sobre o que se gosta e o que se deixa de gostar, é igual a ter um fungo bactericida. Ele vai se espalhando rapidamente por todas as áreas da vida e poluindo todo o ser. Quando você se polui com o fungo da desonra e do desrespeito, fica difícil falar em sua própria defesa. O fungo cola os seus lábios quando alguém fala com você de forma ofensiva. Esse fungo que cola a boca e anuvia a mente sempre faz com que você duvide de si. Faz você duvidar do que está sentindo, mesmo enquanto está sentindo. Proíbe você de encontrar a reação mais apropriada quando sua sensibilidade é ferida por gente grande. Mas como qualquer bactéria, um fungo que não é tratado se transformará numa infecção. A infecção que se espalha quando você não se honra nem se respeita transforma-se em raiva e fúria. A raiva e a fúria jorram de dentro de você quando gente grande, ou até mesmo gente pequena, diz ou faz coisas que você passou muito tempo sem questionar. O fungo de não honrar o que você sente, de não dizer o que precisa dizer, jorrará de dentro de você como fúria e poluirá os seus relacionamentos. Relacionamentos de família. Relacionamentos profissionais. Relacionamentos pessoais e íntimos. Nenhum deles está imune ao fungo que vai crescendo lá dentro quando você não se honra e se respeita a cada passo do trajeto que é o seu relacionamento com as outras pessoas.

Eu tinha trinta anos quando alguém finalmente me disse que o que eu sentia tinha importância, porque essa pessoa se importava comigo. Eu estava numa roda de estranhos, a maioria muito mais velha, rica e instruída do que eu. De repente, alguém me olhou nos olhos e perguntou: "Então, o que você acha?" Eu já havia sido casada, já dera à luz três filhos e me divorciara, quando alguém pronunciou as seguintes palavras para mim: "Honre-se!" Nossa, que choque aquilo foi! Eu nunca havia pensado nisso! Eu, me honrar! Admitir o que sinto? Dizer o que estou pensando, em voz alta, numa sala cheia de gente grande? Pedir o que quero, mesmo sem saber se está disponível naquele instante? Você deve ter enlouquecido! Mas a pessoa não tinha enlouquecido. Era um pastor e eu participava de uma oficina cujo objetivo era ensinar as pessoas a exercerem seu poder pessoal. Estávamos fazendo um exercício para desenvolver a autoconfiança e a verdade. Ele havia nos dito que a única forma de aprendermos a confiar em nós mesmos o suficiente para nos honrarmos e respeitarmos como uma expressão divina e única de Deus era dizendo a verdade. Ele era o responsável. Ele era gente grande. Alguém do grupo acabava de fazer uma crítica bastante severa com relação a ele e, sem o menor aviso prévio, ele se virou para mim e perguntou: "Então, o que você acha?" Bem, é muito difícil a gente conseguir pensar quando o cérebro está pegando fogo e os cabelos estão em pé na cabeça!

"Bem..." "Nada de bem!", ele gritou para mim. "No instante em que você diz 'bem' ou 'não sei' está dizendo que não quer falar a respeito! Você está aqui para falar. Então fale. O que acha sobre o que ela acaba de dizer?" Eu podia sentir cinqüenta olhos cravados na minha pele. Eu podia ouvir a voz da minha avó: "Se não tem nada de bom pra dizer, não diga coisa alguma." Eu podia ver os olhos de minha mãe atravessarem o salão, com aquele olhar de mãe que diz que, se você abrir a boca, sua execução virá a galope. Eu podia sentir o cheiro da minha massa cinzenta fritando. Enquanto tudo isso acontecia, havia um adulto ali, de pé, esperando uma resposta minha. As palavras escapuliram de minha boca sem que eu pudesse examiná-las ou censurá-las. "Eu sinto a mesma coisa. Não acho que o senhor precise berrar conosco para nós entendermos o que quer dizer. Não somos surdos. Nós pagamos para estar aqui, o que significa que queremos aprender. E é difícil aprender quando se tem medo." "Você tem medo de mim?", ele perguntou, baixinho. "Não, na verdade não tenho. Acho que tenho mais medo do que o senhor vai dizer ou fazer se eu não lhe der a resposta certa." "E qual é a resposta certa?" Ele estava forçando um pouco a barra, mas eu estava me sentindo muito bem. "Acho que a resposta certa é aquela que aparece na nossa cabeça na hora. Mas o grande problema é: como dar essa resposta sem magoar ou ofender a outra pessoa?" Ele se ajoelhou, me olhou nos olhos e disse: "Honre o que você sente dizendo as coisas da forma que gostaria de ouvi-las. Se o disser com sinceridade e amor, sua tarefa estará cumprida."

Não fui ao jantar. Fiquei em casa, sem fazer grande coisa. Abri todas as janelas e deixei o ar fresco da primavera entrar. Fiz uma massagem facial e pintei as unhas. Saí à procura de sapatos para comprar. Como não achei o que procurava, fui tomar sorvete. Quando cheguei em casa, tirei um cochilo e tive um pesadelo. Ouvi minha tia e minha avó gritarem comigo por não ter ido ao jantar. Eu ouvia as duas dizerem que eu pensava ser melhor do que todo mundo e que sempre queria que as coisas acontecessem ao meu modo. Ouvi meu irmão me perguntar repetidamente por que eu era tão burra. Será que eu não sabia como elas eram? Por que eu sempre escolhia criar confusão? No sonho, todo mundo gritava comigo. Eu sentia a raiva de todos, o que me deixava triste e zangada. Gritei de volta. Como sempre, eles não conseguiam me ouvir porque o fungo da fúria havia entupido os nossos ouvidos. Acordei chorando, com o coração descompassado.

Sentada na beirada da cama, assoando o nariz, voltei a ser uma garotinha. Tentando agradar todo mundo, mais uma vez. Desonrando-me de novo. Eu não conseguia decidir o que era pior, não agradar os adultos ou não honrar o que eu estava sentindo. O telefone tocou. Era minha tia. Antes mesmo de dizer "Alô", ela perguntou: "O que foi que aconteceu com você?" A ausência de resposta a levou a reformular a pergunta: "Quer dizer, achamos que alguma coisa tinha acontecido. Onde você estava?" Honre-se! "Eu estava muito ocupada." Não era verdade. "E eu não estava com a menor vontade de ir." "Ah, entendi, suponho que você tivesse algo de mais importante a fazer." "Não, eu simplesmente decidi repeitar o que estava sentindo, ficando em casa e cuidando de mim mesma." "Nossa!", exclamou. "Preciso que você me ensine a fazer isso. Eu também não queria ir, mas sabe como aquele povo é..." E eu a ouvi contar tudo o que tinha acontecido, quem estava vestindo o que, quem disse o que, quem bebeu quanto e o que disseram ou fizeram quando estavam bêbados. Eu sorri e repeti, mentalmente: "Honre-se!" É muito mais fácil do que pensamos.

# *Dia 9*

# Reverencie-se com a CONSCIÊNCIA

### Definição de Trabalho

O princípio com o qual estamos trabalhando hoje é a CONSCIÊNCIA. Ela é o conhecimento instintivo. A habilidade de reconhecer e de captar o espírito da verdade em ação. É o conhecimento ou a informação destituída de cargas emocionais ou de julgamentos.

### Comentário sobre a CONSCIÊNCIA

Uma professora me afirmou certa vez: "Se uma pessoa disser que você é um cavalo, não precisa lhe dar ouvidos. Se duas pessoas disserem que você é um cavalo, talvez precise prestar mais atenção no que anda fazendo. Se três pessoas lhe disserem que você é um cavalo, é bem provável que haja feno caindo de sua boca e uma sela nas suas costas!" Em outras palavras, quem olha de fora para você talvez veja coisas das quais você não está ciente. Com freqüência não nos dispomos ou não somos capazes de discutir os aspectos desagradáveis de nós mesmos. Em vez de discutirmos o que sentimos, nos criticamos uns aos outros. As pessoas sempre me diziam que eu tinha uma aparência zangada. Quando não estavam dizendo que eu tinha uma aparência zangada, diziam que eu estava sempre na defensiva ou pronta para brigar. Quando essas coisas me eram ditas eu ficava ofendida e começava um discurso longo e veemente, afirmando que as pessoas não me conheciam, não sabiam o que eu pensava ou sentia. Normalmente eu terminava meu pequeno discurso declarando que estava de saco cheio de ser criticada e que não estava zangada coisíssima nenhuma, ora droga!

Quando você se recusa a prestar atenção no que a vida está lhe dizendo, ela será muito clara em sua demonstração. A vida quer que estejamos atentos a nós mesmos para podermos fazer os ajustes necessários para vivermos de forma mais harmoniosa. A vida estava tentando me conscientizar de que eu agia como um cavalo, embora eu insistisse que era uma gatinha. A vida tentava me lembrar que eu era uma representante divina de Deus, agindo como uma completa idiota. Um belo dia ficou bastante claro que eu estava com a boca cheia de feno.

Uma amiga precisava de ajuda para agilizar uns documentos junto à burocracia administrativa. Como administradora daquela instituição, eu a acompanhei ao escritório da mulher que estava criando empecilhos. Quando entramos no escritório, a tal mulher estava batendo boca com outra pessoa. Esperamos no balcão, em silêncio, aguardando a nossa vez. De repente, sem o menor aviso, a mulher virou-se para nós e começou a berrar sobre o que faria e o que deixaria de fazer. Então enfiou o dedo no meu rosto e me mandou sair de sua sala. Perguntei qual era o problema e por que achava que podia falar comigo daquela maneira. Trocamos palavras ásperas e pouco profissionais e, por fim, deixei o escritório sem resolver a questão.

Dois dias depois, meu supervisor me chamou em sua sala. Lá dois homens me aguardavam e um deles me entregou uma folha de papel. Era um mandado de prisão. Eu havia sido acusada de ter empurrado a tal funcionária até o outro lado do escritório, forçando-a a se trancar num armário para fugir de mim. E que a havia esperado no estacionamento, saltando de detrás de um carro, desferindo golpes em sua cabeça e rosto que lhe causaram danos. Além de ter retalhado os pneus de seu carro. Os policiais disseram que eu teria de me apresentar no tribunal para responder às acusações. Contei ao meu supervisor o que acontecera naquele dia, da melhor maneira possível, assegurando-lhe que eu não tinha visto a tal mulher depois de deixar o escritório e que tudo aquilo era mentira. Testemunhas. E as testemunhas? Não havia nenhuma, mas a mulher me identificara pelo nome.

Ser acusada de ter feito uma coisa que não fiz é uma coisa. Ser acusada de um crime que não cometi já é outra história. Uma história de terror! Voltei ao escritório da tal fulana para tentar descobrir o que estava acontecendo. Quando entrei, as pessoas mergulharam a cabeça nos papéis sobre suas mesas, me ignorando. Sem dirigir a pergunta a ninguém em especial, indaguei quem me havia visto empurrar a tal mulher? Ninguém respondeu. Então pedi que me mostrassem o armário. Havia apenas um pequeno armário para guardar materiais de escritório que continha seis prateleiras. Onde teria ela se escondido, então?, perguntei. Continuei sem resposta. Eu conhecia aquelas pessoas. Trabalhávamos juntos há anos. Teriam todos enlouquecido? Ou teria eu enlouquecido e de fato atacado a mulher? Continuei a me questionar e a interrogar outras pessoas. Ninguém tinha a menor idéia do que estava acontecendo.

Nas semanas que se seguiram, a história de terror transformou-se num pesadelo. A mulher voltou ao trabalho usando um colar cervical. Estava processando a instituição, responsável pelos atos de sua equipe administrativa. O jornal local publicou artigos e fotos. Gente que me conhecia há anos deixou de falar comigo, até mesmo a amiga que me pedira ajuda. Transferiram-me de uma sala confortável para um escritório no depósito. A polícia me interrogou várias vezes, assim como a diretoria e os advogados da empresa. O mais incrível de tudo era que, embora ela não tivesse uma única prova, a maioria das pessoas com quem eu falava acreditava na minha acusadora.

A vida, obviamente, tentava me dizer alguma coisa, mas meu

medo e minha raiva haviam me deixado surda, muda e cega. É bem verdade que eu deixara algumas reuniões de maneira tempestuosa. E que precisara mudar de secretária umas seis vezes no ano anterior. Nada disso queria dizer que eu saía por aí espancando gente em estacionamentos. O que queria dizer, no entanto, era que eu não tinha a menor consciência de como as pessoas à minha volta me viam e reagiam a mim. A assistente de meu supervisor passou pelo meu escritório um dia para bater papo. Acabamos conversando a respeito das acusações feitas contra mim. Eu disse a ela que achava difícil compreender por que as pessoas acreditavam naquela mulher. Ela me disse: "É assim que as pessoas vêem você. Como uma pessoa brava e ameaçadora. Sentem-se intimidadas por você. Eu sei que a sua latida é pior do que a mordida, e sei que você não é culpada dessas acusações. Mas outras pessoas acreditam que o que ela anda dizendo pode ser verdade." Não são ótimas essas pessoas que vão logo dizendo o que pensam? Não é ainda mais emocionante quando o que elas dizem cala a sua boca e prende você à sua cadeira? Eu gostaria de dizer que não tinha a menor idéia do que ela estava falando, mas não estaria dizendo a verdade. Disso eu sabia.

Meu supervisor falou certa vez que era só eu entrar numa sala para os problemas me seguirem porta adentro. Por quê? Por que ele diria uma coisa dessas? Uma outra pessoa disse que havia algo em mim que deixava um gosto amargo na boca das pessoas. Essas frases, normalmente ditas em tom de crítica, me colocavam na defensiva. Quando a crítica é feita para anular uma pessoa, ela é muito bem-sucedida. Mas, se você está no caminho do autoconhecimento e do crescimento pessoal, a crítica pode lhe fornecer percepções profundas a seu respeito. Se você conseguir superar a raiva e o medo, verá que seus críticos estão usando a única maneira que conhecem de fazer você perceber o seu impacto sobre o mundo. Se conseguir controlar seu ego o tempo suficiente para ouvir o que está sendo transmitido, talvez se dê conta de que as pessoas normalmente estão lhe dizendo as mesmíssimas coisas que você já se disse baixinho, internamente.

Por fim, as acusações foram retiradas, mas muitos anos se passaram até que aquilo tudo fizesse algum sentido para mim. Foi preciso que eu esfaqueasse meu marido, batesse com o carro e sofresse um esgotamento nervoso. Era a raiva. Era o medo. Essa série de acontecimentos me fez perceber como a raiva me fazia ficar agressiva e descontrolada. Se você já esteve com muita raiva de uma pessoa, sabe como é difícil sentir coisas boas em relação a ela. Você é capaz de ter um ataque de fúria só de pensar nela. Se você consegue imaginar o impacto desse grau de fúria quando é direcionado a alguém, imagine o impacto que tem quando é direcionado à pessoa que você vê no espelho todos os dias! As pessoas percebem quando você está com raiva. Percebem pela sua voz, pelos seus gestos. E a sua raiva causa medo nas pessoas. O medo pode fazer com que elas enxerguem coisas que não existem, ouçam coisas que não foram ditas. Eu passei por isso. A energia que havia dentro de mim, e da qual eu não tinha a menor consciência, manifestava-se como uma experiência de raiva e de medo.

Tomar consciência de quem você é e do impacto que produz sobre o mundo não é uma tarefa simples. Exige o mesmo tipo de determinação que eu imagino que os corredores olímpicos das provas de longas distâncias devem ter. Você precisará se dispor a ouvir, aprender a aceitar, a compreender e a se amar exatamente como é, com as suas experiências de vida. O primeiro passo na direção da consciência é nos dispormos a olhar para nós mesmos e para nossas vidas sem julgamentos ou autocríticas. Cada pequeno detalhe deverá ser examinado. Cada experiência, cada dificuldade e cada incidente deverão ser revisitados e explorados. Foi James Baldwin quem disse: "Você não consegue consertar o que não consegue encarar!" Vou lhe dar uma pista para você ter sucesso na conscientização: basta apenas *olhar* e tomar *consciência*, não precisa *consertar* coisa alguma. Quando se tornar consciente, não haverá mais necessidade de temer a crítica. Você se dará conta de que as pessoas não estão querendo anular quem você é ou o que faz. Quando as pessoas chamarem a sua atenção para coisas desagradáveis das quais já tem consciência, em vez de cair na armadilha da raiva, diga simplesmente: "Agradeço o seu interesse. Sei disso a meu respeito e estou tentando mudar!"

### Diário do Comentário

– Após ler o comentário de hoje me dou conta de que...

– A(s) frase(s) de que quero me lembrar e com a(s) qual(quais) desejo trabalhar hoje é(são):

## Afirmação Matinal sobre a CONSCIÊNCIA

*Hoje escolho a CONSCIÊNCIA.*
*Escolho ter CONSCIÊNCIA da beleza da vida.*
*Escolho ter CONSCIÊNCIA das simples verdades da vida.*
*Escolho ter CONSCIÊNCIA dos simples prazeres da vida.*
*Escolho a CONSCIÊNCIA da alegria.*
*Escolho a CONSCIÊNCIA da paz.*
*Escolho a CONSCIÊNCIA do amor.*
*Escolho ver, sentir, conhecer a presença da energia divina dentro de mim e daqueles que me cercam.*
*Hoje escolho ter CONSCIÊNCIA, escolho abraçar tudo o que é bom, nobre e divino.*
*À medida que cresce na minha mente a CONSCIÊNCIA da alegria, da paz, do amor e da bondade, a alegria, a paz, o amor e a bondade transformam-se na realidade que vivo.*
*Por tudo isso, sinto tanta gratidão!*
*E que assim seja!*

## Fazei com que Eu me Lembre de que...

*A vida me faz ciente de tudo o que preciso saber.*
*Não posso mudar o que não me disponho a encarar.*
*A CONSCIÊNCIA é o caminho para melhores escolhas.*
*Ter CONSCIÊNCIA do próprio ser é a chave para a paz.*
*A CONSCIÊNCIA abre a mente e o coração*
*para novas possibilidades.*

## Diário Noturno da CONSCIÊNCIA

– Hoje tomei CONSCIÊNCIA do impacto sobre mim quando...

– Hoje me dei conta de que não é sempre que tenho CONSCIÊNCIA de...

– Agora tenho CONSCIÊNCIA de que posso causar enorme impacto sobre as pessoas quando...

# *Dia 10*

# Reverencie-se com a ACEITAÇÃO

### Definição de Trabalho

O princípio com o qual estamos trabalhando hoje é a ACEITAÇÃO. Ela significa acolher sem críticas ou julgamentos. Abraçar a totalidade de uma situação ou experiência. É a conscientização interior de que tudo vai bem, apesar do que esteja acontecendo fora de nós.

### Comentário sobre a ACEITAÇÃO

Eu sabia que meu marido estava tendo um caso com alguém, mas não conseguia, não podia aceitar aquilo. Aceitar me obrigaria a fazer algo a respeito e eu não sabia o que fazer. Eu não tinha emprego nem dinheiro, por isso não podia deixá-lo. Eu tinha três filhos que adoravam o pai e eu não desejava privá-los de sua companhia. E, além de tudo isso, eu tinha um enorme complexo de inferioridade e não queria entregar "o meu homem" de mão beijada para outra mulher. Embora eu me sentisse pouco digna, pouco atraente e pouco desejável, não aceitava que meu casamento de sete anos fosse interrompido de maneira tão brusca pela mera presença de outra mulher. Eu a encontraria e a mataria. E fim de papo.

Você não precisa gostar do que está acontecendo na sua vida, mas precisa aceitar que a tal *coisa*, o que quer que ela seja, está acontecendo. Enquanto você não aceitar a realidade, ficará impotente para definir o que precisa fazer. Deixar de aceitar a realidade é negar que você pode fazer uma escolha consciente. Quando você não faz escolhas, vive à revelia e torna-se vítima das circunstâncias. Aposto que você sabe do que estou falando. Entretanto, quando você descobre que algo na sua vida não está acontecendo da forma como gostaria que estivesse, você passa a sentir raiva ou medo e nada faz sentido. Há um momento na vida de todos nós em que devemos aceitar que nada faz sentido, mas que, ainda assim, tudo correrá bem. A aceitação consiste em saber que, apesar de tudo, tudo está e correrá perfeitamente bem.

A aceitação é um simples reconhecimento. É quando você reconhece uma coisa e a enxerga da maneira como ela realmente é. Mas também é fundamental saber que todas as nossas experiências, por piores que pareçam, são temporárias. Aceitar que uma experiência é temporária a torna muito mais fácil de administrar. O que não significa que você deixará de sentir, temporariamente, raiva, medo, depressão ou loucura. Significa que, quando você sabe que uma situação é passageira, consegue lidar com ela de maneira mais serena. A aceitação é uma espécie de bilhete de um trem expresso que leva você com mais rapidez do lugar do medo e da raiva ao ponto em que deseja chegar, sem ter de passar por tantas emoções negativas. Aceitar as coisas não significa que você aprova o que está acontecendo. E nem significa que essas coisas não estejam tendo impacto sobre você. Aceitar significa que você consegue despir-se melhor da emoção e ter mais objetividade para enxergar o que está acontecendo de fato. E talvez venha até a descobrir que o que está ocorrendo nada tem a ver com você. Talvez você já esteja enxergando, sentindo e mesmo sabendo que algo precisa ser feito. Mas é necessária a postura emocionalmente distanciada da aceitação para que você consiga fazer uma escolha sábia.

Fui forçada a aceitar a realidade quando a mulher bateu na

minha porta. A aceitação é uma forma de iniciação. É um rito de passagem. Você passa da fantasia que criou na sua mente, como forma de proteção, para um mundo real de verdades e de fatos. É um aviso de que chegou a hora de mostrar sua fibra. A aceitação é um ato de coragem porque nos leva a fazer aquilo que sabemos que precisa ser feito antes de sermos forçados a fazê-lo. Eu disse à mulher que entrasse.

A aceitação é a essência do respeito por si mesmo e pelos outros. Quando você aceita a realidade de sua vida, demonstrando assim que se dispõe a fazer uma escolha consciente, reverencia a sabedoria, a força e a tenacidade do espírito divino que habita dentro de você. Quando você aceita a realidade das escolhas que os outros fizeram, dando-se conta – mesmo sem gostar do que está acontecendo – de que tem força e coragem para enfrentar aquilo, está honrando o direito de escolha das outras pessoas, sem culpá-las pelas suas próprias feridas. Você pode não gostar que surjam formigas no seu piquenique, o que não significa que vá entregar seus sanduíches de mão beijada para elas, não é mesmo? Aceite que as formigas têm o mesmo direito que você tem de estar no parque e tome as devidas precauções para mantê-las longe da sua torta de maçã. A aceitação é parecida com isso: saber que há formigas num piquenique. É reconhecer que existem necessidades e circunstâncias além das suas. Ao reconhecer isso, você adquire o poder de desenvolver uma estratégia de proteção sem pisar nas necessidades dos outros. Depois que a mulher exigiu que eu desse o divórcio ao meu marido, disse a ela que a única maneira de poder ficar com ele seria levando junto o cachorro dele.

Sem a carga emocional da raiva, do medo e do sentimento de perseguição, é fácil aceitar a realidade da sua vida. Quando você aceita o que *é*, você se torna intensamente consciente do que *não é*. Quando sabe o que não é, pode começar a decidir o que vai fazer. A aceitação também exige uma boa dose de confiança e, mais ainda, de paciência. Você deverá ter autoconfiança suficiente para saber que fará as escolhas certas. Você deverá confiar que o universo proporcionará tudo aquilo que for necessário para que você leve a cabo o que decidir fazer. Você deverá aceitar que aquilo que deseja pode não ser fácil, o que significa que precisará de uma boa dose de paciência. Seja paciente quando sentir raiva ou medo. Seja paciente quando cair na tentação de mentir para você, não aceitando a realidade. Seja paciente quando as coisas parecerem estar tão erradas, que jamais se ajeitarão. Faça isso para aceitar que o que é seu virá da maneira certa, no momento certo. Com paciência, admita e aceite que o que não é para você não será para você, a despeito do que possa dizer para si. As formigas não se sentem desencorajadas quando sobem na mesa e descobrem que todas as guloseimas estão cobertas com papel-alumínio. Descem outra vez e ficam aguardando, pacientemente, perto das pernas da mesa, até você deixar o seu prato cair. Quando a mulher partiu, com seis sacos de lixo cheios de roupas e mais o cachorro, fui para o quintal acabar de estender a roupa no varal. Quando só havia um lençol no cesto, sentei na grama e chorei.

## Diário do Comentário

– Após ler o comentário de hoje me dou conta de que...

– A(s) frase(s) de que quero me lembrar e com a(s) qual(quais) desejo trabalhar hoje é(são):

## Afirmação Matinal sobre a ACEITAÇÃO

*ACEITO a presença da vida divina expressando-se através de mim.*

*ACEITO o meu direito à vida.*

*ACEITO o meu direito de conhecer a alegria.*

*ACEITO o meu direito de viver em paz.*

*ACEITO o meu direito de conhecer o amor, de dar amor e de receber amor.*

*ACEITO o fato de que quando não escolho a alegria, a paz e o amor como a base da minha vida, estou escolhendo uma realidade que não é divina.*

*Acima de tudo, escolho ACEITAR a vontade, a alegria e o amor do Divino como a essência de quem sou e a base de minha vida.*

*Por todas essas coisas, agradeço!*

*E que assim seja!*

## Fazei com que Eu me Lembre de que...

*ACEITAR é um sinal de coragem.*

*ACEITAR me dá o poder de fazer uma escolha consciente.*

*ACEITAR uma situação não significa gostar dela.*

*Escolher por medo não é ACEITAR.*

*Escolher por raiva não é ACEITAR.*

*ACEITAR exige que eu confie em mim e no Divino.*

*ACEITAR exige que eu seja paciente comigo, com os outros e com os processos da vida.*

## Diário Noturno da ACEITAÇÃO

– Hoje me dei conta de que resisti ACEITAR a realidade quando...

– Hoje fui capaz de ACEITAR que eu...

– Agora eu quero ACEITAR que ________________ é/não é...

# *Dia 11*

# Reverencie-se com a AFIRMAÇÃO

## Definição de Trabalho

O princípio com o qual estamos trabalhando hoje é a AFIRMAÇÃO. Ela significa sustentar na mente ou em voz alta uma verdade. É uma afirmação feita para reivindicar e apropriar-se de uma verdade.

## Comentário sobre a AFIRMAÇÃO

O que quer que você diga hoje para si, faça com que seja uma coisa boa. Diga que está com boa aparência e com um perfume gostoso. Identifique seus traços mais bonitos e elogie-se. Se não acredita que há algo em você que mereça ser elogiado, repita um elogio que outra pessoa lhe fez. Você precisa se habituar a começar cada dia dizendo algo de positivo a seu respeito. E pense a seu respeito coisas que lhe façam bem. Lembre-se de tudo o que já conquistou. Lembre-se de todas as coisas boas e generosas que fez por outras pessoas. Lembre-se das pequenas e grandes alegrias que já experimentou ou do seu orgulho por alguma realização. É absolutamente necessário inundar sua mente com pensamentos positivos a seu respeito.

No meio de todas as obrigações do dia de hoje, reserve alguns momentos para fazer algo por você. Presenteie-se com uma pequena coisa que lhe dê prazer. Faça uma prece por você. Abrace-se. Passe alguns instantes ouvindo seus próprios pensamentos, repetindo pensamentos ou palavras de auto-afirmação e mandando embora os pensamentos negativos que freqüentemente invadem sua mente. Você merece parar cinco minutos, três vezes ao dia. Você é como uma planta que precisa ser regada para manter-se viva. Ter bons pensamentos a seu respeito, pronunciar palavras agradáveis para você é como regar uma planta sedenta. Esses são os passos que você pode e deve dar tantas vezes quanto possível para se afirmar.

A maioria de nós passa grande parte da vida repetindo mentalmente as críticas e julgamentos que os outros nos dizem. O subconsciente é tão poderoso, que não deixa escapar um só gesto, uma única palavra que tenhamos ouvido. As pessoas que falaram conosco ou tiveram gestos movidos pela raiva, pelo medo, ou causados por sua própria dor e ignorância, deixam marcas duradouras em nosso subconsciente. Essas palavras e esses gestos transformam-se em pensamentos. Esses pensamentos transformam-se em ervas daninhas que sufocam o valor que damos a nós mesmos e atentam contra nossa auto-estima.

O seu *Eu* é divino. O seu *Eu* é poderoso. O seu *Eu* nunca pode ser alterado. Essa é a verdade a seu respeito. Não importa o que você já ouviu, as experiências pelas quais passou, a verdade permanece inalterada. Seu dever nesta vida é conhecer a verdade e afirmá-la com a maior freqüência possível.

A poeta Maya Angelou falou, certa vez, sobre o poder das palavras. Disse que as palavras são pequenas partículas de energia atiradas no reino invisível da vida. Embora não consigamos ver as palavras, disse a poeta, elas se transformam na energia que enche uma sala, uma casa, um ambiente e as nossas mentes. Angelou descreveu como as palavras grudam nas paredes, nos móveis, nas cortinas e em nossas roupas. Ela crê que as palavras que estão no ambiente em que vivemos vão sendo absorvidas pelo nosso ser, tornando-se parte de quem somos. Quando penso nas palavras negativas que já ouvi a meu respeito e nos anos que passei lutando contra elas, isso faz todo o sentido do mundo. As palavras são muito importantes para as nossas vidas e por isso é preciso usar aquelas que exprimam a verdade, o amor e todas as coisas boas que desejamos materializar. Palavras e atos de auto-afirmação são necessários para neutralizar as coisas desagradáveis que ouvimos a nosso respeito.

Nasci antes da hora, dentro de um táxi. O motorista ficou furioso. Entrou com uma ação contra meus pais para que pagassem a limpeza do carro. Já ouvi essa história pelo menos mil vezes na vida. Ela acabou por incluir afirmações do tipo: "Ela sempre foi um problema!", "Ela sempre foi apressadinha, pouco se importando com os outros!", "Tem de ficar de olho nela, porque nunca se sabe o que poderá fazer!". As palavras, ditas quando eu estava agindo como uma típica pimentinha de cinco anos de idade ou uma adolescente dominada pelos hormônios, causaram um bate-papo interno dos mais negativos. Resultado: estava sempre atrasada para tudo. Vivia chegando atrasada no trabalho. Atrasei-me para o meu casamento. Pagava minhas contas com atraso. Gostava de comer bem tarde da noite. Sempre esperava até o último minuto possível para fazer qualquer coisa e sempre acabava me atrasando. Meu trabalho como advogada me curou dos atrasos.

Quando alguém está preso na cadeia esperando que você dê entrada num recurso, não pode haver atraso. Quando alguém está lhe pagando para defender seus direitos e sua liberdade depende do que você faz, é bom não se atrasar. Não há desculpa para você se atrasar. O sol e a lua nunca se atrasam. A primavera segue o inverno, todos os anos. Essas atividades divinas sempre ocorrem na hora certa. Atrasos são muito mais do que perder um trem ou ficar preso num engarrafamento. É uma forma silenciosa de não honrar nossa divindade ou a divindade dos outros.

Há dezesseis anos, tirei o relógio do pulso. Comecei a afirmar: "Pontualidade divina, ordem divina guiem-me em tudo aquilo que eu fizer. Mereço chegar na hora marcada. Chego sempre na hora marcada." Escrevi essa afirmação em bilhetes. Espalhei-os pela casa e pelo carro. Colei um no pulso, onde devia estar meu relógio. Sou uma dessas pessoas que acham que vão levar apenas dez minutos para ir de um lugar a outro. Minha meta era começar com a antecedência necessária para chegar a qualquer lugar do mundo na hora certa. Levei dez anos para fazer disso uma ciência. Há muitas ocasiões em que ainda me atraso. O que descobri é que quando vou fazer alguma coisa que não quero fazer, me atraso. Quando tenho medo do possível resultado de uma situação, me atraso. Quando não me afirmei e não me reverenciei naquele dia, eu me atraso.

## Diário do Comentário

– Após ler o comentário de hoje me dou conta de que...

– A(s) frase(s) de que quero me lembrar e com a(s) qual(quais) desejo trabalhar hoje é(são):

## Afirmação Matinal sobre a AFIRMAÇÃO

*Sou um instrumento divino do poder universal!*
*Sou um reflexo divino do amor universal!*
*Sou o máximo da perfeição!*
*Sou a integridade e a perfeição!*
*Sou um ser ilimitado e pleno!*
*Sou divinamente capaz!*
*Sou uma beleza a ser contemplada!*
*Sou a alegria em movimento!*
*Sou o maior milagre do mundo!*
*Sou a luz do mundo!*
*Sou tudo o que sou e enfeito a vida com a minha presença!*
*Por todas essas coisas, agradeço!*
*E que assim seja!*

## Fazei com que Eu me Lembre de que...

*Sou a luz do mundo.*

*Sou um instrumento do Divino.*

*Sou o maior milagre do mundo.*

*A verdade de quem sou não pode ser alterada ou mudada.*

*A forma com que me trato determina*

*como os outros me tratarão.*

## Diário Noturno da AFIRMAÇÃO

– Hoje ouvi as minhas vozes internas negativas dizerem a meu respeito...

– Foi difícil pensar coisas boas a meu respeito quando...

– As coisas boas que sei a meu respeito são...

# *Dia 12*

# Reverencie-se com a ESCOLHA

### Definição de Trabalho

O princípio com o qual estamos trabalhando hoje é a ESCOLHA. É a capacidade de reconhecermos alternativas e possíveis conseqüências, permitindo assim a seleção daquilo que for mais desejável, admirável e honrado.

### Comentário sobre a ESCOLHA

Há uma fábula maravilhosa sobre um coelho e uma bruxa que nos ensina sobre o poder de escolha. A bruxa e o coelho viviam juntos na floresta. Passavam dias a fio conversando e caminhando pelas muitas trilhas arborizadas. Um dia, a bruxa convidou o coelho para acompanhá-la a uma outra cidade. O coelho não queria ir, mas nada disse. Foi caminhando ao lado da bruxa, conversando, como se tudo estivesse bem. Após andarem por algum tempo, pararam para descansar. O coelho disse: "Estou com muita sede." A bruxa arrancou uma folha de árvore, soprou-a e presenteou o coelho com uma cabaça cheia d'água. O coelho aceitou a cabaça, bebeu a água e nada disse. Continuaram a jornada. Ao pararem para descansar outra vez, o coelho disse à bruxa: "Estou com fome." A bruxa pegou uma pedra, soprou-a e a transformou num punhado de rabanetes. Não era bem isso o que o coelho queria, mas ele aceitou os rabanetes e comeu-os, sem dizer nada. Continuaram a jornada. Um pouco depois, o coelho tropeçou e caiu, ferindo-se. A bruxa colheu folhas e pedras e, com algumas palavras mágicas, fez um ungüento que friccionou no corpo do coelho. E ficou ao seu lado até que ele se sentisse melhor. Quando ele se curou, a bruxa transformou-se numa águia, agarrou o coelho e levantou vôo, levando-o junto. Deixou-o em seu ninho e saiu voando outra vez.

Ao voltar, não o encontrou mais. Um dia, por acaso, a bruxa deu de cara com o coelho na floresta e perguntou: "Por que tem se escondido de mim?" "Saia de perto de mim!", gritou o coelho, "tenho medo de você. Não gosto nem de você nem da sua mágica que vive me impondo o que eu não quero!" Os olhos da bruxa encheram-se de lágrimas. Ela então disse ao coelho: "Eu o ajudei porque achei que fosse meu amigo. Você aceitou meus presentes mágicos e agora vira-se contra mim! Por isso, vou amaldiçoá-lo. Deste dia em diante, quando você não expressar os seus desejos, perderá a capacidade de desejar. E quando não tiver desejos e sentir medo, aquilo de que você sente medo cairá sobre você." Moral da história: aquilo que você não escolher, escolherá você, e o que você temer, encontrará você.

Nós sabemos que precisamos fazer escolhas, mas o problema é que temos medo de fazer a escolha errada. Em alguns casos, deixamos de escolher pelo medo de trocar o velho pelo novo, o conhecido pelo desconhecido. Eis a essência da escolha: a habilidade de expressarmos nossos desejos e de pisarmos em território novo e desconhecido. Nós não nos damos conta de que a escolha é uma mestra divina, pois, quando escolhemos, descobrimos que nada é colocado em nosso caminho por acaso. Quando escolhemos seguir um certo rumo ou nos envolver com uma atividade, é porque essa escolha contém uma lição para nós. Quando ficamos imobilizados e nos recusamos a escolher, perdemos a oportunidade divina de desenvolver nossa intuição e obedecer o que manda nosso coração. A escolha nos ensina como escutar e por que obedecer.

As conseqüências de nossas escolhas ou da nossa recusa em escolher nos ensinam a viver em harmonia com nosso Eu. Esse Eu está sempre nos guiando e nos protegendo. Cabe a nós decidir se queremos ouvi-lo. Ele fala conosco através dos sentimentos e da nossa necessidade de crescimento. Quando somos forçados a escolher, muitas vezes não paramos para ouvir a voz que vem de dentro, para examinar todas as alternativas possíveis e avaliar as conseqüências. Nossas escolhas evidenciam nossos avanços ou nos mostram a necessidade de passarmos mais tempo reverenciando o nosso próprio Eu. E todas as escolhas, quer sejam forçadas ou refletidas, resistentes ou corajosas, nos levarão a um nível de compreensão que, em última instância, afetará nossa maneira de encarar a vida.

Se nos dispomos a fazer escolhas conscientes, estamos mostrando nossa capacidade de encontrar novas formas de viver e de ser. Quando aquilo que fazemos (e a forma como fazemos) não atende mais ao nosso objetivo de vida, precisamos escolher algo diferente. Significa que tomamos consciência dos nossos padrões de comportamento repetitivos e escolhemos mudá-los. Escolhemos crescer. Quando escolhermos conscientemente o crescimento, em lugar da paralisação e do medo, o Divino Espírito do universo apoiará nossa decisão, trazendo carinhosamente a lição de que precisamos. Sabemos que a nossa fantasia é quase sempre muito pior do que a realidade. Por isso, não tenha medo: quando você escolher saber a verdade a seu respeito, será capaz de lidar com as conseqüências de sua escolha de uma forma muito mais fácil do que imaginou. A pessoa que se dispõe a escolher conscientemente leva uma enorme vantagem, porque, sempre que perceber que o que foi escolhido não serve para o seu bem, tem a capacidade, o direito e o poder de fazer outra escolha.

## Diário do Comentário

– Após ler o comentário de hoje me dou conta de que...

– A(s) frase(s) de que quero me lembrar e com a(s) qual(quais) desejo trabalhar hoje é(são):

## Afirmação Matinal sobre a ESCOLHA

*Existe apenas um poder e uma presença operando em minha mente, em meu corpo e em tudo o que envolve a minha vida.*

*É o poder do Divino, que tudo abrange. O poder e a presença de Deus.*

*A verdade de Deus, a paz de Deus, a sabedoria de Deus, a alegria de Deus preenchem cada aspecto do meu ser.*

*A verdade de Deus é revelada a cada ESCOLHA que faço.*

*A paz de Deus é revelada a cada ESCOLHA que faço.*

*A sabedoria de Deus é revelada a cada ESCOLHA que faço.*

*O amor de Deus me sustenta a cada ESCOLHA que faço.*

*Por todas essas coisas, agradeço!*

*E que assim seja!*

## Fazei com que Eu me Lembre de que...

*A ESCOLHA é minha divina mestra.*

*Minhas ESCOLHAS são sustentadas pela sabedoria divina.*

*O silêncio é a ESCOLHA de não escolher.*

*A ESCOLHA inconsciente vence à revelia.*

*Aquilo a que resisto persistirá.*

*A ESCOLHA consciente é o caminho para o poder pessoal.*

## Diário Noturno da ESCOLHA

– Hoje me dei conta de que é difícil fazer uma ESCOLHA quando...

– Hoje me dei conta de que é fácil fazer uma ESCOLHA quando...

– Hoje me dei conta de que não fiz uma ESCOLHA consciente com relação a...

# Dia 13

## Reverencie-se com a CONSERVAÇÃO

### Definição de Trabalho

O princípio com o qual estamos trabalhando hoje é a CONSERVAÇÃO. É um estado de relaxamento consciente. É a preservação e a proteção de recursos.

### Comentário sobre a CONSERVAÇÃO

Acho que foi minha avó que me fez acreditar que eu precisava ficar o tempo todo ocupada. A inatividade, ela afirmava, era sinal de preguiça, e a preguiça era pecado. Quando fui descobrir, já adulta, que isso não é verdade, meu ritmo de vida se tornara frenético. Eu parecia uma formiguinha trabalhadeira, andando de um lado para o outro, fazendo um pouquinho disso e um pouquinho daquilo. Aos vinte e cinco anos, já estava exausta. Eu não sabia relaxar. Não sabia conservar minha energia.

O relaxamento é a melhor forma de conservar energia e de viver mais e melhor. A primeira coisa a fazer é repensar e mudar nossos padrões de comportamento. É você quem se levanta primeiro para limpar a mesa? É você quem diz primeiro "Deixa que eu ajudo!" ou "Deixa comigo!"? A gente ganhava pontos por esse tipo de coisa na primeira série do primário. Lembra quando você levantava a mão e implorava à professora para apagar o quadro-negro? Pois todo esse frenesi de "ocupação" começa nessa época. Fomos premiados por nos dispormos a fazer mais do que precisávamos. Fomos encorajados a nos manter ocupados. Depois, aprendemos a medir nossa importância na vida pelo número de coisas que fazíamos. Quando não temos coisa alguma para fazer, nos sentimos inúteis. Nos casos mais graves, acreditamos mesmo que somos inúteis. Como resultado, aprendemos a nos impor deveres que, em última instância, levam à exaustão mental, física e espiritual.

A conservação exige a disposição de ficarmos inteiramente parados, correndo o risco de demonstrar preguiça. Ela inclui não só a quietude física como a quietude mental e emocional para conservar corpo, mente e espírito. Você merece descansar. Tem o direito de proceder num ritmo que lhe for confortável. Precisa de tempo para você, por você e com você, se quiser manter sua mente sã. A ocupação constante pode levar a uma insanidade causada por nós mesmos.

Da mesma maneira que não nos ensinaram a nos conservar, não aprendemos a conservar nossos recursos. Tempo, dinheiro e conhecimento são todos recursos dignos de serem preservados. Gastar o seu tempo fazendo coisas que não trazem a você ou a qualquer outra pessoa prazer ou alegria é um desperdício de recursos valiosos. Gastar o seu dinheiro de maneira e com coisas que não trazem benefício algum a você ou a qualquer outra pessoa é outro desperdício de recursos. Tentar convencer uma pessoa de algo que ela se recusa a ouvir é um desperdício de recursos valiosos. Quando aprendemos o valor de quem somos e do que temos, tomamos consciência da conservação.

O maior inimigo do princípio de conservação é o medo de ser preguiçoso, sovina e egoísta. Por algum estranho motivo, acreditamos que conservar o que temos para o nosso próprio bem é uma coisa negativa. Se você é inteligente, as pessoas esperam que você compartilhe o seu conhecimento. No entanto, uma das profissões mais mal remuneradas em nossa sociedade é a de professor. Se você tem dinheiro, esperam que você o reparta com os mais carentes. Não há dúvida de que compartilhar é uma coisa maravilhosa, mas isto não significa que você deva se deixar explorar ou encontrar formas de livrar-se do que tem por pura ingenuidade ou sentimento de culpa. Fechar sua porta, baixar as persianas e passar um tempinho em silêncio, a sós, não significa que você seja egoísta. É fundamental que você se reverencie o suficiente para passar algum tempo na sua própria companhia, longe de todo mundo. Eu mesma já caí nessas armadilhas. Já chamei gente rica de pão-dura, quando não deram o que eu achava que deviam. Já chamei pessoas de egoístas, por não dedicarem tempo e energia em prol de causas que eu julgava merecedoras. Já chamei pessoas calmas de acomodadas, só porque não estavam pulando de um lado para o outro. É claro que tudo isso aconteceu antes de eu aprender sobre o princípio e o conceito da conservação.

A conservação é uma forma de cura que desenvolve a consciência de quem somos, nos torna mais tolerantes e aumenta nossa auto-estima. À medida que vamos aprendendo a conservar nossos movimentos, nossa energia e nossos recursos, vamos nos curando de padrões de comportamento destrutivos, freqüentemente associados a um falso sentimento de responsabilidade. Se estamos constantemente ocupados, passamos a acreditar que somos responsáveis por pessoas, circunstâncias e situações que podem encontrar soluções sem a nossa intervenção. Em nome do bem-estar dos outros, abrimos mão do nosso. A conservação também permite a cura de nossas crenças. Aquilo que nos ensinaram, as experiências que tivemos quando crianças formam a base de nossas crenças. E muitas delas, transformadas em ações, nos fazem muito mal. Através da conservação do nosso ser e de nossos recursos, aprendemos a curar essas feridas. Ao fazê-lo, nos tornamos física, mental, emocional e espiritualmente sadios. Essa saúde nos faz crescer e evoluir. Quando estamos descansados e financeiramente estáveis, conscientes do valor de nossa simples presença no planeta, conseguimos dar o melhor de nós mesmos.

Você não precisa ter uma ocupação o tempo todo. Mas, quando tiver algo para fazer, faça-o num ritmo que lhe seja confortável. Não se apresse. Não entre em competição. Procure passar seu tempo num estado de relaxamento mental, emocional e espiritual sabendo que tudo acaba sendo feito de acordo com a ordem divina. Mesmo quando tiver um impulso de extrema generosidade, conserve alguns de seus recursos para você. Minha avó costumava dizer: "Não gaste tudo no mesmo lugar!" Existe uma simpática emenda ao que ela dizia: não gaste tudo e ponto final.

A Bíblia nos adverte: "Não atire pérolas aos porcos. Não dê o sagrado aos cães." Evite, a todo custo, dar o seu conhecimento, seu tempo e sua energia a causas e pessoas que não as merecem. Como saber que não merecem? Se você precisa brigar com uma pessoa para que ela aceite o que você lhe está oferecendo como um ato de amor, ela não merece a sua doação. As árvores, as florestas tropicais, os minerais e os animais não são os únicos recursos naturais dignos de seu esforço de conservação. Você é um recurso natural divino. A vida quer que você dure muito, muito tempo. A vida quer que você esteja bem enquanto estiver por aqui. Você não serve para a vida quando está sem ânimo e sem dinheiro. Aprender a relaxar e a conservar sua energia natural é um dos maiores presentes que você pode dar à vida.

## Diário do Comentário

– Após ler o comentário de hoje me dou conta de que...

– A(s) frase(s) de que quero me lembrar e com a(s) qual(quais) desejo trabalhar hoje é(são):

## Afirmação Matinal sobre a CONSERVAÇÃO

*Repouso em Vós. Repouso em Vós. Repouso em Vós.*

*Tudo o que sou repousa em Vós.*

*Tudo o que tenho repousa em Vós.*

*Tudo o que dou repousa em Vós.*

*Tudo o que faço é em Vosso louvor e em Vosso nome.*

*Ensinai-me a ser, a fazer e a dar de forma a reverenciar a Vossa presença divina dentro de mim.*

*Ensinai-me a CONSERVAR meu Eu, meus dons, meus recursos para que eu seja a Vossa obra perfeita.*

*Colocai-me no caminho que devo percorrer.*

*Conduzi-me pela trilha perfeita de acordo com a Vossa vontade perfeita para a minha vida.*

*Dai-me a sabedoria, o discernimento e a visão para conhecer a Vossa vontade e para desempenhá-la com graça e liberdade.*

*Por todas essas coisas, agradeço!*

*E que assim seja!*

## Fazei com que Eu me Lembre de que...

*Sou um recurso valioso.*

*A CONSERVAÇÃO é um processo de cura.*

*A CONSERVAÇÃO constrói a auto-estima.*

*A CONSERVAÇÃO é uma condição necessária para o crescimento pessoal.*

*Eu mereço descansar.*

*O que dou para mim dou para o mundo.*

*R-E-L-A-X-A-R!*

## Diário Noturno da CONSERVAÇÃO

– Hoje achei difícil relaxar quando...

– Me dou conta de que preciso CONSERVAR meu tempo/energias/recursos com relação a...

– Hoje progredi com relação à CONSERVAÇÃO de meu tempo/energias/recursos quando...

# *Dia 14*

# Reverencie-se com a LIBERDADE

## Definição de Trabalho

O princípio com o qual estamos trabalhando hoje é a LIBERDADE. Ela é a qualidade ou o estado espiritual que construímos para não termos restrições, amarras, limitações ou repressões. Uma sensação de bem-estar interno e externo.

## Comentário sobre a LIBERDADE

Passei grande parte da minha vida querendo ter dinheiro. Acreditava que, se tivesse dinheiro para fazer o que quisesse, eu seria delirantemente feliz e livre. Tanto criança quanto adulta, muitas vezes me ouvi dizer: "Puxa vida! Como eu queria ter um milhão de dólares!" Achava que isso me traria liberdade. Um dia eu ganhei o milhão de dólares. Foi preciso isto para me dar conta de que não era dinheiro o que eu queria. O que eu realmente desejava era a liberdade que achava que o dinheiro traria. Mas já era tarde demais. Eu tinha o dinheiro e todas as obrigações que o acompanham.

E por que não somos livres? Porque obedecemos a modelos que determinam o que podemos ou não fazer. Esses modelos dizem respeito a raça, sexo, idade e todas as expectativas externas. Escolhemos para nós aquilo que realmente desejamos? Sabemos o que desejamos ou estamos sempre respondendo ao que os outros querem para nós? Eu diria que, de modo geral, respondemos às expectativas externas. Permitimos que essas expectativas nos mantenham aprisionados em modelos predeterminados e depois clamamos por liberdade. Passamos grande parte da vida fazendo e adquirindo coisas que, em muitos casos, nos mantêm em prisões mentais, físicas e emocionais.

A liberdade é um estado mental. Nós a conquistamos quando nos dispomos conscientemente a fazer escolhas de acordo com nosso próprio livre-arbítrio e assumir as conseqüências de nossas escolhas sem censura, vergonha ou culpa. A liberdade é um sinal de consciência do próprio eu. Quando você tem consciência do que é necessário para manter seu bem-estar mental, emocional e físico e faz escolhas conscientes para atingir essa meta, está exercitando a sua liberdade. A liberdade é o reconhecimento da verdade. A verdade é que os genes de quem criou o universo encontram-se na essência do seu ser. Você tem poder. Você não tem limites. Você é o reflexo de um gênio criativo. Quando você se dá conta dessa verdade, quando a aceita como fato, sabe que está livre para escolher o que acredita ser o reflexo mais verdadeiro de sua identidade. A liberdade requer atos de coragem coerentes e constantes. Você precisa de coragem para admitir que todas as coisas são possíveis e que é capaz de lidar com elas, escolhendo o que é melhor para você. Quando você se dispõe a demonstrar esse grau de coragem e se arrisca, sabendo que, aconteça o que acontecer, terminará no lugar onde deve estar, você estará sendo livre.

Estou ouvindo a sua mente a mil por hora, pensando em tudo o que você acha que impede sua liberdade: seus filhos, a falta de dinheiro, leis, regras, responsabilidades junto aos outros, impostos, etc., etc. Sim, essas são as responsabilidades com as quais vivemos todos os dias. Elas nos afetam de muitas maneiras. No entanto, não atingem nossa liberdade. A LIBERDADE É UM ESTADO MENTAL! Aquilo em que você acredita, a forma como se sente, as coisas que faz, como reage a qualquer circunstância, isto sim é o único impedimento à liberdade. Porque você é capaz de ter liberdade para escolher como quer reagir. Para escolher o que fará e o que deixará de fazer. Pode ter liberdade para escolher algo novo, para se arriscar, para desafiar as coisas preestabelecidas e mudar de idéia. A liberdade é isso. Não é sua conta bancária ou o seu grau de instrução. Essas coisas podem ajudar você a ter uma sensação maior de liberdade de movimento e de realização. No entanto, não determinam se você é ou não livre.

Os preconceitos de raça e sexo existem? Existem. A pobreza, a doença e a fome existem? Existem. O crime existe? Existe. É verdade que as honras sociais são conferidas aos ricos e famosos? É claro que sim! E nada disso pode lhe negar seu direito nato à liberdade. Então, a questão é: o que é que você quer? O que quer fazer? Tem discernimento para escolher o que é melhor para seu crescimento? Tem coragem para ir atrás dos seus desejos? É isso que determinará a sua liberdade. Quando decidir o que deseja e se dispuser a fazer o que for necessário para conseguir, estará livre para ir em busca de seus sonhos.

Eu queria ter liberdade para viajar. Eu queria viver numa casa espaçosa e agradável, num bairro chique. Eu queria poder comprar as coisas que quisesse, quando quisesse, sem me preocupar com o preço. Todos esses desejos não tinham nada a ver com a liberdade. Eu tinha liberdade para viajar. Poderia, entre outras coisas, ter sido comissária de bordo. Comprar uma passagem de avião não é a única maneira que temos de viajar. Para sermos livres, precisamos saber exatamente o que queremos e estarmos abertos para as formas de consegui-lo. Morar numa casa espaçosa significa ter de limpá-la. Eu detesto fazer faxina! Como é que alguém pode ser livre com uma casa enorme para limpar? Parece conflitante.

Quando se tem muitas coisas, em especial muitas coisas caras, há sempre um desejo profundo de protegê-las de algum possível perigo. Isso significa grades, portões e sistemas de alarme. Eu não queria viver atrás de grades e portões! Novo conflito na minha busca pela liberdade. Acho que isso é verdadeiro para a maioria de nós. Muitas coisas que, acreditamos, nos farão livres serão nossa prisão. Eu também descobri que todas as coisas que pensava querer como demonstração de liberdade, na verdade queria por motivos completamente diferentes. Eu queria coisas porque achava que elas fariam me sentir melhor com relação a mim mesma. Eu estava aprisionada por atitudes, comportamentos e crenças impostas. Consegui a casa e tive a oportunidade de viajar muito antes de ganhar o dinheiro que achava necessário. Encontrei a liberdade mais ou menos na época em que fiz quarenta anos. Foi então que me senti madura o suficiente para examinar e ir me livrando dos comportamentos, atitudes ou crenças que criavam limites para mim. Foi então que despi a capa de mulher-maravilha. Encontrei a liberdade na época em que desenvolvi coragem e presença de espírito suficientes para dizer não sem me sentir culpada. O resultado imediato de minha liberdade recém-encontrada foi a capacidade de pedir o que eu queria para mim mesma. E de pedir a outra pessoa se a primeira dissesse não. Minha sensação de liberdade foi crescendo à medida que eu me dispunha a fazer o que achava ser certo, mesmo quando as pessoas diziam que eu era louca. Minha liberdade também se reforçou quando resolvi enfrentar o que mais temia. Se você conseguir admitir que tem medo e prosseguir, você se livrará do medo. E quando se livrar do medo, da culpa, das falsas responsabilidades e da necessidade de ter sua importância confirmada pelos outros, você abrirá sua mente para novas escolhas, novas oportunidades e incríveis possibilidades.

Quando me dei conta de que Deus, e não as pessoas, era a fonte e a substância de todas as coisas boas, fui podendo me libertar de tudo o que me mantinha prisioneira. Quando fui parando de me comparar aos outros e de competir, quando comecei a desejar – sinceramente – o melhor para as pessoas, quando me dispus a fazer escolhas e a responsabilizar-me completamente pelas conseqüências, cada corrente que me mantinha num lugar de mediocridade e insatisfação foi se dissolvendo. No meu caso, descobri a liberdade no dia em que parei de dizer a Deus o que eu queria e passei a perguntar como podia servi-lo. À medida que fui escutando a resposta, a autoconfiança se aprofundou e os portões de minha prisão mental, emocional e espiritual se abriram. Há algo de muito libertador em saber que Deus acredita em você.

## Diário do Comentário

– Após ler o comentário de hoje me dou conta de que...

– A(s) frase(s) de que quero me lembrar e com a(s) qual(quais) desejo trabalhar hoje é(são):

## Afirmação Matinal sobre a LIBERDADE

*Hoje eu me lembrarei do poder que tenho.*
*Hoje eu me lembrarei que a presença divina dentro de mim me protege, me guia e me ilumina.*
*Hoje eu me lembrarei de todas as vezes em que recebi proteção.*
*Hoje eu me lembrarei do perdão que recebi mesmo quando não pude ou não quis me perdoar.*
*Hoje agradecerei ao Divino pela misericórdia, pela graça e pela bondade que me dá LIBERDADE para ser, crescer e viver a glória da minha divindade.*
*Por todas essas coisas, agradeço!*
*E que assim seja!*

## Fazei com que Eu me Lembre de que...

*A graça de Deus é a LIBERDADE.*
*O plano perfeito e divino de Deus para*

*a minha vida me LIBERTARÁ.*
*Tenho direito à LIBERDADE.*
*A LIBERDADE é um estado de espírito.*
*Sempre estou LIVRE para escolher.*
*Meu LIVRE-arbítrio é a base da minha LIBERDADE.*
*Sou LIVRE para pedir o que quiser.*
*A LIBERDADE é um dom que o dinheiro não pode comprar.*

## Diário Noturno da LIBERDADE

– Hoje me dei conta de que eu compreendo a LIBERDADE da seguinte maneira:

– A experiência de LIBERDADE que eu busco é...

– Eu tenho prejudicado minha LIBERDADE da seguinte forma:

# Dia 15

# Reverencie-se com o DIVERTIMENTO

## Definição de Trabalho

O princípio com o qual estamos trabalhando hoje é a alegria. O DIVERTIMENTO é a busca da alegria. São atividades que proporcionam lazer, trazendo alívio mental e emocional.

## Comentário sobre o DIVERTIMENTO

Você tem brinquedos? A pergunta lhe soa estranha? Pois para mim brinquedos são coisas com as quais brincamos apenas pelo prazer de brincarmos. Eu brinco com sapatos. São os meus brinquedos. Saio à caça de sapatos. Quando os encontro, eu os experimento. Às vezes os compro, mas comprar não é brincar com sapatos. Brinco com sapatos porque acho divertido. Também brinco com maquiagem. Tenho todos os tipos possíveis de maquiagem e não perco nenhum balcão de cosméticos nas lojas de departamentos. Divirto-me tanto me maquiando, que já passei um dia inteirinho fazendo só isso. Antigamente eu brincava com comida, brincava com receitas diferentes e fazia minha família experimentar. O que estou tentando dizer é que é absolutamente necessário passar alguma parte da vida se divertindo.

Podemos ficar de tal forma envolvidos com as responsabilidades da vida, que nos esquecemos de nos divertir. A vida tem aspectos e momentos absolutamente hilariantes. A vida é um jogo. Jogos devem ser divertidos, mas muitas vezes nós transformamos nossos jogos em trabalho. Ficamos tão envolvidos com a parte da vida que significa trabalho, que nos esquecemos de brincar. Esquecemos de nos divertir. É aí que os brinquedos podem ser muito úteis. Quando você passa a dedicar alguma parte da semana a brincar, a se divertir, a vida se torna muito mais fácil. Quando você se dá conta de que a vida é mais do que trabalhar e pagar contas, quando você passa a planejar algo divertido, a vida muda de tom. O divertimento lhe dá uma nova perspectiva. Ajuda você a expandir a mente e o espírito. Ajuda você a se manter jovem e vibrante.

O divertimento é absolutamente gratuito. Se você ainda não encontrou seus brinquedos, comece a procurar. Experimente roupas diferentes, pinte um bigode, mude com lápis o feitio das sobrancelhas. Experimente. Às vezes, quando estou de carro, aponto para as outras pessoas e sorrio. Elas ficam completamente desnorteadas. Algumas retribuem o sorriso, mas a maioria olha em volta para saber para quem estou sorrindo, achando que não pode ser para elas. Levamos a vida tão a sério, que achamos que não podemos sorrir uns para os outros, sobretudo quando não conhecemos a outra pessoa. Eu também me divirto piscando para os homens. Eles adoram, e em geral abrem um enorme sorriso. É claro que é seguro, porque eu posso me afastar assim que o sinal fica verde.

Qual foi a última vez que você saiu para dançar? Que brincou de jogar água nos outros em uma piscina? Que armou uma festa onde cada um exibia seus talentos? Que brincou e se divertiu para valer? Há tantas coisas simples que podemos fazer para trazer a alegria e o riso às nossas vidas. Há tantas coisas não-competitivas e não-intelectuais que podemos fazer por puro divertimento. Você pode ficar uma noite sem assistir ao noticiário. Você pode terminar o livro amanhã. A arrumação do armário pode esperar algumas horas. Agora você só precisa se divertir um pouco. Vá em frente. Encontre algo de divertido para fazer e faça.

## Diário do Comentário

– Após ler o comentário de hoje me dou conta de que...

– A(s) frase(s) de que quero me lembrar e com a(s) qual(quais) desejo trabalhar hoje é(são):

## Afirmação Matinal sobre o DIVERTIMENTO

*Sei que Deus fica feliz quando estou feliz.*
*Sei que Deus quer que eu seja feliz a vida toda.*
*Sei que fico mais feliz quando estou fazendo algo que adoro fazer.*
*Fico feliz quando estou me DIVERTINDO.*
*Hoje eu prometo que vou encontrar uma coisa que adoro fazer e que vou fazê-la por puro DIVERTIMENTO.*
*Agradeço por poder me permitir me DIVERTIR!*
*E que assim seja!*

## Fazei com que Eu me Lembre de que...

*Deus fica feliz quando estou feliz.*
*A vida é um jogo que deve ser DIVERTIDO.*
*Sempre há tempo para se DIVERTIR.*
*DIVERTIR-SE é acreditar na alegria.*
*Hoje eu quero me DIVERTIR.*

## Diário Noturno do DIVERTIMENTO

– A coisa que eu mais gosto de fazer para me DIVERTIR é...

– Eu não pude me DIVERTIR hoje porque...

– Eu não me dei permissão para me DIVERTIR porque...

# *Dia 16*

## Reverencie-se com a ENTREGA

### Definição de Trabalho

O princípio com o qual estamos trabalhando hoje é a ENTREGA. Ela é a capacidade de atingir a libertação mental e emocional. É o reconhecimento do poder da atividade espiritual. É a obediência ao princípio espiritual, que evolui até tornar-se uma experiência de paz e de bem-estar. É um ato de aceitação.

### Comentário sobre a ENTREGA

Você certamente já viveu essa experiência. Eu estava em casa em paz, num sábado de manhã, espreguiçando-me na cama e antegozando o lazer do fim de semana, quando alguém ligou e disse umas coisas que me tiraram do sério. Foi completamente inesperado. É tão raro a gente esperar ser incomodado quando ainda nem escovou os dentes! Mas acontece. E, quando acontece, você precisa saber que estão mandando que você se entregue.

Lá estava eu, na minha, quando recebi o tal telefonema que fez meu cérebro fritar. A pessoa do outro lado da linha disse algo que me deixou com tanta raiva, que eu precisei ficar trocando o telefone de orelha para não enlouquecer. E quando eu não agüentei mais, eu disse à pessoa: “Chegarei aí amanhã de manhã e até lá acho bom estar tudo direitinho ou alguém vai se machucar!" Admito que não foi a coisa mais espiritualizada a ser dita, mas eu não tinha nem escovado os dentes ainda! Desliguei o telefone e comecei a planejar o ataque. Pensei em todas as coisas que diria e faria quando chegasse ao meu destino e me visse frente a frente com o objeto de minha fúria. Não melhorou muito eu me lembrar de que teria de atravessar dois estados para levar o meu ataque a cabo.

Eu adoraria poder dizer a você que atingi tal grau de maturidade espiritual, que as influências cotidianas da existência humana não me atingem. Mas, se eu dissesse isso, não estaria falando a verdade. Muita gente acredita que, quando embarcamos na jornada rumo à espiritualidade, não se deve mais ter raiva. Deve-se sempre ser caridoso e compreensivo. Caia na real! Somos seres humanos! Lembre-se de que Jesus Cristo perdeu a calma e chicoteou os vendilhões que desrespeitavam o templo. Uma consciência espiritualizada não impede ninguém de ter reações humanas normais. Mas ela lhe dá os instrumentos para administrá-las. Naquela manhã, em especial, eu precisava de um instrumento. Enquanto caminhava em círculos como uma besta enraivecida, eu me dei conta de que precisava me entregar. Eu não podia dizer que não estava com raiva, porque estava. Eu não podia dizer que não estava com vontade de agredir a pessoa que havia feito algo que considerava ofensivo, porque era o que eu mais queria. O que eu podia fazer, o que fiz, foi admitir minha raiva e entregá-la à presença da energia divina que existe dentro de mim. Não foi fácil.

É muito perigoso acreditar que, quando tomamos o caminho espiritual, passamos a ver tudo de maneira espiritualizada. É tolice acreditar que somos capazes de abençoar nosso inimigo, pensar boas coisas a respeito de quem nos ofendeu ou rezar pelo bem das pessoas que nos irritaram.

O que você pode fazer, no entanto, quando a raiva, o medo ou qualquer outra emoção negativa tragarem a sua mente e o seu ser, é se entregar. Admita o que está sentindo. Sinta e depois procure desapegar-se da sensação. O problema não é o que você sente, mas a forma como você reage à emoção. Quando você embarca numa jornada espiritual, deve se entregar.

Aprendi a me entregar quando fui comprar uma casa. Eu me dei conta de que evitava o processo porque, além do medo de me expor a estranhos, temia ser julgada por ter um passado financeiro pouco atraente e não conseguir o financiamento pretendido. Quando me dei conta de que tinha medo de enfrentar as perguntas, os juízos e a rejeição, tive de me entregar. Tive de admitir que sentia medo. Tive de permitir que o medo inundasse a minha mente. Tive de sentir a rejeição e, a partir daí, acreditar que o que quer que acontecesse seria positivo. Eu precisava me entregar à vergonha, ao medo, à culpa por meus atos irresponsáveis do passado, para enfrentar uma pessoa estranha que iria me julgar digna ou não de ser proprietária de uma casa. A entrega é um lembrete ativo de que existe uma lei divina em ação e de que temos que estar sempre sintonizados com ela. Quando nos entregamos, admitimos que não podemos fazer nada acontecer. No entanto, se estivermos em sintonia com a lei divina, sempre receberemos o que merecemos. Se não estamos em sintonia com esta lei, precisamos nos empenhar para fazê-lo.

A entrega nos permite enfrentar aquilo que tememos antes que se torne realidade. O medo de estarmos errados. O medo de perdermos o controle. O medo de sermos descobertos. Na maior parte do tempo, aquilo que tememos não tem o menor poder, mas mesmo assim nos preparamos para o pior. Ao nos colocarmos na defensiva, ficamos obcecados com o que poderá acontecer. O medo de enfrentar um resultado negativo imaginário nos paralisa. A entrega desmancha a defensiva. Nos dá a oportunidade de planejar e de agir de acordo com o planejado. Quando nos entregamos, chegamos mentalmente até o fim do processo, passando por aquilo que mais tememos, limpando de nossa mente qualquer pensamento de medo. Isso nos faz tomar consciência de que saberemos enfrentar o que quer que aconteça.

Com a entrega, abrimos lugar em nossos corações e mentes para que o Divino nos dê uma nova idéia. Um novo pensamento. Quando você se entrega, dá espaço para que um milagre aconteça.

Eu não precisei percorrer quilômetros de carro para cometer um crime passional. Preenchi o formulário de uma empresa de financiamento e, quando meu pedido de hipoteca foi rejeitado, elaborei um plano para pagar todas as minhas dívidas. Ainda há certas experiências que me causam raiva e medo, mas agora eu sei me entregar. Há uma pequena prece que rezo quando sei que preciso me entregar. Vou compartilhá-la com você na esperança de que ela lhe traga a mesma libertação que me trouxe.

*Querido Deus,*

*Neste instante eu me encontro no meio de ________. Sei que isso não servirá para o meu bem. Sei que isso não é um reflexo da Sua Vontade Divina. Peço-Lhe que me lembre como transformar essa experiência em algo que seja um reflexo Seu e do meu ser verdadeiro. Peço-Lhe que encha meu coração e minha mente com Sua divina influência, de forma que eu me sintonize com Seu plano para mim. Peço-Lhe que não me deixe esquecer que sou Sua(Seu) filha(o) adorada(o), sempre sob Seu olhar protetor, e que só Você tem poder sobre mim. Aceito a situação que estou vivendo e a entrego a Você. Seja feita a Sua e não a minha vontade. Que assim seja!*

## Diário do Comentário

– Após ler o comentário de hoje me dou conta de que...

– A(s) frase(s) de que quero me lembrar e com a(s) qual(quais) desejo trabalhar hoje é(são):

## Afirmação Matinal sobre a ENTREGA

*Hoje eu me ENTREGO.*

*Ergo minhas mãos para Vós.*

*Reconheço a Divina Presença e o Divino Poder como as únicas forças ativas na minha vida.*

*Renuncio a preocupar-me com as aparências externas.*

*Renuncio aos pensamentos paralisantes de minha mente física e escolho a pura essência do espírito.*

*Renuncio ao medo. Renuncio à vergonha.*

*Renuncio à raiva. Renuncio ao ressentimento.*

*Renuncio ao controle.*

*Eu me ENTREGO ao poder e à presença que é a Vontade Divina em ação.*

*Eu me ENTREGO, sabendo que a Misericórdia Divina e a Graça Divina sempre trabalham de mãos dadas pelo meu bem.*

*Por todas essas coisas, agradeço!*

*E que assim seja!*

## Fazei com que Eu me Lembre de que...

*Deus tem o controle sobre todas as coisas.*

*Não posso fazer nada acontecer.*

*Seja feita sempre a Sua vontade e não a minha.*

*A Presença Divina dentro de mim só pode me trazer o bem.*

*A ENTREGA eliminará o medo.*

*A ENTREGA eliminará a raiva.*

*Eu me disponho a trabalhar para superar o medo.*

## Diário Noturno da ENTREGA

– Hoje me dei conta de que estava com medo quando...

– Achei difícil me ENTREGAR ao que estava sentindo porque...

– Achei fácil me ENTREGAR quando...

# *Fase Três*

*Se você acha que não possui defeitos,*
*pode ter certeza de que possui pelo menos um.*
*Orgulho. Se acredita que suas falhas e defeitos impedem você*
*de enxergar as falhas e defeitos dos outros, lembre-se:*
*você pode ser o único contato que uma pessoa*
*terá hoje com Deus. Orgulhe-se disso.*

## Reverencie as Pessoas

Eu estava chorando pelo meu irmão. Não era a primeira vez que isto acontecia, mas, agora, havia um caráter especial na minha tristeza. Aconteceu bem no meio da auto-estrada, a cem quilômetros por hora. Tudo começou quando um rapaz emparelhou comigo e os nossos olhares se cruzaram. Ele tinha a pele escura, como a de meu irmão. Tinha os mesmos olhos brilhantes e brincalhões que haviam sido o traço mais marcante de meu irmão quando jovem e sóbrio. Mas foi o mesmo início de calvície que me abalou. Era a mesma de meu pai e de meu irmão. Minha visão foi ficando turva, meu coração se abriu e eu comecei a chorar descontroladamente pelo meu irmão.

Eu estava chorando porque me sentia incompetente demais. Eu não fora capaz de ajudá-lo, de salvá-lo. Ele bebia e se drogava há vinte e cinco anos. Ainda não tinha emprego e agora, aos quarenta e quatro anos, ia responder a uma acusação por porte de drogas. Eu era advogada criminal e, ainda assim, não podia ajudá-lo.

Há anos eu o assistia cometer um tipo de suicídio inconsciente.

Ele sabia que não poderia sobreviver se continuasse a fazer o que estava fazendo. Mas parecia que todos os meus esforços para ajudá-lo tinham sido em vão. No momento em que vi aquele rapaz no carro ao lado, ficou extremamente claro para mim que a única pessoa que poderia ajudar meu irmão era ele próprio. Isso me assustou terrivelmente.

Em todas as famílias há uma pessoa assim. Um espírito brilhante, com potencial para se tornar a estrela mais brilhante. Normalmente são pessoas que têm um imenso talento ou habilidade, visível para os outros e ignorado por elas mesmas. Levam a maior parte do tempo perseguindo tudo, menos aquilo de que são realmente capazes e que se encontra ao alcance de suas mãos. Amigos e parentes passam a vida lutando contra o impulso de sacudi-las ou de esbofeteá-las, sem conseguir entender o que há de errado com elas. Elas mesmas não parecem perceber que há algo errado. É muito frustrante. Foi isso que tomou conta de mim naquela auto-estrada – a frustração e o medo de que meu irmão jamais coloque sua vida em ordem.

Eu não tinha como parar o carro. Em pequenos *flashbacks,* eu via meu irmão e eu crescendo. Via os maus tratos que sofremos, o abandono, a tristeza nos olhos de meu irmão. Ouvia seu choro e podia sentir sua dor, seu medo, sua raiva. Pensei então na decisão que um dia tomei de me curar. Essa dor não era minha. Pertencia a meu irmão, mas pendia de meu pescoço como uma mala pesada.

O que posso fazer, Deus amado? Como posso ajudá-lo? Desliguei o rádio para ouvir as respostas. Quando abri o porta-luvas para pegar um lenço de papel, a resposta me veio: "*Abra-se para as escolhas dele. Reverencie-o honrando as escolhas que fez e as decisões que tomou.*" Fechei o porta-luvas e assoei o nariz. Que diabos aquilo queria dizer? Deixei meus pensamentos fluírem naturalmente. "Uma das coisas mais difíceis nesta vida é assistir à queda daqueles que amamos. Queremos ajudá-los. Queremos salvá-los. Ao fazer isso, roubamos seu poder e eliminamos suas bênçãos. Precisamos lembrar, a todo momento, que o Deus que nos ama e nos ajuda é o mesmo Deus que ajudará aqueles que amamos, quando deixarmos espaço para isso." Essas palavras, tiradas de *Lessons in Truth* (Lições sobre a verdade), de Emile Cady, passaram em disparada pela minha cabeça, seguidas de: "*Deus sabe do que ele precisa e no momento em que ele se abrir para receber essas coisas, ele as receberá. A sua tarefa consiste em rezar para que ele se abra e observar os sinais, até mesmo o mais mínimo sinal, de que ele está se abrindo, de que a cura está começando. Reverencie-o o suficiente para perceber a verdade a seu respeito. A verdade é que Deus está dentro dele, fazendo um trabalho poderoso.*" Peguei um lenço de papel e assoei de novo o nariz.

A verdade era que eu estava com raiva do meu irmão por não ter preenchido as minhas expectativas. Eu sabia que ele era brilhante e capaz, e não conseguia compreender por que ele não colocava sua vida em ordem. Pode parecer loucura. É muito difícil vermos uma pessoa que amamos não se dar bem na vida ou sofrer. Temos a sensação de que ela está fazendo isso para nos agredir, e ficamos com raiva. A questão é saber se queremos que ela coloque sua vida em ordem no seu próprio benefício ou no nosso? É claro que é pelas duas coisas. Queremos o melhor para elas e certamente queremos nos sentir melhor com relação a elas. No entanto, há uma outra verdade que nos escapa: as pessoas aprendem o que precisam aprender da maneira que escolhem aprender e não há nada que possamos fazer com relação a essa escolha. A verdade é que Deus ouve todas as preces. A minha por ele. A dele por ele mesmo. Deus é sábio o suficiente para reverenciar as pessoas e as suas escolhas, não importa quais sejam.

Acho que faz parte da natureza humana querer viver através dos outros. Nós nos vemos nas outras pessoas e é óbvio que só queremos ver as nossas melhores qualidades. Ao ver meu irmão destruído, eu era constantemente lembrada da minha origem humilde, da minha família desajustada e da minha inadequação como mãe – coisas que me assombraram por grande parte da vida. Tendo feito as pazes com essas experiências dentro de mim, eu simplesmente não queria mais ser confrontada por elas. Eu me ressentia com meu irmão por mostrá-las a mim. Também deve haver alguma parte da psique humana que acredita que o fracasso é hereditário. Quando triunfamos sobre a adversidade, queremos que os mais próximos também o façam. Se não, achamos que nossa vitória pode ter vida curta. Mesmo quando nos convencemos de que "eles" são do jeito que são porque "eles" desejam assim, o medo e a raiva com o fracasso deles criam um conflito interno. Não cabe a mim ajudá-los! Mas é meu irmão, minha irmã, meu pai, minha mãe! Esquecemos que também são filhos de Deus e que têm pleno acesso à Graça Divina.

Eu também me sentia culpada. "Por que eu?" Eu não sou especial! Nós viemos do mesmo lugar! Por que Deus escolheu que eu vencesse e meu irmão caísse? Como espera que eu usufrua o meu sucesso, progrida para longe de minhas origens, deixando meu irmão para trás, sofrendo? Será que fui abençoada, ou amaldiçoada? Não fazia o menor sentido. Ele é mais velho. É mais inteligente. É homem. Eu me lembro de algo que li certa vez num livro intitulado *God's Little Answer Book* (O pequeno livro de respostas de Deus): "Acreditar em Deus significa usar o coração para ir em frente, mesmo quando sua cabeça diz que não vai conseguir." Seria isso mesmo? Será que eu tinha sido capaz de acreditar mais por ser mulher? Sentir Deus mais perto de mim? Silenciar *pensamentos* dominantes para seguir *sentimentos* dominantes? *Isto aconteceu não por você ser mulher, mas porque você permitiu que acontecesse. Você está vivendo os resultados de suas escolhas.*

Eu estava quase chegando. Tinha dez minutos para resolver essa questão e repor o rímel. Mentalmente, criei uma coluna A e uma coluna B. Na coluna A, listei o que considerava ser a *verdade*.

Meu irmão é filho de Deus.

Meu irmão é dotado de todas as qualidades da Divina Mente de Deus.

Deus ama meu irmão e quer o melhor para ele. Deus dará a meu irmão tudo o que ele pedir.

Deus sempre esteve e sempre estará com meu irmão.

Deus perdoará meu irmão por todos os seus erros.

Deus enviou meu irmão à terra para desempenhar uma missão divina que apenas ele pode desempenhar.

Meu irmão está vivo pela graça de Deus.

Deus sabe exatamente do que meu irmão precisa e está disposto a conceder-lhe essas coisas a qualquer momento. Tudo leva tempo.

O que para mim parece sofrimento e luta é a maneira escolhida por meu irmão para aprender suas lições nesta vida.

Deus conhece meu irmão melhor do que eu, pois meu irmão foi criado à imagem e semelhança de Deus.

Eu amo meu irmão, mas não posso ajudá-lo.

Na coluna B, listei mentalmente o que estava aparecendo diante de mim, registrando todas minhas percepções e julgamentos, certamente inspirados pelo medo.

Acho que meu irmão usa drogas e álcool para escapar da dor e do medo.

Meu irmão pode morrer e eu me sentiria culpada.

Acho que meu irmão quer que as pessoas sintam pena dele e isso me deixa com raiva.

Meu irmão está desperdiçando sua vida.

Quero que meu irmão deseje para si mesmo o que eu desejo para ele. Sei que isso me faria sentir melhor.

Eu realmente não sei quais são os planos de Deus para meu irmão.

Quando vejo meu irmão, sinto-me impotente.

Sinto vergonha do meu irmão.

Quando meu irmão me pede ajuda, fico com raiva, porque ele é quem devia estar se ajudando.

Eu realmente não sei o que é melhor para ele.
Eu realmente quero que Deus ajude meu irmão.

Meu Deus! Eu não estava chorando por ele! Estava chorando por mim mesma. Pelo meu medo e pela minha culpa! Depois dessa revelação brilhante, o que é que devia fazer? Ame seu irmão como ama a si mesma. Reverencie-o honrando as suas escolhas.

Mas ele está se matando!

*O Pai sabe do que ele precisa antes mesmo que ele peça!*

Mas nem pedindo ele está!

*Bendiga a terra onde o espírito pode florescer.*

Bendizer meu irmão por estar desperdiçando sua vida?

*Bendiga a verdade que você sabe a respeito dele! Reverencie a verdade que você sabe a respeito de Deus!*

Mas tenho medo de que algo de mal aconteça com ele.

*A maioria das coisas com as quais nós nos preocupamos jamais acontecem, e o que acontece de fato poderá chegar de maneira tão inesperada, que não precisaríamos ter nos preocupado!*

Mas não é responsabilidade minha ajudá-lo?

*Sua responsabilidade junto a Deus e a você mesma é honrá-lo!*

Como honrar uma pessoa que faz coisas tão horríveis?

*Como você reverencia a verdade da coluna A!*

Como posso louvá-lo por ser um filho de Deus que não trabalha, que sente pena de si mesmo, que usa drogas e que me telefona pedindo dinheiro emprestado para não pagar nunca? Louvá-lo por desonrar meu pai e minha mãe? Louvá-lo por não ter ficado com a esposa para criarem, juntos, seu filho? Louvá-lo por se envolver em atividades criminais? Louvá-lo por essas coisas? Reverenciá-lo por isso?

*Não, isso não é o que ele é. É como você o julga!*

Como louvá-lo, se estou sempre com tanta raiva e tão temerosa por ele?

*Louve-o e veja o bem que existe nele, apesar do que seus olhos vêem. Veja-o como espírito e não como corpo. Louve-o silenciosamente dentro do seu coração por ele ser filho de Deus. Louve-o abertamente, simplesmente por amá-lo. Quando ele lhe pedir ajuda, ajude-o de formas que tragam alegria a você. Quando não puder ajudá-lo, diga-lhe a verdade. Não diga que você não tem, quando tiver. Dessa forma não estará honrando o que Deus lhe deu. Não diga que não pode fazer, diga que não vai fazer. Dignifique-se pelo direito de escolher, pois dessa forma você o honrará pelas escolhas que ele faz. A luz e o poder de Deus só conseguirão remover as trevas através da verdade. Você só conseguirá reverenciar o Deus que existe dentro de você quando conseguir honrar seu irmão, não como irmão, mas como uma perfeita criação de Deus.*

# *Dia 17*

# Reverencie as Pessoas com LIMITES

### Definição de Trabalho

O princípio com o qual estamos trabalhando hoje é o LIMITE. São construções mentais, emocionais ou físicas que definem ou delimitam a área dentro da qual uma pessoa se dispõe a estar presente. É o espaço, ou área, dentro do qual uma pessoa trabalha, vive ou deseja estar.

### Comentário sobre Limites

Ela estava bêbada e me telefonava sem parar, pedindo dinheiro emprestado. Eu sabia que ela estava sem trabalho e que não tinha a quem pedir. Eu também sabia que isso não podia continuar para sempre. Não dava para ela continuar bêbada e desajustada para sempre, e não dava para eu sustentar uma mulher adulta para sempre. As pessoas precisam aprender a tomar conta de si mesmas. Precisam aprender que são responsáveis por suas próprias vidas. Se a sua vida não está funcionando, de quem é a culpa? O que devemos fazer quando aqueles à nossa volta não parecem conseguir dar um jeito na própria vida? Como saber até onde se pode ajudar? Eu ficava com raiva só de pensar nessas coisas. O mais engraçado é que eu estava mesmo era com raiva de mim, por ter ultrapassado os meus próprios limites e me envolvido na vida de outra pessoa.

Um de meus professores me disse um dia: "Quando sua vida não tem limites, as pessoas se enfiarão em partes da sua vida onde você não quer que elas estejam e onde elas não deveriam estar. Colocar limites é como traçar uma linha na areia e dizer: 'Daqui eu não passo e nem você.' O fundamental é ser muito clara e decidida com relação ao que você seria capaz de fazer se a linha fosse ultrapassada." No dia em que ele me disse isso, eu me dei conta de que minha vida era um enorme piquenique onde tudo e todos se misturavam. Havia estranhos na minha cozinha e no meu quarto. Havia familiares remexendo meus pertences mais pessoais. Relacionamentos comerciais, sociais e pessoais estavam completamente emaranhados. Todo mundo conhecia todo mundo e tinha alguma coisa a dizer a respeito de tudo. As pessoas corriam como loucas pela minha vida e parecia não haver nada que eu pudesse dizer ou fazer a respeito. Não havia limites.

Enquanto eu refletia, fui me dando conta do que acontecia comigo. Eu conhecia cada detalhe pessoal de todas as pessoas que trabalhavam para mim e comigo, e estava enfurnada nas engrenagens mais íntimas de seu dia-a-dia. Eu sabia demais sobre as pessoas com quem me associava comercial ou profissionalmente. Quando não estava dando conselhos, estava emprestando dinheiro ou ajudando alguém a sair de uma situação que não tinha nada a ver comigo ou com a minha vida. É claro que devemos compartilhar recursos, trocar informações, apoiar aqueles que precisam de apoio. Mas o que acontece se deixarmos as pessoas se virarem sozinhas? Se você continua a fazer pelas pessoas o que elas devem fazer por si mesmas, elas jamais aprenderão a fazê-lo. Isso não reverencia as pessoas. Não reverencia você.

Eu sempre cuidei dos outros. Quando criança, eu cuidava de minha tia quando ela sofria de depressão por causa das brigas com o marido. Quando era adolescente, cuidei de minha madrasta quando ela ficou emocionalmente abalada por causa de meu pai. Como adulta, eu cuidei de três filhos, de um irmão drogado, de um marido namorador e de um exército de amigas com problemas iguais ou parecidos com os meus. Cuidar de uma pessoa significava consertar o que quer que estivesse errado. Se eu não conseguisse dar um jeito, achava que era meu dever encontrar alguém que desse. Se ambas as tentativas falhassem, eu me sentia responsável. Como resultado, vivia envolvida em dramalhões que tinham pouco – quando tinham algum – efeito positivo sobre minha vida. Não havia limites.

Aos poucos fui descobrindo por que eu me empenhava tanto em tomar conta dos outros. Enquanto eu estivesse cuidando de alguém, mantinha o controle sobre a situação. Em segredo, eu queria mesmo era controlar tudo. Sendo o manda-chuva, eu não tinha como me machucar. É claro que acabava sendo usada e manipulada, mas isso era outra história. No fundo, eu queria que as pessoas continuassem mal. É impressionante como conviver com gente fraca faz a gente se sentir mais forte. Cuidar das pessoas e controlar sua vida toma tempo e energia, desviando a atenção das coisas com as quais precisamos lidar em nossas próprias vidas. No entanto, para poder cuidar-se, você precisa impor limites.

O telefonema da amiga aflita foi um alerta para eu desenhar a linha na areia de novo. Eu estava fugindo de mim e ajudando as pessoas a continuarem mais fracas do que eu, outra vez. Minha vida não estava indo bem, e por isso eu estava me envolvendo demais na vida dos outros. Ao me colocar como muleta, eu negava às pessoas a oportunidade de aprenderem o necessário para caminharem sozinhas. Como eu, minha amiga precisava de limites. Ela precisava saber quanto beber, quanto gastar e quando parar, antes de se envolver em alguma encrenca. Se eu continuasse a salvá-la de sua falta de limites, ela jamais aprenderia a fazer sua vida funcionar. A falta de limites não serve apenas para tornar a sua vida desconfortável, faz você contribuir para prejudicar a vida de outras pessoas. Você não pode reverenciar os outros quando está contribuindo para sua autodestruição.

Se eu emprestasse dinheiro para ela mais uma vez, ela não pagaria a dívida, o que me deixaria de novo muito chateada. Quando não há limites, as mesmas decisões erradas se repetem. Se dessa vez eu não dissesse que aquelas bebedeiras estavam afetando nosso relacionamento, ela seguiria em frente. Eu me dei conta de que o mais importante de tudo era honrar as escolhas dela e me honrar. Precisávamos de limites em nossas vidas e em nossa amizade. Cabia a mim desenhar a linha na areia. "Não fico satisfeita com você quando bebe até chegar a este ponto. Quando estiver assim, eu gostaria de que não me ligasse. Vamos estabelecer o seguinte: eu sou sua amiga. Estou aqui para lhe ajudar se e quando precisar. Se quiser sair para fazer compras ou viajar de férias, pode ligar. Vou com você ou até mesmo lhe empresto dinheiro. Você cuida do básico e eu, como sua amiga, ajudarei com os supérfluos."

## Diário do Comentário

– Após ler o comentário de hoje me dou conta de que...

– A(s) frase(s) de que quero me lembrar e com a(s) qual(quais) desejo trabalhar hoje é(são):

## Afirmação Matinal sobre LIMITES

*Aqui estou em paz.*
*Neste lugar sou luz.*
*Neste lugar sou alegria.*
*Neste lugar sou amor.*
*Neste lugar sou uma idéia divina na mente de Deus, compartilhando a paz, a luz, a alegria e o amor de Deus.*
*Neste lugar compartilho.*
*Neste lugar sirvo.*
*Neste lugar compartilho e sirvo à glória e à bondade de Deus.*

*Neste lugar sou um recipiente.*

*Um recipiente de paz, de luz, de alegria e de amor, compartilhando as divinas idéias de Deus.*

*Minha tarefa é fácil. Meu fardo é leve.*

*Quando não é, não estou em meu lugar.*

*Que assim seja!*

## Fazei com que Eu me Lembre de que...

*LIMITES permitem que eu cuide de mim.*

*LIMITES permitem que os outros cuidem de si.*

*LIMITES criam a liberdade de escolha.*

*Dar, compartilhar ou apoiar não precisa significar cuidar.*

*Posso dar amor e apoio mesmo quando digo não.*

*LIMITES me mantêm no meu espaço divino.*

## Diário Noturno dos LIMITES

– Hoje me dei conta de que não tenho LIMITES claros porque...

– Hoje senti a tentação de ultrapassar meus LIMITES quando...

– Hoje me dei conta de que é necessário ter LIMITES porque...

# *Dia 18*

# Reverencie as Pessoas com a COMPAIXÃO

## Definição de Trabalho

O princípio com o qual estamos trabalhando hoje é a COMPAIXÃO. Trata-se da capacidade de entrarmos em sintonia com as outras pessoas e abrirmos mão de nossas necessidades, sem nos sentirmos lesados. Dar de si, sabendo que, na realidade, estamos dando ao Eu.

## Comentário sobre a COMPAIXÃO

Quem dera eu tivesse ganho uma moeda cada vez que me disseram: "Não se pode ser gentil demais. As pessoas se aproveitam de nós, sugam a gente até a última gota." Uma forma de não ser *gentil demais* é ser um pouco gentil. Infelizmente, isso raramente funciona. É como se você não estivesse fazendo o suficiente quando está sendo só um pouco gentil. O outro lado da balança é não ser nem um pouco gentil. Isso não funciona nunca. Quando não somos gentis com as pessoas, é porque estamos com raiva. Quando você está com raiva, fica justificando para si e para os outros por que não deve, não precisa e não é gentil. Se não estiver com raiva, mas apenas tendo um surto momentâneo de insanidade que faz você agir de maneira nada gentil, é capaz de sentir uma enorme culpa. E sentir culpa é péssimo. A maneira de escapar à culpa e ser gentil sem ser gentil demais é praticando a compaixão.

Só quando você está tendo um relacionamento saudável, respeitoso e positivo com seu Eu é que poderá ter o mesmo com os outros. Esta relação é a base fundamental para demonstrar e praticar a compaixão. Só após ter dominado realmente quem você é, e ter percebido seu próprio poder pessoal, você poderá ter compaixão. Se não for assim, você corre um grande risco de, ao ter compaixão, ser gentil demais e transformar-se num capacho. Vai sentir que estão usando você e vai acabar ressentindo-se de tudo o que fez ou está fazendo pelos outros. Só quem tem uma noção verdadeira de seu poder pessoal é capaz de dar, apoiar, compartilhar e auxiliar sem sentir que estão lhe tirando algo. À medida que for tendo maior domínio sobre quem é, sentirá que o que está dando é a energia universal divina que flui através de você. Não pertence a você. Pertence à vida. Quando uma pessoa consciente de seu poder dá vida, não se sente lesada ou espoliada. Pelo contrário, sabe que está se fortalecendo. É preciso ter força para ter compaixão.

Uma pessoa compassiva não faz pelos outros o que eles deveriam fazer por si mesmos para crescerem. Uma pessoa compassiva não toma só para si as rédeas da situação, nem se dá ao ponto da exaustão ou do esgotamento. Uma pessoa realmente compassiva é solidária com o seu sentimento porque entra em sintonia com você por afeto, não por obrigação ou por um falso senso de responsabilidade. Uma pessoa compassiva escuta e procura compreender aquilo por que você está passando e, em vez de somar-se ao seu sofrimento e medo, tenta descobrir com você o caminho da solução. Uma pessoa compassiva não contribui para que você se sinta vítima dos outros, mas ficará ao seu lado dando-lhe a força e o apoio necessários para que você descubra a sua responsabilidade na situação e o que pode fazer para mudá-la. A pessoa compassiva sabe com você, por você e mesmo apesar de você que todas as coisas trabalham juntas pelo seu bem. Para ser compassivo, é preciso ter visão.

Muitas vezes confunde-se compaixão com exercício de poder e controle. Muitas vezes também as pessoas que se consideram compassivas, ao tentarem ser gentis com os outros, acabam se sentindo usadas e manipuladas. Muitas acreditam que compaixão consiste em dar aquilo de que uma pessoa precisa para que ambas se sintam felizes. É difícil assistir alguém sofrer, sobretudo quando estamos bem. Quando isso acontece, você se sente mal pela outra pessoa e vai correndo em seu auxílio. Mas talvez, em vez de ser salva, ela precise de apoio para tomar uma decisão, ou de uma informação para rever sua situação e sentir-se forte para enfrentá-la. É importante estarmos atentos para um aspecto: pode ser que, a partir da sua ajuda, a pessoa tome uma decisão contrária à que você considerava a melhor. Talvez você sinta raiva da pessoa e fique com a sensação de ter perdido seu tempo, seus recursos e sua energia. Para ter compaixão, você precisa saber que o universo é um infindável reservatório de recursos.

Pessoas compassivas dão apoio porque sabem que apoiar alguém contribui para sua própria cura e crescimento. Pessoas compassivas perguntam a você do que precisa e respondem ao seu pedido, respeitando os seus limites, e não impondo aquilo que acham que você deveria ter. Conscientes de seu próprio poder, pessoas compassivas não usurpam o seu. As pessoas compassivas sabem que não existe falta de amor, de paz e de prosperidade nesta vida, e querem lhe dar apoio para que você compreenda esse mesmo princípio. Uma pessoa compassiva pode caminhar ao seu lado e compartilhar com você seus recursos, sem sentir que você lhe deve alguma coisa. Ela quer o melhor para você, sem querer determinar o que é o melhor, mas fazendo com que o melhor para você seja o melhor para ela. Sabe por quê? Porque a pessoa compassiva está ao seu lado para o que der e vier, sem outra expectativa a não ser a de poder fazer o que precisa ser feito.

Uma pessoa compassiva ajuda os outros a se curarem. Ela quer que você, como um ser universal, realize a sua integridade. Muitas vezes a jornada rumo à integridade não é agradável. Pessoas compassivas sabem disso e têm a capacidade de acalentar, de consolar e de nutrir os outros nos diversos estágios de seu processo. Elas curam sem adoecer.

No momento em que você consegue deixar de lado as suas necessidades e desejos, dispondo-se a se abrir para as necessidades do outro, você descobriu seu poder, o que lhe permite que tenha verdadeiramente compaixão. Quando você consegue sentir a dor do outro, seu medo, sua insegurança, sem considerá-lo uma vítima ou sem se sentir vítima, você pode demonstrar compaixão. Quando você tem a tranqüilidade de saber que o que faz pelo outro não lhe causará prejuízo, você atingiu a compaixão. Mas se sente um desejo avassalador de mergulhar de cabeça para salvar alguém, com medo de que, se não o fizer, será desprezado ou castigado, tenha cuidado. Pois se você está agindo unicamente por medo ou pela necessidade de ser gentil, vai acabar sentindo que estão usando você. Pessoas usadas se transformam em vítimas e estas são incapazes de ter compaixão. A compaixão é a forma de nos reverenciarmos e aos outros, demonstrando o que aprendemos sobre o poder divino que existe em nós.

## Diário do Comentário

– Após ler o comentário de hoje me dou conta de que...

– A(s) frase(s) de que quero me lembrar e com a(s) qual(quais) desejo trabalhar hoje é(são):

## Afirmação Matinal sobre a COMPAIXÃO

*Eu e todas as coisas somos um só.*
*Eu e a vida somos um só.*
*Eu e todas as pessoas somos um só.*
*Eu e o Divino somos um só.*

*Como ser uno, sou eterno e ilimitado.*

*Como ser uno, dou aquilo que sou.*

*Como ser uno, me dou livremente, por vontade própria, com compaixão e amor.*

*Enquanto me dou, me fortaleço.*

*Enquanto me dou, sinto meu próprio poder.*

*Enquanto me dou a todos, a presença da divindade eterna e ilimitada torna-se a realidade de minha existência.*

*Por todas essas coisas, agradeço!*

*E que assim seja!*

## Fazei com que Eu me Lembre de que...

*Tenho poder suficiente para dar o que tenho sem nada perder.*

*Eu formo uma única realidade com*

*todas as coisas e todas as pessoas.*

*Apoio + conforto + alimento = COMPAIXÃO.*

*Com a COMPAIXÃO que tenho por você, eu me fortaleço.*

*Todos têm o poder de se curar.*

## Diário Noturno da COMPAIXÃO

– Hoje achei difícil ter COMPAIXÃO quando...

– Hoje pude demonstrar COMPAIXÃO quando...

– Agora me dou conta de que minha capacidade de demonstrar COMPAIXÃO é prejudicada por...

# *Dia 19*

# Reverencie as Pessoas com a CONCLUSÃO

## Definição de Trabalho

O princípio com o qual estamos trabalhando hoje é a CONCLUSÃO. É um estado de plenitude atingido através do desapego mental e emocional. São atos ou ações que levam a seu termo uma situação ou um relacionamento.

## Comentário sobre a CONCLUSÃO

Ele estava morto. Meu pai havia morrido sem jamais ter me dito que me amava. Eu tinha trinta anos de idade, mas doía mesmo assim. Eu sabia que estava sentindo dor porque olhava para meu pai morto sem derramar uma única lágrima, mas pensando que ele jamais me dissera "eu te amo". Todo mundo me olhava e eu sentia que precisava fazer alguma coisa além de me lembrar desse desagradável aspecto de nosso relacionamento, mas a verdade era que a maior parte de nosso relacionamento havia sido desagradável. Lembrar disso naquele momento, ao lado de seu caixão, era desconfortável e muito doloroso. Eu queria tocá-lo, mas não podia. Queria dizer-lhe alguma coisa, mesmo sabendo que não podia me ouvir. Eu precisava falar com ele. Decidi não fazer nada e voltei a me sentar.

Passei as semanas seguintes tentando descobrir por que eu não conseguia chorar a morte de meu pai. É claro que eu sentiria falta dele, assim como da hostilidade que sempre existira entre nós dois. Como ele morreu pacificamente, dormindo, eu sabia que não havia sofrido. Mas sofreu. Sofreu durante uma vida inteira de insatisfação e mediocridade. Sofreu com a vergonha de jamais ter podido sustentar a família. Sim, ele sofrera em vida e agora estava em paz. Infelizmente o fato de ele estar num estado de paz eterna deixava um rombo no meu peito. Tantas foram as coisas que eu quis e precisei, sem que jamais meu pai pudesse me dar. Há muito eu aceitara isso como parte da minha vida. E no entanto, agora que ele estava morto, todas as perguntas que haviam ficado sem resposta corriam pela minha cabeça. Será que ele sentia orgulho de mim? Por que não foi à minha formatura na faculdade? Por que deixou minha mãe? E, acima de tudo, será que ele me amava?

Quando expliquei a uma amiga como me sentia, ela disse que eu precisava concluir e fechar esse processo. Quando não se tem a oportunidade de expressar o que se sente ao final de um relacionamento, ele fica incompleto. Mesmo que a outra parte não esteja mais viva, sem uma conclusão, qualquer tipo de relacionamento fica incompleto. A morte, assim como a separação, o divórcio ou qualquer tipo de interrupção brusca num relacionamento, traz à tona uma quantidade incrível de emoções que precisam ser liberadas. Essa liberação resulta em conclusão. Quando não há liberação, nós nos fazemos perguntas, sentimos dor, os porquês ficam sem resposta e, por fim, transformam-se em raiva e medo. O mais importante, segundo minha amiga, é que, quando não há conclusão, não aprendemos as lições, não recebemos as bênçãos. Não chegamos a compreender ao certo por que tal pessoa fez parte de nossa vida, qual foi o benefício resultante do que compartilhamos, o que aprendemos sobre nós mesmos, de que forma crescemos e ficamos melhor equipados para caminhar na direção de relacionamentos novos e mais produtivos. Quando não há conclusão, sentimos dor. "Como?", perguntei. "Como podemos chegar a uma conclusão quando a outra pessoa não está mais viva?" Escreva uma carta. Não é importante que a outra pessoa leia a carta, mas que você tenha a oportunidade de expressar o que está sentindo.

*Querido Papai,*

*Sei que você está morto e que nunca lerá esta carta, mas ela é minha tentativa de nos libertar da dor do nosso relacionamento passado. Acho que, em primeiro lugar, preciso agradecer-lhe por ter sido meu pai. Se é verdade que somos nós que escolhemos nossos pais e que são eles que consentem em nos dar à luz, devo-lhe minha gratidão. Fico feliz por estar viva, mas não fico feliz pela maneira como você cuidou de mim. Não quero fazer acusações, mas você não soube cuidar de mim, nem me sustentar. Tenho certeza de que você sabia, por experiência própria, que sua mãe era capaz de me maltratar, mas ainda assim você me deixou sob seus cuidados. Por que fez isso? Você sabia que ela batia em mim! Sabia que ela berrava, gritava e me xingava. Ela dizia que você andava por aí atrás de mulheres e que não ligava para mim. Você nunca me disse o contrário. Você passava pela nossa casa, dava palmadinhas na minha cabeça, me dava umas moedinhas e ia embora, sabendo que a vovó estava me torturando. Por que você fez isso? Por quê? POR QUÊ? POR QUÊ?*

*Eu era tão ruim assim? Eu era tão feia e gorda assim? Você tinha vergonha de mim, tinha? Era por isso que nunca ia me buscar na escola? Era por isso que nunca corrigia o meu dever de casa e nunca lia histórias para mim, antes de eu dormir? Era por isso que você nunca ia aos meus recitais de dança? Eu era só uma garotinha. Eu não queria ser feia. Foi você quem me fez feia! Afinal de contas, os genes eram seus! Você tem idéia do que é ser criança e ter um pai que age como se odiasse você? Eu sei que você não me odiava de verdade, mas certamente agia como se odiasse. Eu também me dou conta de que a sua mãe, seca como era, provavelmente nunca lhe ensinou a ser carinhoso. A responsabilidade de aprender era sua! Eu era sua filha! Precisava que você me beijasse, me abraçasse, me pegasse no colo e me tratasse como se eu fosse especial! Eu alguma vez fui especial para você, papai? Alguma vez você disse a alguém que tinha uma filhinha e que ela era muito especial? Eu espero que sim, apesar de nunca ter ouvido você dizer isso.*

*Eu também preciso lhe dizer que, quando não estou bem, considero você completamente responsável pela destruição do meu irmão. Tento dizer a mim mesma que ele não é responsável pela própria vida. Eu sei que, assim como eu, ele poderia tomar um rumo e ser alguma coisa na vida, mas sei também que as pessoas são diferentes. Ele e eu não somos a mesma pessoa. De alguma maneira eu consegui superar os maus tratos, o abandono e os desajustes das nossas vidas. Meu irmão, seu filho, não teve a mesma sorte. Ele sofre todos os dias. Ele sente tanta dor, tanta raiva e confusão, que não encontra motivos para viver. Você sabia que seu filho é alcoólatra? Sabia que é dependente químico desde os dezenove anos? Ora, é claro que sabia! A pergunta é: o que foi que você fez a respeito? O que foi que você disse? Você sabia que ele sentia raiva de você por todas as coisas que não fez por nós? Ele acreditava que jogo, mulher e dinheiro eram mais importantes para você do que ele. Ele precisava de um pai para lhe mostrar o caminho, mas você nunca estava em casa! Estava sempre ocupado demais! Só não estava ocupado demais para criticá-lo ou reclamar daquilo que ele não tinha feito, não é mesmo? Por que foi que você disse a ele que ia lhe dar uma surra? Como pôde dizer isso a um garoto de quinze anos, depois de passar duas semanas sem vê-lo? Quem você pensava que era para dizer uma coisa dessas para ele? Foi por isso que ele saiu de casa, sabia? E está um caco desde então! Eu sempre odiei você pelo que fez com ele. É o único irmão que tenho. Ele me protegia quando você não estava. E, como resultado da sua falta de atenção, da sua falta de interesse, ele não consegue nem se ajudar. Eu odeio você absolu-*

*ta e inequivocamente, sem sentir a menor vergonha disso, pela dor que causou ao meu irmão!*

*Você amou minha mãe? Se amou, por que foi que a enterrou como indigente? Por que não pegou algum dinheiro emprestado com seus parceiros de jogo para enterrar minha mãe como um ser humano decente? Sabia que levei dois anos para descobrir onde ela havia sido enterrada? Estava enterrada numa sepultura com cinco estranhos que não sabiam o quanto ela o amou e que dera à luz dois filhos seus. Que tipo de homem faria uma coisa dessas com a mulher que amava? Você a amava? Se amava, por que foi que nunca se casou com ela? Por que foi que se casou com outra mulher enquanto vivia com a mamãe? E por que foi que você nunca me disse nada disso? Por que foi que eu tive de descobrir os detalhes mais íntimos sobre as minhas próprias origens por intermédio de outras pessoas? Por que foi que você mentiu para mim? Que tipo de pessoa você era? Eu já tentei entender isso tudo inúmeras vezes, mas é difícil. Agora você está morto e eu sobrei para colocar ordem nessa bagunça.*

*Já tentei perdoar você. Há momentos em que até consigo. Você fez o melhor com o que tinha à sua disposição. Sei que você não teve uma vida fácil. Sei que fez o possível para acertar, mas, quando viu que não conseguia, o que fez? Você fugiu. Você se escondeu, ou pelo menos assim me pareceu. Você não contou a verdade. Não pediu perdão. Você jamais admitiu que estava errado e nunca se desculpou. Quer saber de uma coisa? Eu perdôo você quando estou bem. Quando estou bem, eu me dou conta de que você me ensinou muita coisa. Você me ensinou o que não fazer. Você me ensinou como não ser. Você me ensinou a importância da minha presença para os meus filhos. Você me ensinou a importância de dizer a verdade e de deixar que as pessoas saibam o que está acontecendo à sua volta. E, além disso, você me deu o maior presente de minha vida. Me deu minha madrasta, minha melhor amiga, meu anjo. Sem ela, não acredito que eu teria chegado até onde cheguei. Ela foi para mim tudo o que você não foi.*

*Quando estou mal, eu sinto dor e odeio você. Quer saber de uma coisa? Odiar você me faz sentir pior. É difícil odiar o próprio pai. A gente fica louca, e eu fui louca tempo demais. Quero ficar em paz agora, igual a você. Por isso estou escrevendo, para que você saiba que não quero mais ficar mal. Vou ter, apenas, momentos em que poderei sentir compaixão por você e poderei perdoá-lo por ter ido embora, por ter traído minha mãe, por ter abandonado a mim e ao meu irmão e por não ter sido o pai que eu queria e precisava que você fosse.*

*A partir deste momento, escolho lembrar apenas das coisas boas que sabia a seu respeito. Que você era bonito. Que você me deu meu primeiro carro. Que você me deu uma máquina de lavar de presente de casamento e que, sem a menor sombra de dúvida, você amava seus netos. Vou me lembrar de como você cozinhava para eles. Vou me lembrar de como deixou meu filho sentar no seu colo e dirigir o carro quando tinha apenas dois anos. Vou me agarrar à lembrança de você, à minha porta, sábado de manhã, vindo buscá-los para passear, e à sua imagem se afastando com eles agarrados à sua perna. Você era uma babá excelente e eles o amavam. Eu sei que sentirão saudades suas. Talvez meus filhos ainda fossem pequenos e inocentes o suficiente para ver a bondade que existia em você. Se eu me agarrar às lembranças de você com eles, talvez também consiga enxergar a sua bondade um dia. Quero isso mais do que tudo. Se eu conseguir me lembrar do amor que você tinha por eles, talvez consiga ver que você me amou da única forma que sabia amar. Eu sei que amava você e acho que fui igualzinha a você, pois nunca soube lhe dizer isso. Talvez você agora descubra. Eu espero profundamente que sim.*

Quando baixei a caneta, chorei pelo meu pai.

## Diário do Comentário

– Após ler o comentário de hoje me dou conta de que...

– A(s) frase(s) de que quero me lembrar e com a(s) qual(quais) desejo trabalhar hoje é(são):

## Afirmação Matinal sobre a CONCLUSÃO

*Hoje eu me entrego, eu me liberto, me desapego de cada pessoa, de cada circunstância e de cada situação que não serve mais a um objetivo divino em minha vida.*

*Hoje me dou conta de que todas as coisas têm seu próprio momento e que todo momento chega ao fim.*

*Hoje me dou conta de que todas as coisas desempenham um papel divino para ajudar em meu crescimento.*

*Hoje me dou conta de que o fim não existe. Existe apenas o agora e esse agora dá início a um momento novo que tem um objetivo divino em minha vida.*

*Hoje, em vez das dolorosas recordações do passado, escolho um novo começo.*

*Hoje escolho um novo começo.*

*Hoje escolho fechar a porta do passado e abrir minha mente, meu coração e meu espírito às bênçãos deste momento.*

*Neste momento, encho-me de luz, encho-me de alegria! Encho-me desse amor que traz a compreensão divina!*

*Por todas essas coisas, agradeço!*

*E que assim seja!*

## Fazei com que Eu me Lembre de que...

*As pessoas entram em nossas vidas por um motivo,*

*por um período ou por toda a vida.*

*A CONCLUSÃO começa quando digo*
*a verdade sobre aquilo que sinto.*
*Tenho o direito de honrar aquilo que sinto.*
*Quando uma porta se fecha, outra se abre.*
*Se você reprimir alguma coisa, ela se transformará em estresse.*

## Diário Noturno da CONCLUSÃO

– Eu me dou conta de que é difícil CONCLUIR uma situação quando...

– Hoje consegui CONCLUIR...

– Eu me dou conta de que preciso me empenhar para dar uma CONCLUSÃO aos meus pensamentos e sentimentos com relação...

# *Dia 20*

# Reverencie as Pessoas com a AUSÊNCIA DE JULGAMENTOS

## Definição de Trabalho

O princípio com o qual estamos trabalhando hoje é a AUSÊNCIA DE JULGAMENTOS. É um estado de abertura e receptividade mental e emocional que nos permite novas experiências e interpretar experiências passadas. É a capacidade de observar pessoas e/ou participar de situações sem impormos nossas vontades, percepções e críticas.

## Comentário sobre a AUSÊNCIA DE JULGAMENTOS

Todo pai e toda mãe desejam que seus filhos sejam o melhor que puderem ser. Junto com esse desejo muito natural e muito normal vem a exigência dos pais sobre as maneiras como as crianças deverão demonstrar suas qualidades. Pais possuem regras, parâmetros e indicadores para medir os progressos de uma criança. Querem que tal coisa seja feita de tal forma, em tal tempo. Dizem que é pelo bem da criança. Pais são capazes de censurar o lazer e o não fazer nada. Quando um filho não consegue apresentar progressos satisfatórios com relação à meta de excelência determinada por eles, os pais logo acham que algo grave ou anormal está acontecendo com seus filhos.

Sei o que é isso. Afinal, tenho três filhos. Um já nasceu bom e jamais se afastou do caminho da excelência. Outro tinha uma vaga idéia da existência da excelência e tentou, desesperadamente, descobrir onde ela morava. A outra, eu achava, não conseguiria reconhecer a excelência se esta despencasse sobre sua cabeça e mordesse seu pé. Minha reação foi de medo. Em meio ao meu medo, sujeitei-os aos julgamentos naturais e normais de qualquer pai ou mãe, a comparações, críticas e histeria que poderiam destruir nosso relacionamento. Eu os julgava irresponsáveis, desatentos, desinteressados e, francamente, preguiçosos. Foi uma grande amiga quem me disse que as coisas que eu percebia nada tinham a ver com meus filhos. Eu os via através do julgamento que eu formara a meu respeito.

Cresci num ambiente desajustado e pobre. Fiquei grávida aos dezesseis anos. Abandonei os estudos. Casei-me muito cedo. Tive um casamento ruim. Lutei muito para criar meus três filhos sozinha, desejando, rezando e fazendo de tudo para que eles não cometessem os mesmos erros que eu cometi. Eu queria coisa melhor para eles. Admito que não tinha a menor idéia do que era essa coisa ou do que seria necessário para consegui-la, mas achava que sabia muito bem o que os levaria a percorrer o mesmo caminho que eu percorrera. E estava sempre de olhos bem abertos, à procura dessas ameaças. As coisas que eu havia feito. As coisas que eu havia dito. Os meus antigos comportamentos. Quando eu via traços meus em meus filhos, sentia raiva. Sentia raiva deles por achar que estavam arriscando suas vidas e raiva de mim mesma pelas coisas que havia feito para me afastar do caminho da excelência. Quando a raiva passava, eu sentia medo. Sentia medo de que eles não chegassem à excelência, medo de reproduzir com eles o que achava que meus pais haviam feito comigo. Eu podia ver os desajustes familiares passarem de meus pais para mim, de mim para meus filhos. Aquilo me levava à loucura!

É tão bom ter um amigo lúcido com quem conversar quando se está louca. Eu tive um que me disse uma frase. Uma frase simples que fez enorme sentido para mim. Ele me deu uma luz que me ajudou a libertar meus filhos, eu mesma e todas as pessoas e situações existentes em minha vida do domínio do julgamento. A frase foi:

*"Não existe certo ou errado, só existe o que existe!"*

Está me dizendo que não é errado matar, mentir e roubar?

*As pessoas que cometem tais atos o fazem por medo, vergonha ou culpa. É errado sentir medo, sentir vergonha ou culpa?*

Fazia sentido, mas eu ainda precisava pensar um pouco mais para entender. Se não existe certo ou errado, isso quer dizer que qualquer um pode fazer o que bem entender porque sente medo, vergonha ou culpa?

*As pessoas fazem as coisas, quer julguemos que estão certas ou erradas. O nosso julgamento não as faz parar. Quando julgamos o que fizeram, na realidade estamos lhes dizendo as condições que impomos para amá-las. Se fizerem o que esperamos delas, nós as amaremos. Se as julgamos erradas, ficamos com raiva e as ameaçamos com a possibilidade de deixar de amá-las. Uma pessoa sem amor é uma pessoa amedrontada. Uma pessoa com medo é capaz de fazer coisas muito pouco amorosas.*

Caia na real! Então milhares de pessoas foram escravizadas só porque alguém se sentiu pouco amado? Hitler matou milhares por não se sentir amado?

Eu havia entendido tudo ao contrário.

*Tememos aquilo que não nos é familiar. Tememos tudo aquilo que não compreendemos. As pessoas são escravizadas pelo medo ou por causa dele. Quando nos sentimos impotentes, buscamos o poder. Quando nos descontrolamos, buscamos o controle. As pessoas são mortas quando a impotência busca o controle.*

Que loucura!

*A loucura é um julgamento.*

A idéia de que as pessoas matam ou escravizam as outras porque têm medo ou porque se sentem impotentes ou porque querem controlar não é uma loucura?

*Quem disse? As pessoas fazem o que fazem em virtude do que são, daquilo em que acreditam e das informações que possuem naquele momento para apoiar sentimentos e crenças. A escravidão é uma coisa errada hoje em dia. Há quatrocentos anos parecia ser um empreendimento econômico viável. Hitler é considerado um monstro hoje em dia. No seu tempo, entretanto, era apoiado ou ignorado por milhares. Dizer que foi certo ou errado não muda o fato do que foi. Quando você acha que algo está errado, na realidade está dizendo que há algo de errado com você mesma.*

COMIGO? Acho que não há nada de errado comigo!

*É claro que acha, senão não julgaria seus filhos.*

Não estou julgando meus filhos. Só quero que façam a coisa... certa. Quer dizer, só quero que eles se saiam melhor do que eu me saí.

*O que há de errado com a forma como você se saiu?*

Eu fiz tanta coisa errada comigo e com os que estavam à minha volta.

*Você fez o que sabia fazer, baseado naquilo que sabia e naquilo que acreditava ser certo àquela época. Como pode impedir que seus filhos façam o mesmo, se assim escolherem?*

Ensinando-lhes a fazer as coisas da maneira certa. Proporcionando-lhes melhores oportunidades de aprendizado, oportunidades melhores do que as que eu tive. Você me deixou com medo de usar a palavra "certo".

*Quando sente medo, você enxerga e ouve coisas que não têm nada a ver com o que existe. Seus filhos vão fazer o que quiserem fazer, apesar do que você possa achar, dizer, fazer ou temer.*

Eu sei. Crianças boas podem vir de famílias desajustadas e vice-versa. Deve haver alguma fórmula mágica que garanta o sucesso dos nossos filhos.

*E há. Dê a eles o melhor de você. Reparta com eles aquilo que sabe e permita que façam suas escolhas com base naquilo que você repartiu com eles. Quando fraquejarem ou caírem, esteja presente para apoiá-los, sem raiva e sem medo. Não coloque condições para dar-lhes amor. Pare de procurar os seus próprios erros nos atos deles. No fundo, no fundo, o melhor que você pode fazer por seus filhos é parar de pensar que há algo de errado com quem você é.*

Detesto quando você tem razão.

*Eu nunca estou certo. Eu apenas divido o que sei porque sou.*

É isso aí!

## Diário do Comentário

– Após ler o comentário de hoje me dou conta de que...

– A(s) frase(s) de que quero me lembrar e com a(s) qual(quais) desejo trabalhar hoje é(são):

## Afirmação Matinal sobre a AUSÊNCIA DE JULGAMENTOS

*Eu existo porque Deus tudo controla.*

*Tudo existe porque Deus tudo controla.*

*Toda pessoa e todo ser vivo têm o perfeito controle de Deus em sua essência.*

*Não julgarei com base nas aparências.*

*Não terei medo quando as coisas não acontecerem como eu queria.*

*Apesar das aparências, devo lembrar que Deus tem tudo sob o mais completo e perfeito controle.*

*Por todas essas coisas, agradeço!*

*E que assim seja!*

## Fazei com que Eu me Lembre de que...

*Não existe certo ou errado, só existe o que existe.*
*As pessoas fazem o que fazem com base em seus*
*sentimentos e crenças, que não são certos ou errados.*
*Não compreendo aquilo que olho, por isso*
*não devo JULGAR aquilo que vejo.*
*Eu sempre JULGO os outros de acordo*
*com os JULGAMENTOS que faço de mim.*
*O JULGAMENTO fecha o coração e a mente*
*para novos níveis de compreensão.*
*Apesar das aparências, devo lembrar que*
*Deus tem tudo sob controle.*

## Diário Noturno da AUSÊNCIA DE JULGAMENTOS

– Hoje me dei conta de que me JULGO sempre que...

– Hoje me surpreendi JULGANDO os outros quando...

– Eu me dou conta de que é fácil deixar de JULGAR quando...

# *Dia* 21

## Reverencie as Pessoas com o PERDÃO

### Definição de Trabalho

O princípio com o qual estamos trabalhando hoje é o PERDÃO. Ele é a libertação. É o desprendimento. O processo de remover erros da mente para buscar a harmonia. Libertar o que é falso, trocando pelo que é verdadeiro. Abrir mão de um pensamento ou de uma emoção para facilitar a mudança do pensamento ou da emoção.

### Comentário sobre o PERDÃO

"Quanto tempo você vai ficar com raiva e magoada?" Eu não sabia, mas ainda não estava pronta para deixar de ficar com raiva. Ela havia feito uma coisa imperdoável! Além do mais, em algum lugar da minha mente, eu acreditava piamente que quanto mais tempo ficasse com raiva, mais ela sofreria. Depois de algum tempo, o que ela tinha feito deixou de ser importante. Importante era o sofrimento dela. Ela tinha de sofrer! E eu queria que todo mundo soubesse que ela estava sofrendo por causa do que havia feito comigo. Queria que seu sofrimento saísse publicado nos jornais! Só então eu pensaria em abandonar minha raiva. Ela devia mesmo saber que eu estava com raiva, porque, um dia, simplesmente morreu dormindo. Eu queria poder dizer: "Foi melhor para ela!" Mas estava zangada demais para isso. Muitos e muitos anos após a sua morte, eu continuava com raiva e me sentia infeliz. Eu continuava magoada e ela continuava morta. Agora, diga, isso faz algum sentido?

A maioria das pessoas acredita que, ao perdoarmos uma pessoa, estamos fazendo alguma coisa por ela. A verdade é que, quando perdoamos, estamos fazendo algo por nós mesmos. Estamos abrindo mão do que não queremos para abrir espaço para aquilo que queremos. Precisamos abrir mão da dor, da raiva, do ressentimento e do medo para poder sentir a bondade, a alegria, a paz e o amor. Conceder o perdão de que a outra pessoa precisa fortalece a nossa natureza espiritual, que então se abre para colher os frutos da vida. Quando negamos o perdão ou o amor a alguém, por qualquer motivo, ficamos presos a tantas coisas antigas, que as boas não conseguem chegar até nós. Ficamos privados do bem de que privamos os outros.

Enquanto você acreditar que as pessoas têm poder sobre você, será incapaz de perdoar. As pessoas não podem mudar quem você é e quem nasceu para ser. Podem colocar obstáculos em seu caminho e até fazer coisas que levarão você a acreditar ser diferente do que é, mas ninguém pode mudar, alterar ou atrapalhar a verdade de quem você é. A verdade é que somos divinos. A verdade é que a divina fonte da vida nos criou perfeitos e completos e nada que qualquer pessoa faça poderá mudar isso. A verdade é que nos esquecemos de que somos divinos e agimos de acordo com nossos medos, nossas crenças e percepções humanas. Ao fazer isso, ofendemos uns aos outros, desrespeitamos os limites do outro, censuramos, agredimos e, de outras maneiras muito pouco solidárias, despejamos nossa dor em cima do outro. Isso não muda quem somos, mas pode nos fazer acreditar que somos menos do que somos. Isso nos deixa loucos de raiva, e quando nos agarramos à nossa *loucura* nos recusamos a perdoar.

Não existe alguém que não cometa erros. Os erros fazem parte da vida humana. Confundimos a aparência com a verdade. Não nos damos conta de que a vida é mais do que aquilo que vemos e que a verdade nem sempre é visível a olho nu. Não nos damos conta de que nem sempre conhecemos a história toda. Quando você não conhece a história toda, qualquer conclusão a que chegar será equivocada. Deixamos que nossas experiências, sobretudo as negativas, definam quem somos e o que merecemos. Às vezes cometemos o erro de acreditar que os outros têm o poder de controlar ou alterar o nosso destino. Não são as outras pessoas que determinarão em última instância o que faremos ou o que seremos na vida, mas as nossas crenças, equivocadas ou não.

Se não cometêssemos erros, não saberíamos o que funciona e o que não funciona. Cada vez que cometemos um erro, o divino espírito da vida nos proporciona a oportunidade de aprender e de nos corrigirmos. Infelizmente, às vezes, quando nos vemos frente a frente com os resultados de nossas crenças, escolhas e percepções equivocadas, culpamos as outras pessoas. Atribuímos a responsabilidade do que pensamos, sentimos ou acreditamos às outras pessoas. O maior erro que todos nós cometemos é acreditar que os outros podem nos prejudicar. Quando acreditamos nisso, não nos dispomos a perdoá-los.

Minha tia recusava-se a reconhecer que meu tio, marido dela, havia me estuprado. Ela agia como se não tivesse importância. Traduzindo: eu não tinha importância e o que ele havia feito comigo não tinha importância. Eu concluí que ela não se importava comigo, que ele era mau, que eu era suja e que a vida, em geral, era uma droga! Durante muito tempo, agarrei-me às recordações do que acontecera, à minha interpretação e conclusão a respeito. Quando uma psicóloga me perguntou quanto tempo ia ficar com raiva, eu já havia vivido dezesseis anos, tido três filhos, passado por um casamento e por diversos relacionamentos sofridos. “O que você quer que sua tia faça?”, a psicóloga perguntou. Queria que ela reconhecesse o meu sofrimento e o erro do marido. “E como você se sentiria?” “Melhor!”, respondi. Como minha tia já estava morta, ela sugeriu que eu encontrasse uma outra forma de me sentir melhor. Sugeriu que eu perdoasse minha tia por não reconhecer minha dor e por cometer o erro de acreditar que o reconhecimento do que o marido havia feito significaria o final de seu casamento. Eu disse que ela estava ficando louca!

Quando descobrimos que não é através da mágoa, da raiva e da autodesvalorização que alcançamos o que queremos, é hora de perdoar. Quando não conseguimos superar a lembrança do que uma pessoa nos fez e essa lembrança nos mantém magoados, ressentidos, com raiva, é hora de perdoar. Quando a única coisa que lembramos a respeito de uma pessoa é aquilo que ela nos fez, e não o fato de que é um ser humano sujeito a cometer erros, é hora de perdoar. Quando acreditamos saber as razões dos atos de uma pessoa e achamos que, se ela tivesse feito algo diferente, nós seríamos diferentes, é hora de perdoar. Se não gostamos de nós mesmos, é hora de perdoar. Se existe alguém a quem não amamos, é hora de perdoar. Se estamos acima do peso, abaixo do peso, sem um tostão furado, vivendo um mau relacionamento, seguindo uma carreira que não nos satisfaz, com os dedos dos pés cheios de calos, com gripe ou dores de cabeça crônicas, há alguém, em algum lugar, que precisamos perdoar. Comece por você. Perdoe-se por acreditar que qualquer um que tenha forma humana pode de alguma forma alterar a verdade do seu ser. Feito isso, ficará muito mais fácil perdoar quem quer que seja, especialmente se você estiver mantendo essa pessoa como refém por cometer erros humanos.

## Diário do Comentário

– Após ler o comentário de hoje me dou conta de que...

– A(s) frase(s) de que quero me lembrar e com a(s) qual(quais) desejo trabalhar hoje é(são):

## Afirmação Matinal sobre o PERDÃO

*Eu me disponho a receber a presença do Espírito em minha vida.*

*Eu reconheço que a presença do Espírito aperfeiçoa minha vida.*

*Agora eu me PERDÔO por cada pensamento, palavra e ato que cometi e que me impediram de perceber a verdade a meu respeito e sobre a perfeita realização do plano divino para a minha vida.*

*Eu me disponho a receber a presença do Espírito em minha vida.*

*Eu reconheço que a presença do Espírito aperfeiçoa minha vida.*

*Agora abro minha mente e meu coração para a divina compreensão trazida pelo Espírito.*

*Agora eu PERDÔO a todos os que, através de pensamentos, palavras e atos, deixaram de perceber a verdade a nosso respeito e sobre a perfeita realização do plano divino para a nossa vida.*

*PERDÔO a todos! Liberto a todos! Agora estou livre de tudo, a não ser do plano e do objetivo perfeitos do Divino para a minha vida!*

*Por todas essas coisas, agradeço!*

*E que assim seja!*

## Fazei com que Eu me Lembre de que...

*Deus sempre me PERDOOU.*

*Eu posso me PERDOAR.*

*PERDOAR é ser livre.*

*Ter raiva e mágoa não me dará o que quero ter.*

*O que nego a outra pessoa me será negado.*

## Diário Noturno do PERDÃO

– Hoje me dou conta de que não me disponho ou não sou capaz de PERDOAR porque...

– Eu me dou conta de que me disporia a PERDOAR ____________ se...

– Agora me dou conta de que não PERDOAR fez com que...

# *Dia 22*

# Reverencie as Pessoas com o SERVIR

## Definição de Trabalho

O princípio com o qual estamos trabalhando hoje é o SERVIR. Ele é a capacidade de dar de si (dedicar, por exemplo, tempo, conhecimento, recursos) sem esperar recompensa ou reconhecimento. Trabalhar com a consciência do amor (dar gratuitamente).

## Comentário sobre o SERVIR

Em nossas vidas, raramente nos ensinam a servir. Nos ensinam a trabalhar. Nos ensinam que o trabalho consiste em fazer o que precisa ser feito para podermos adquirir as coisas de que precisamos. Passamos a acreditar que o trabalho é necessário para a nossa capacidade de sobrevivência. Quanto mais ganhamos com nosso trabalho, mais valor damos a nós mesmos. Não trabalhamos pelo prazer de trabalhar, mas em busca de recompensas ou reconhecimento. Embora existam muitas formas de trabalho através das quais podemos prestar serviço a outras pessoas e ao mundo, nossa atenção normalmente está concentrada no que recebemos e no resultado daquilo que fazemos. Isso não é servir.

Servir é fazer o que você ama por amor. Este é o trabalho mais rico que existe. Servir é o multiplicador divino. Quando você serve, doando seu tempo, sua energia e seus recursos como um ato de amor, o universo multiplicará o que você faz e suas recompensas serão muito maiores do que poderia esperar. Quando nos entregamos à paixão por aquilo que amamos, estamos servindo à humanidade e ao Divino.

Você alguma vez já se perguntou por que tantas pessoas odeiam o trabalho que fazem? Há inúmeras pessoas que odeiam o trabalho que fazem, odeiam o ambiente onde trabalham, odeiam as pessoas com quem trabalham, ou estão extremamente desapontadas com as recompensas recebidas. Quase todas acreditam que se as recompensas fossem maiores, se as condições fossem melhores, se os colegas de trabalho fossem mais agradáveis, estariam felizes com o trabalho que realizam. Mas isso não é verdade, porque, quando você reprime a sua paixão para concentrar-se na recompensa e no produto final, não há expressão de amor. Ora, a base da natureza humana é a necessidade de sermos amados. Para o nosso crescimento, é preciso haver amor em torno de nós. Portanto, não é do dinheiro que sentimos falta nos nossos locais de trabalho, é do amor. É do servir.

Eu me formei na faculdade de direito achando que serviria melhor ao mundo e à humanidade servindo à lei. O problema era que eu não me orgulhava e nem gostava das premissas básicas do sistema jurídico. Da forma como está escrito, todos são iguais perante a lei. Mas simplesmente o sistema jurídico não funciona assim, e eu muitas vezes sentia vergonha da forma como ele funciona de fato. Eu não gostava de fazer parte desse sistema. Não gostava da forma que o sistema operava, das pessoas que o integravam e, depois de algum tempo, passei a não gostar de mim mesma por fazer parte dele. E olhem que eu ganhava bem, mas não o suficiente para me trazer alegria ou paz. Eu não estava servindo, estava recebendo um salário.

Minha experiência me mostrou o valor da paixão pelo que se faz. Ela me ensinou que servir, fazer o que se ama, traz recompensas que nenhum dinheiro compra. Também se tornou muito claro para mim que quando nos entregamos a atos de amor, dedicando nosso tempo apaixonadamente e dando de nós mesmos, nada do que precisamos nos falta. Acredite ou não, precisamos de muito mais nesta vida do que de dinheiro. Precisamos de um objetivo, e servir nos dá um objetivo. Precisamos de uma missão que nos ajude a concentrar tempo e energias, pois, quando temos uma missão, temos paixão que nos mantém vivos. Servir contribui para a nossa saúde e nos confere dignidade. Quando nos sentimos dignos, sabemos que temos valor e, instintivamente, queremos nos cuidar. Servir nos dá uma razão para cuidarmos de nós mesmos.

Há uma grande diferença entre servir e trabalhar em troca de alguma coisa. Quando servimos, não estamos prioritariamente preocupados com o resultado, nem com o que as pessoas pensarão. Damos o que temos simplesmente porque nos faz sentir bem e por sabermos que isso fará com que o outro se sinta bem. Nas situações em que nosso serviço não é recompensado com dinheiro ou reconhecimento público, não nos sentimos esgotados ou derrotados. Jesus Cristo dominava a arte de servir. Ele se deu em benefício do crescimento das pessoas e não tinha interesse nos resultados. Sua alegria vinha de servir aos outros por um objetivo mais elevado.

Para muitos de nós, o tipo de serviço que Jesus ofereceu ao mundo é talvez exagerado. Quem quer ser perseguido ou crucificado em nome do amor? Eu certamente não quero! Mas quero viver uma vida em que aquilo que realizo e os objetivos aos quais sirvo tenham um efeito duradouro sobre a humanidade. Eu quero ser lembrada. Quero ser querida. Quero conhecer o amor. Acho que todo mundo quer essas coisas. Elas são as recompensas de servir. É possível que você nunca venha a saber como o seu trabalho e as contribuições feitas por você em nome do amor ajudaram as pessoas. Mas quando você presta um serviço, esse não é o seu principal objetivo. Você faz o que faz porque ama fazê-lo. E o amor é uma energia que, mesmo de uma forma misteriosa, afeta o mundo e o transforma.

Muitos acreditam que servir, dar de si sem se concentrar no dinheiro, os deixará pobres. Acham impossível trabalhar sem se preocupar com dinheiro ou recompensas. Isto me faz pensar na faxineira que conheci em uma empresa. Seu trabalho era árduo e humilde e ela jamais iria ganhar o suficiente para ser considerada uma pessoa rica, em termos monetários. No entanto, o amor com que ela realizava seu trabalho, a alegria e orgulho de contribuir para o bem-estar das pessoas, porque gostava delas, o sorriso com que servia o café, as palavras de conforto quando percebia o sofrimento de alguém atraíam para ela vários tipos de recompensas. Não estou justificando o baixo salário da faxineira, quero apenas mostrar que há uma possibilidade de exercer com paixão mesmo tarefas humildes. No caso dela, a paixão que emanava de seu trabalho atraiu a atenção das pessoas, valendo-lhe uma promoção.

Faça aquilo que você ama! Faça-o com paixão! Compreenda que, mesmo que você nunca receba recompensas financeiras ou reconhecimento público, estará trazendo uma valiosa contribuição a si mesmo. Mude o enfoque do dinheiro para o do amor. Quando você tem amor, quer dar de si. Quando você se dá em nome do amor, as imutáveis e perfeitas leis do universo exigem que suas recompensas sejam multiplicadas por dez. Compreenda que, ao servir e doar ao multiplicador universal, você receberá recompensas e suas necessidades serão atendidas. Não meça o seu valor através de padrões externos. Não se compare, não compare o que você faz por amor com o que uma outra pessoa faz, nem espere que o reconhecimento de seu valor venha dos outros. Você é um ser divino. Há um enorme valor na sua divindade. Ame o seu Eu divino e procure fazer de todos os seus atos gestos de amor. Entregar seu Eu divino em nome do amor é a melhor forma de reverenciar os outros.

## Diário do Comentário

– Após ler o comentário de hoje me dou conta de que...

– A(s) frase(s) de que quero me lembrar e com a(s) qual(quais) desejo trabalhar hoje é(são):

## Afirmação Matinal sobre o SERVIR

*Hoje reconheço que sou fruto do Divino: o divino amor me sustenta, a divina luz me guia, a divina misericórdia me protege, vivo através da graça divina.*

*Hoje agradeço pelo dom da vida através do qual me é possível SERVIR.*

*Hoje peço ao Divino que me use.*

*Que use minha mente. Que use meus olhos. Que use meus ouvidos. Que use minhas mãos. Que use meus pés.*

*Que use meu ser e esse dom da vida para SERVIR àqueles que precisam.*

*Use-me como instrumento da paz. Use-me como ferramenta da força. Use-me para que eu leve a paciência, a cura e o amor, SERVINDO àqueles que precisam.*

*Que tudo o que sou SIRVA à Sua vontade.*

*Que tudo o que sou SIRVA ao Seu amor.*

*Que tudo aquilo que eu fizer hoje SIRVA para o Seu plano perfeito para a humanidade.*

*Hoje estou a Seu SERVIÇO.*

*Por todas essas coisas, agradeço!*

*E que assim seja!*

## Fazei com que Eu me Lembre de que...

*SERVIR é um ato de amor.*

*O meu SERVIR é uma dádiva divina para o mundo.*

*Quando faço o que amo, recebo enormes recompensas.*

*Paixão + dedicação + intenção = SERVIR*

*Quando eu SIRVO, minha sobrevivência é garantida.*

## Diário Noturno do SERVIR

– Hoje me dei conta de que a diferença entre o trabalho que faço e o SERVIÇO que posso prestar é...

– Há uma coisa que eu poderia fazer pelo resto da vida, quer receba remuneração ou não, e ela é...

– O que me faz trabalhar em vez de SERVIR é...

# *Fase Quatro*

*"Deus pode curar um coração partido,*
*mas para isso precisa ter todos os caquinhos!"*

De *God's Little Devotional Book* (Pequeno livro votivo de Deus).

## Reverencie o que Você Sentir

Não há nada mais frustrante do que nos dizerem que *não devemos* sentir o que estamos sentindo. Será que não se dão conta de que é tarde demais? Que já estamos sentindo! A pessoa que lhe diz que você "não deve" sentir o que está sentindo não ajuda você a deixar de sentir. Na realidade, o simples fato de você ouvir que "não deve" fazer determinada coisa provoca sentimentos de culpa ou de vergonha. A culpa sugere que há algo de errado com o que você está fazendo. A vergonha sugere que há algo de errado com você por causa do que está fazendo. Da mesma forma como já sabemos que não existe *certo* e *errado*, também precisamos compreender que temos o direito de sentir o que estamos sentindo.

Como quase todos nós já fomos levados a sentir vergonha ou culpa pelo que sentíamos, passamos a ter medo e a censurar nossos sentimentos. No meu caso, algumas das piores experiências da infância aconteceram por me dizerem que eu estava errada ou por eu ser castigada ao expressar o que estava sentindo. "Cale a boca! Não chore! Não está doendo!" me fazia acreditar que o que eu estava sentindo ou não era real ou não era importante. "Não toque nisso!" dizia que minha curiosidade natural não era uma boa coisa. "Não diga bobagem!" traduzia-se na censura à pura expressão da espontaneidade. Essas repreensões que ouvimos quando criança fazem com que, a longo prazo, não confiemos no que sentimos e não saibamos o que fazer quando sentimos.

Quando um pensamento, ou uma experiência, tem impacto sobre a consciência, a energia da emoção resultante começa a se deslocar através da mente e do corpo, criando elos com qualquer energia já existente. Isso significa que o pensamento ou a experiência que provocam raiva em você hoje irão se juntar a cada pensamento e experiência que durante a sua vida lhe provocaram raiva. Não importa se a primeira experiência ocorreu aos três, cinco ou dezesseis anos. A energia daquela experiência permanece em seu subconsciente. Medo, vergonha, culpa, amor, alegria, paz – todas operam da mesma forma. Essa teoria leva diversos psicólogos a dizerem que você nunca sente medo, raiva, culpa ou vergonha pelos motivos imediatos. A causa atual é a experiência mais recente, a última gota d'água, por assim dizer.

O problema não está nas coisas que acontecem e nas experiências que vivemos. O problema encontra-se no significado que damos ao que acontece e aos julgamentos que fazemos. Por isso a mesma experiência pode repercutir de forma completamente diferente em pessoas distintas. Se, além de julgarmos severamente o que sentimos, o mundo exterior vem nos dizer que o que sentimos está errado, o resultado é um conflito interno. O conflito nos faz sentir culpados e dignos de castigo. Somos nós que nos castigamos. E ficamos com raiva das pessoas que provocaram a emoção que gerou conflito e culpa. Muitas vezes expressamos a raiva de maneira pouco apropriada: atacando, gritando, xingando. Não é que essas formas de expressão sejam ruins ou erradas. Elas só não são socialmente aceitáveis.

Você tem direito aos seus pensamentos e sentimentos. Também tem direito de reagir em resposta ao que pensa e ao que sente. Seus atos refletem quem você é e aquilo que acredita ser verdadeiro a seu respeito. Mas a sociedade estabelece limites e espera que obedeçamos a eles. É a tentativa de permanecer dentro desses limites que cria conflitos em nosso ser emocional. Mas os limites foram instituídos para a proteção nossa e dos outros. Ninguém pode interferir no que sentimos, pois os sentimentos são sempre válidos. O desafio consiste em compreendermos o que estamos pensando e sentindo e decidir o que vamos fazer com o sentimento, visando ao nosso próprio bem e ao das pessoas envolvidas. Quando você está com raiva, está com raiva. Quando está com medo, está com medo. O que cada um de nós precisa aprender é como chegar à base do sentimento e descobrir sua causa para podermos equilibrar outra vez nossa energia mental, emocional e espiritual. Isso exige muito trabalho. Também exige que tenhamos coragem de examinar e explorar nosso conflito interior. Exige paciência com o Eu e com os outros. Mais importante, exige a disposição de voltar atrás para ir em frente.

Não estou tentando sugerir que cada vez que seu cônjuge, filho ou chefe fizer ou disser algo que deixe você com raiva, você deva parar, identificar quando e como sentiu raiva pela primeira vez e tentar expressar o sentimento naquele exato momento. O que estou sugerindo é que, em primeiro lugar, você não negue e aceite o que está sentindo, repetindo para si que a intensidade da emoção vai passar. Depois, admita para si e, se possível, para a outra pessoa o que você está sentindo. A situação está sempre sob o seu controle. No momento em que sentir uma explosão de energia emocional, suspenda qualquer juízo a seu próprio respeito por estar sentindo o que quer que seja, e sinta.

Confie o suficiente em você para saber que é capaz de sentir qualquer coisa e recuperar-se. Saiba que pelo fato de estar sentindo alguma coisa não precisa reagir no mesmo instante em que sentir. Viva a sensação o tempo suficiente para descarregá-la. Respire fundo. Se puder, escreva o que está pensando e sentindo e, a seguir, destrua o papel com todo o fervor que conseguir reunir. Acima de tudo, durante os primeiros trinta ou sessenta segundos da experiência, por favor, pratique o MEBF. Este princípio antiqüíssimo permitirá que você encontre a forma de expressão apropriada para qualquer desequilíbrio emocional. MEBF significa "Mantenha Essa Boca Fechada!". Controle-se até sentir que consegue raciocinar. Pergunte-se: "O que é que eu devo fazer?" Em sessenta segundos ou menos, você saberá exatamente o que fazer. Isso demonstra a sua divindade e o seu poder. À medida que os princípios deste livro se incorporarem ao seu ser, você poderá praticar com mais facilidade o que eu lhe recomendo. Leva tempo, mas você vai conseguir. Será capaz de passar por qualquer situação com sua dignidade e seu amor-próprio intactos. Mas lembre-se de praticar o MEBF!

## Processo de Neutralização Emocional

Não há soluções rápidas para desequilíbrios emocionais que exigem curas. A cura é um processo contínuo. Mas haverá momentos em que vamos precisar fazer alguma coisa que nos proporcione um alívio temporário e libere experiências e emoções negativas. O quadro abaixo contém sugestões que lhe darão um alívio temporário quando você passar por uma experiência mobilizadora. A maioria das práticas pode ser feita em sessenta segundos ou menos. Mas você deve se dispor a dizer a verdade e a não julgar a si ou a qualquer outra pessoa quando viver a experiência temporária de um pensamento ou sentimento negativos. E, assim que tiver a oportunidade, deve se comprometer a levar este processo a um nível mais profundo para curar seu ser emocional. Fazendo o que mostro a seguir, você achará mais fácil passar pela experiência sem se machucar e sem agredir outra pessoa.

| Quando sentir | Você pode |
|---|---|
| Raiva | Respirar fundo várias vezes.<br>Abrir mão da necessidade de ter razão.<br>Se perdoar. |
| VOCÊ DEVE PRATICAR o perdão | Perdoar a pessoa que provocou a raiva.<br>Colocar-se no lugar da outra pessoa e conversar com ela dizendo o que você gostaria de ouvir nas mesmas circunstâncias.<br>Dizer à pessoa como você se sente e perguntar se pode continuar a conversa mais tarde.<br>Invocar o Divino e pedir para que sua mente, seu coração e suas palavras sejam acalmados pelo amor. |
| Confusão | Identificar aquilo que realmente quer.<br>Admitir para você o que realmente quer. |
| VOCÊ DEVE PRATICAR a meditação | Não julgar o que você quer.<br>Deixar que todas as pessoas envolvidas saibam o que você realmente quer.<br>Identificar as verdadeiras questões que lhe causam confusão.<br>Planejar formas de enfrentar uma questão de cada vez.<br>Anotar o seu plano e segui-lo. |

| Quando sentir | Você pode |
|---|---|
| Desapontamento<br><br>VOCÊ DEVE PRATICAR a verdade | Examinar suas intenções.<br>Admitir suas verdadeiras intenções.<br>Verificar se contou ou não a todas as partes envolvidas sua verdadeira intenção.<br>Perdoar-se por não ter demonstrado sinceridade.<br>Elaborar um novo plano para conseguir o que realmente quer. |
| Dúvida<br><br>VOCÊ DEVE PRATICAR a paciência | Respirar.<br>Suspender todos os julgamentos.<br>Rezar pedindo orientação.<br>Desapegar-se do resultado final. |
| Medo<br><br>VOCÊ DEVE PRATICAR a confiança | Respirar fundo.<br>Examinar as suas expectativas, ou seja, o resultado esperado.<br>Examinar suas intenções, ou seja, por que você está fazendo o que está fazendo?<br>Desprender-se do resultado final.<br>Pedir ao Divino força, apoio e orientação.<br>Lembrar-se de todas as coisas pelas quais você deve agradecer. |

| Quando sentir | Você pode |
|---|---|
| Culpa<br><br>VOCÊ DEVE PRATICAR<br>a aceitação | Admitir o que fez com você mesmo.<br>Admitir o que fez à outra pessoa.<br>Examinar com sinceridade seus motivos e a informação que estava disponível para você no momento do ato.<br>Perdoar-se.<br>Pedir à outra pessoa que perdoe pelo que você fez.<br>Encontrar formas de compensar o outro pelo prejuízo que causou. Fazer pelo menos um ato de compensação.<br>Empenhar-se em ter mais consciência de seus atos. |
| Solidão<br><br>VOCÊ DEVE PRATICAR<br>o servir | Abraçar-se.<br>Ir para um campo aberto e silencioso ou um parque e deitar-se no chão.<br>Lembrar-se daqueles que amam você e das vezes que sentiu esse amor.<br>Rezar e pedir ao Divino para encher seu coração de amor.<br>Examinar seus motivos, ou seja, por que você fez o que fez. |
| Desprestígio<br><br>VOCÊ DEVE PRATICAR<br>não julgar | Examinar as expectativas que você tem em relação aos outros.<br>Perdoar-se por julgar os outros.<br>Fazer algo de simpático por um estranho.<br>Escrever uma carta de amor para você. |

# Dia 23

# Quando Você Sentir RAIVA

## Definição de Trabalho

A emoção com a qual estamos trabalhando hoje é a RAIVA. Ela é uma reação às frustrações acumuladas. É uma rebelião contra a autoridade. Acontece quando o sentimento de poder pessoal é negado ou infringido.

## Comentário sobre a RAIVA

Como lidar com a raiva? É melhor engoli-la? É melhor explodir com alguém? É melhor mentir para você e para os outros, dizendo que não está com raiva quando, na verdade, está? Você acha que uma pessoa da sua posição intelectual, espiritual ou social não *deve* sentir raiva? Como você via a raiva ser expressada quando era criança? Como se sentia quando alguém estava com raiva de você? (Estou metralhando você de perguntas, vá respondendo aos poucos.) Acredito que a raiva seja uma das emoções mais poderosas que um ser humano possa ter. Talvez porque o ímpeto que propicia a raiva seja a paixão. A paixão é a força-motriz da vida. Por isso, as pessoas que não sabem processar e expressar sua raiva também parecem ter dificuldade em expressar sua paixão.

"Você nunca sente raiva pelo motivo que acredita estar sentindo" é uma das premissas básicas apresentadas em *The Course in*

*Miracles* (O curso dos milagres), escrito para criar uma mudança de percepção. Este livro, publicado pela Fundação para a Paz Interior, ensina que a raiva é a reação do eu à crença de estar sendo atacado. O eu crê que pode ser atacado porque acredita que somos seres separados. Entretanto, como formamos uma unidade aos olhos de Deus, é impossível que sejamos atacados, porque Deus não pode ser atacado. Mas é preciso muita persistência, estudo e tempo para integrar estes princípios à nossa consciência. Por isso, a maioria de nós tenta descobrir o que fazer com relação à raiva quando está com raiva. E todos nós achamos que estamos cobertos de razão quando a sentimos.

Fui com meu filho pegar uns quadros num centro comercial. Meu filho trouxe o carro até a porta da loja. Embora estivesse bloqueando diversos carros estacionados, abriu a mala, caminhou três ou quatro metros e começou a apanhar os quadros que eu colocara na porta. Como havia dez peças bastante grandes, teríamos de fazer diversas viagens, mas não perdemos o carro de vista. O carregamento não teria levado mais do que três minutos. Enquanto íamos de um lado para o outro, um cavalheiro, ensandecido de raiva e de amargura, mandou meu filho tirar o carro dali. Meu filho disse: "Oh, eu sinto muito. Só preciso pegar mais algumas coisinhas." O cavalheiro respondeu: "Eu disse para tirar o carro daí AGORA!" Meu esplendoroso filho concordou: "Está certo! Só um instante!" Se o homem tivesse entrado no carro, colocado o cinto de segurança, ligado o carro e passado a marcha, teria saído dali direto. Mas isso teria sido simples demais. Em vez disso, o homem voltou-se para mim, esbravejando: "EU DISSE AGORA!"

Um rapaz de vinte e seis anos que saiu da prisão há três semanas não consegue agüentar tanta grosseria calado. Indignado, meu filho perguntou ao homem: "Com quem o senhor está falando dessa maneira?" E recebeu como resposta: "É com ela mesma!"

É impressionante como a raiva pode transformar as situações

mais simples num dramalhão de enormes proporções. Meu filho atirou-se na direção do homem, gritando: "Não fale assim com a minha mãe!" Agora eu tinha certeza de que estávamos enrascados. Comecei a gritar, mandando meu filho entrar no carro. O homem repetia sem parar: "Tire esse carro daí ou eu o estraçalho! Tire esse carro daí ou eu o estraçalho!" O carro dele era um Lexus. O meu era um Honda com seguro total. Meu filho gritava para o homem: "Essa mulher é minha mãe! Essa mulher é minha mãe!" Eu intervim energicamente:

"Damon, ele não me fez nada! O coitado do homem precisa de um processo de cura! Agora entre nesse carro!" O tempo parou. Meu filho parou. Meu coração parou. O homem entrou no carro e aumentou a rotação do motor. Eu entrei no carro e deixei o estacionamento. Como eu imaginara, a situação toda levou três minutos. A troca raivosa fez com que parecesse uma hora.

*The Course* ensina: "Quanto piores forem os atos de uma pessoa, maior é a sua necessidade de cura." Quando sentimos raiva, há algo dentro de nós pedindo para ser curado. Você está se rebelando contra uma autoridade? Acredita que seu espaço individual foi invadido? Sente-se impotente? Acha que ninguém aprecia você? Você está com raiva de quem? De você? Do seu pai ou da sua mãe? Do seu primeiro amor, que deixou você por outra pessoa? Por que é que está com raiva? O que foi que essa pessoa fez na verdade? Por que acha que ela fez isso com você? Que tipo de suposições está fazendo com relação a essa pessoa? Que juízo faz dela? De si? Todas essas questões estão presentes na raiva que você está sentindo.

Meu filho estava transtornado. Recomendei que ele respirasse bem fundo várias vezes. Isto o ajudou a acalmar-se.

– O que foi que aconteceu com você? – questionei.

– Ele era um porco.

– Essa não é a questão. O que foi que aconteceu com *você?*

– Ele não tinha o direito de falar com você daquele jeito!

– Ele não me fez nada. Ele tem o direito de dizer o que bem

entender. Nós estávamos errados. Estávamos prendendo o carro dele.

– Ele poderia ter esperado. Não tinha o direito de falar com a minha mãe daquela forma!

– Talvez a mãe dele falasse com ele daquela maneira. Talvez estivesse com pressa. Talvez a mulher dele o tenha deixado esta manhã e ele saiu à procura dela. Talvez o filho dele seja viciado em drogas. A questão não é essa. A questão é que nós estávamos prendendo o carro dele e que ele tinha todo o direito de sentir o que quisesse com relação a isso. Cabia a nós tirar o carro dali o mais rápido possível.

– Ele era igualzinho aos guardas da prisão. Falavam comigo daquele jeito e eu detestava aquilo. Lá dentro, eu tinha de engolir. Aqui fora, não tenho! Ele era um porco e eu o tratei como um porco!

– Ele é seu irmão e merece ser amado mesmo sendo o porco que é.

– Mãe, você está levando essa história de amor espiritual um pouco longe demais!

– Talvez esteja, mas que escolha nós temos quando estamos no meio de um estacionamento berrando com um divino filho de Deus engenhosamente disfarçado de porco?

Mais uma vez, meu filho respirou longa e profundamente, dizendo:

– Não consigo ver sentido no que não faz sentido.

– Pare de tentar, Damon, e continue respirando. Mais cedo ou mais tarde vai ficar claro.

## Diário do Comentário

– Após ler o comentário de hoje me dou conta de que...

– A(s) frase(s) de que quero me lembrar e com a(s) qual(quais) desejo trabalhar hoje é(são):

## Afirmação Matinal sobre a RAIVA

*Este é o dia da divina expressão.*

*No dia de hoje eu só buscarei alegria, sabendo que todas as coisas estão trabalhando em conjunto para me trazer a cura e para que eu possa ser maior expressão do Amor Divino.*

*Por todas essas coisas, agradeço!*

*E que assim seja!*

## Fazei com que Eu me Lembre de que...

*Tenho o direito de sentir o que sinto.*

*O que estou sentindo é uma experiência temporária que não poderá me prejudicar.*

*Tudo me leva à cura.*

*As pessoas externam sua necessidade de cura.*

*Posso escolher o que sinto com relação a qualquer experiência.*

*O perdão me proporcionará alívio e libertação.*

*O amor curará qualquer coisa que não seja uma expressão de amor.*

## Diário Noturno da RAIVA

– As experiências de hoje que me fizeram sentir RAIVA foram...

– Minha reação foi...

– Eu me perdôo e me disponho a me curar fazendo...

# *Dia 24*

# Quando Você Sentir CONFUSÃO

## Definição de Trabalho

A emoção com a qual estamos trabalhando hoje é a CONFUSÃO. Ela acontece quando uma pessoa não sabe o que quer ou do que precisa numa dada situação. Quando sabe o que fazer, mas não demonstra coragem para fazê-lo. É uma reação ao medo.

## Comentário sobre a CONFUSÃO

A confusão pode ser uma reação mental e emocional ao fato de não conseguirmos admitir o que realmente queremos, porque temos medo de não consegui-lo. É como se o cérebro se fechasse.

Quando há um dilúvio de informações e você não consegue distinguir o real do imaginário, a reação natural é não saber o que fazer. Ora, isso é impossível! Você sempre tem a possibilidade de saber o que fazer porque tem uma ligação direta com a Mente Una que tudo sabe. A confusão também se dá quando sabemos exatamente o que fazer, mas achamos que não somos bastante bons ou inteligentes para fazê-lo. A confusão fica aumentada pelo medo de que, se fizer a coisa errada ou se não corresponder à expectativa dos outros, alguém ficará zangado com você. Quando esse falatório derrotista se instala em sua mente, a reação natural é o desligamento do cérebro. O resultado é aquilo que chamamos de confusão.

Houve uma época na minha vida em que eu me sentia muito confusa, sem entender por que não conseguia manter um relacionamento duradouro, significativo. Eu achava que nunca iria me ligar de forma satisfatória a um homem e que meus amigos sempre me trairiam. Eu dizia a mim mesma que a culpa não era minha, que eu havia dado o melhor de mim em todas as situações. Finalmente, cheguei à triste conclusão de que havia algo de errado comigo. Confusa como andava e avariada como acreditava estar, eu entrava e saía de relacionamentos e de amizades aos trancos e barrancos. A confusão por fim contaminou minha carreira. Eu não conseguia compreender o que meu supervisor queria. Não conseguia fazer nada certo. Depois, a confusão se espalhou para as minhas finanças. Eu não conseguia compreender como nunca tinha dinheiro suficiente, por que vivia dando cheques sem fundos. Para onde estava indo o meu dinheiro?

A confissão é um passo importante para a eliminação da confusão. Confesso que não me dispunha a dizer aos homens da minha vida o que eu queria por medo de que me deixassem. Confesso que não dizia aos meus amigos que eles estavam ultrapassando limites por medo de se zangarem comigo. Confesso que não estava gerenciando minhas finanças com atenção e cuidado por achar que não tinha dinheiro suficiente para tudo o que queria fazer. Confesso que me achava feia, gorda, pouco inteligente, pouco digna, sem valor e um desapontamento para minha mãe e para Deus. Como eu não confessava essas coisas para mim mesma, sobre mim mesma, e por isso não dava os passos necessários para corrigi-las, instalou-se a confusão. A gota d'água foi quando eu perdi meu carro! Não, ele não foi roubado. Eu o perdi no estacionamento. Estacionei-o diretamente sob uma imensa letra C. Quando voltei, não o encontrei. Levei quarenta e cinco minutos para encontrar meu carro no local onde eu o havia estacionado: debaixo de uma enorme letra F. F de fumaça. Minha mente estava enevoada pela minha incapacidade de pedir o que eu queria.

Até você se decidir a admitir para si exatamente o que quer, sentirá confusão. Até se dispor a pedir exatamente o que quer da vida, de qualquer situação ou de seus relacionamentos com as outras pessoas, você sentirá confusão. A confusão só diminuirá quando você acreditar realmente que merece aquilo que deseja; que tem o direito de ter a experiência que deseja ter; e que, se esta for para o seu bem maior, você terá, por fim, exatamente aquilo que deseja. Para se afastar da confusão é necessário ficar quieto tempo suficiente para entrar em contato com aquilo que realmente deseja. Ficar em silêncio pode parecer uma experiência bastante assustadora, sobretudo quando há aquele falatório interno negativo e derrotista rolando na sua cabeça. Mas você pode aliviar esse tipo de medo com pensamentos e atos positivos. Quando conseguir fazer isso e identificar o que deseja, deverá se dispor a assumir, mental e emocionalmente, que deseja aquilo que identificou. Pare de se preocupar com quando e como isto vai acontecer. Você precisa saber que só vai ter da vida o que é para ser seu. Tudo aquilo que você recebe é para o seu crescimento e cura.

Quando você admitir o que quer, dê passos conscientes na direção do que deseja. Faça e diga coisas que reflitam o seu desejo. Não se conforme com produtos similares, mesmo que sejam razoáveis. Espere a chegada do produto autêntico. Espere o seu sonho. Você vai reconhecê-lo porque ele satisfará o seu desejo. Enquanto isso, continue a se afirmar. Disponha-se a admitir o erro quando você o cometer. Peça ajuda e apoio quando precisar. Enquanto caminha na direção de seu objetivo e colhe novas informações, você precisa se dar conta de que nunca é tarde para mudar de idéia. Assim que se der conta de que precisa fazer outra escolha, admita isso, mude o rumo e vá em frente.

## Diário do Comentário

– Após ler o comentário de hoje me dou conta de que...

– A(s) frase(s) de que quero me lembrar e com a(s) qual(quais) desejo trabalhar hoje é(são):

## Afirmação Matinal da CONFUSÃO

*A Presença Divina da vida, do amor, da alegria, da paz e da bondade sabe o que quero antes de eu pedir.*

*Essa Presença é ilimitada e abundante.*

*Essa Presença apóia meu direito de ter tudo o que for bom para o meu crescimento.*

*Hoje eu pedirei o que desejo, sabendo que a Presença Divina que existe dentro de mim me levará até o que for para meu bem maior.*

*Por todas essas coisas, agradeço!*

*E que assim seja!*

## Fazei com que Eu me Lembre de que...

*O Divino conhece minhas necessidades*
*e desejos antes de eu pedir.*
*Tenho direito a tudo o que o Divino possui.*
*Tenho direito às melhores coisas que a*
*vida tem para me oferecer.*
*Posso pedir o que quiser e esperar receber*
*tudo aquilo que for para o meu bem.*
*No meio da CONFUSÃO, eu ficarei em silêncio*
*e direi a verdade.*

## Diário Noturno da CONFUSÃO

– Confesso que já acreditei ser...

– Confesso já ter acreditado que a vida é...

– Confesso que estou pronta para ter...

# *Dia 25*

# Quando Você Sentir DESAPONTAMENTO

### Definição de Trabalho

A emoção com a qual estamos trabalhando hoje é o DESAPONTAMENTO. Ele acontece ante a impossibilidade de obtermos o resultado desejado ou esperado. São pensamentos baseados no medo de perder o controle.

### Comentário sobre o DESAPONTAMENTO

Eu queria muito que meus filhos fizessem faculdade. Meu filho foi para a Marinha. Minha filha mais velha fez dois semestres de faculdade, perdeu dezesseis quilos e implorou para voltar para casa. Minha filha mais nova mal conseguiu terminar o segundo grau. Não é preciso dizer como fiquei desapontada. Eu tinha tantos sonhos para os meus filhos. Queria que um fosse médico, a outra advogada e a caçula, professora universitária. Em vez disso fiquei com um *disc jockey*, uma vice-presidente da minha empresa e uma auxiliar de enfermagem. Acho que poderia ter sido pior, mas eu não pude deixar de ficar desapontada.

Meu primeiro marido também me desapontou. Eu levei nossas promessas muito a sério. Amar e respeitar, tratar com carinho, na doença e até à morte. Em vez disso fiquei com adultério, violência e um processo de divórcio.

O desapontamento não tem só a ver com o que acontece conosco, mas também com o que fazemos ou deixamos de fazer por nós mesmos. Algumas vezes, eu me senti muito desapontada comigo mesma. Com as coisas que eu fiz ou deixei de fazer, com as minhas escolhas. O caos e o conflito que criei em minha vida também foram muito desapontadores. Ao me examinar, descobri a origem do meu desapontamento: não ter expressado claramente minhas verdadeiras intenções no início de cada nova empreitada. Quando não fazemos isso, quando não deixamos que todas as pessoas envolvidas saibam exatamente o que queremos, as chances de nos desapontarmos tornam-se grandes.

Na realidade, eu não queria nem saber se meus filhos iriam ou não para a faculdade. O que eu queria mesmo é que eles fizessem bonito por mim. Eu não queria me sentir um fracasso por tê-los tido ainda muito jovem. Eu não queria ficar casada para sempre com aquele homem. Eu estava feliz só por alguém querer a mim e ao meu filho pequeno. Sempre que me senti preparada para realizar alguma coisa, ou quando quis realizar algo com uma boa finalidade, fui capaz de fazê-lo. No entanto, passei grande parte da minha vida fazendo aquilo que eu achava que os outros esperavam de mim. Quando as coisas não funcionavam como os outros queriam, eles ficavam desapontados comigo e eu também ficava desapontada comigo mesma. Tudo o que fazemos sem um propósito claro e sincero criará algum estado de desapontamento.

É uma fantasia acreditar que as pessoas podem nos desapontar. As pessoas só conseguem fazer aquilo de que são capazes. Elas podem até afirmar que são capazes e se esforçarem para realizar algo para nos satisfazer. E nós acreditamos que elas farão o que dizem, mesmo quando seus antecedentes ou sua incapacidade provam o contrário. Como é que podemos nos desapontar, se no fundo sabíamos que não devíamos ter confiado naquela pessoa? Conhece-se alguém através dos seus atos, pouco importando o que foi prometido com palavras. Pense um pouco nas pessoas que você conhece: elas cumprem com seus compromissos? Mantêm sua palavra? São pontuais? Pagam suas dívidas? Veja quantas pistas concretas cada pessoa nos fornece! Sabemos quem são e, no entanto, quando nos desapontamos, reagimos como se não soubéssemos.

Já ouvi muita gente dizer que ficou desapontada em não receber a promoção, a casa ou o dinheiro que esperava receber. Sempre pergunto por quê. Há um princípio espiritual que diz que você só terá aquilo que é para ser seu. Por mais que você queira uma coisa, por mais que ache que precisa dela, se não constar do plano divino que ela seja sua, você não a terá. Não há por que se desapontar. Se aquilo que você desejava e em que investiu não aconteceu, talvez seja em nome de um bem maior. Espere e verá. Por outro lado, há situações em que algo divinamente ordenado acontece ou chega às nossas mãos, mas não estamos preparados para recebê-lo. Nessas situações, temos a impressão de estar perdendo uma chance preciosa e podemos nos sentir desapontados, até mesmo arrasados. A lição é preparar-se. Você não pode perder. Suas bênçãos carregam seu nome. Quando chegar a hora, uma oportunidade ainda melhor se apresentará. E, quando surgir, esteja a postos. Nesse meio tempo, não se deixe desapontar.

Outra forma certa de se desapontar é fazer uma coisa que você sabe que não é totalmente correta na esperança de se dar bem. Acho que o termo certo é ganho ilícito. Na maioria dessas situações, você se desapontará. O princípio espiritual diz que você não pode ter uma coisa a troco de nada. Você não pode ter uma coisa boa prejudicando alguém. As leis do universo não permitirão. Você não pode comprar uma televisão colorida de vinte e nove polegadas no estacionamento de um supermercado por setenta e cinco dólares. Não pode ter um relacionamento duradouro, tranqüilo e completamente satisfatório com uma pessoa casada. Nós podemos torcer as circunstâncias o quanto quisermos, dizendo a nós mesmos o que for necessário para justificarmos nossos atos, mas não há bem possível se alguém é prejudicado. Quando não estamos agindo de acordo com a lei, quando não dizemos a verdade absoluta para nós mesmos e para as outras pessoas, caímos num mar de desapontamento.

Eu tenho três filhos maravilhosos. São pessoas sinceras, dignas de confiança e carinhosas. Agora eu me dou conta de que tinham o direito de fazer as escolhas que fizeram em suas vidas. Compreendo que seu fracasso ou sucesso virá em decorrência dos padrões que estabeleceram para eles mesmos. Reconheço que ainda são jovens e que têm muito tempo pela frente para fazerem novas escolhas e tomarem novos rumos. Espero que pelo menos um deles se decida pela faculdade de medicina ou de direito. Espero que um deles venha a ter um "Dr." ou "Dra." à frente do nome. No entanto, em vez de perder o meu tempo e energia me desapontando caso não o façam, resolvi eu mesma fazê-lo. Tenho "Dra." à frente do meu nome. Tenho um diploma de Direito. Já fui professora visitante em diversas universidades. Eis o segredo para você jamais se desapontar: quando você realmente quiser uma coisa, não deixe que a responsabilidade para obtê-la recaia sobre outra pessoa.

## Diário do Comentário

– Após ler o comentário de hoje me dou conta de que...

– A(s) frase(s) de que quero me lembrar e com a(s) qual(quais) desejo trabalhar hoje é(são):

## Afirmação Matinal do DESAPONTAMENTO

*Eu agora liberto, por vontade própria, todas as crenças negativas a respeito de mim, de minha vida e de todas as outras pessoas.*

*Eu agora me perdôo por achar que algum dia fiz algo de errado.*

*Todo o meu ser está cheio de amor e do poder que sou.*
*Por todas essas coisas, agradeço!*
*E que assim seja!*

## Fazei com que Eu me Lembre de que...

*A intenção é sempre revelada no resultado.*
*Ninguém é responsável pelo que quero.*
*Minhas bênçãos carregam o meu nome.*
*Só posso ter aquilo que me pertence por Direito Divino.*
*Não posso perder.*
*A falta de honestidade sempre traz insatisfação.*

## Diário Noturno do DESAPONTAMENTO

– Hoje senti DESAPONTAMENTO quando...

– Reconheço que minha forma de lidar com o DESAPONTAMENTO é...

– Descobri que o mais DESAPONTADOR com relação a mim é...

# Dia 26

# Quando Você Sentir DÚVIDA

## Definição de Trabalho

A emoção com a qual estamos trabalhando hoje é a DÚVIDA. Ela é um estado de conflito relacionado com a aceitação da verdade. É o início da fraqueza mental, emocional e espiritual. É a ausência de confiança.

## Comentário sobre a DÚVIDA

É um fato cientificamente comprovado que dois objetos não podem ocupar o mesmo espaço. Essa teoria se aplica às mentes e aos corações dos seres humanos. Onde há confiança, a dúvida não pode se instalar. No momento em que a dúvida entra, a confiança desaparece. Ninguém pode acreditar e duvidar ao mesmo tempo. Acreditar é saber, compreender e aceitar uma verdade que não muda nem pode ser alterada. Onde existir uma confiança total e inquestionável na verdade não poderá haver dúvida. A dúvida penetra na consciência e invade a mente quando esquecemos e não confiamos na verdade da lei divina.

A dúvida cresce quando nos apegamos aos resultados e só investimos neles. Quando decidimos que as coisas devem ser de uma forma determinada, passamos a duvidar de que conseguiremos o que desejamos. A dúvida é fruto de nossas crenças, quase sempre causadas pelo fato de pensarmos e sentirmos que não somos dignos. Quando achamos que não somos dignos de ter o que desejamos, duvidamos que possamos recebê-lo. A dúvida é também causada pela necessidade de controlarmos as situações. Para exercer tal controle, precisamos saber tudo a respeito de tudo. Fixamos a vista num resultado específico e numa forma determinada de atingir este resultado. Quando começa a parecer que nossos planos estão dando errado, a reação natural é o medo, ingrediente principal da dúvida. Quando há necessidade de controle, a dúvida se manifesta sob forma de preocupação. A preocupação é descendente direta da necessidade de ter controle.

Precisamos nos dar conta de que não podemos ver tudo. Não sabemos tudo. Mais importante, precisamos compreender que é impossível controlar qualquer coisa. O processo da vida é espiritual, governado por leis e princípios espirituais, invisíveis e intangíveis. Quando estamos sintonizados com essas leis e princípios, sentimos a ação do resultado natural dessas leis. As leis fazem com que a vontade de Deus se manifeste. Essa vontade é para o bem de todos. Quando compreendemos e abraçamos essa verdade, não há mais motivo para dúvidas. Sabemos que não importa como esteja a situação, o resultado final será bom.

Atraímos para as nossas vidas as coisas nas quais nos concentramos mais. Infelizmente, poucos têm consciência dos próprios pensamentos, e muitos não se dão conta do que estão pensando a maioria do tempo. Mesmo quando fazemos planos e nos concentramos no que desejamos, avaliamos nossos avanços apenas através das provas físicas. Quando acontece algo inesperado, duvidamos de nós mesmos e de nossos avanços. Isto faz com que a semente da dúvida se instale, fazendo-nos ficar tão preocupados em consertar o que parece ter dado errado, que nossos pensamentos se afastam do resultado desejado. Passamos a nos concentrar intensamente em garantir que nada dê errado. Em última instância, este enfoque se transformará na única coisa que tememos: não atingir o resultado desejado.

A melhor maneira de se defender contra a dúvida é rezando e afirmando constantemente a verdade sobre nós mesmos e sobre a vida. Rezar pedindo orientação e acreditar que a receberemos sintonizará nossas ações com a Vontade Divina. Afirmar o que somos e desejamos colocará em movimento os princípios espirituais da ordem e do tempo divinos. Nós sempre recebemos exatamente o que precisamos, quando precisamos, até mesmo quando não temos consciência de precisar. Aprender a viver sem ter de avaliar cada acontecimento ou situação, permanecer concentrados no desejo do bem, sintonizados com a Vontade Divina, elimina o crescimento da dúvida na mente consciente. Quando esperamos receber orientação, proteção e os benefícios da Vontade Divina, podemos ter certeza de que todo o resultado do nosso empenho será para o nosso bem.

## Diário do Comentário

– Após ler o comentário de hoje me dou conta de que...

– A(s) frase(s) de que quero me lembrar e com a(s) qual(quais) desejo trabalhar hoje é(são):

## Afirmação Matinal sobre a DÚVIDA

*Misericordioso, Divino, Abençoado Espírito da Vida, agradeço-Lhe por este dia.*

*Agradeço-Lhe por esta vida.*

*Agradeço-Lhe pela sua divina presença em mim.*

*Que Você estabeleça a paz, a abundância e a alegria em meu mundo de acordo com o Seu plano perfeito para a minha vida.*

*Acredito que Você trará hoje, para dentro do meu mundo, tudo o que é meu por direito divino.*

*Por todas essas coisas, agradeço!*

*E que assim seja!*

## Fazei com que Eu me Lembre de que...

*Deus tem tudo sob controle.*

*Onde há confiança não há DÚVIDA.*

*A verdade é mais forte do que a DÚVIDA.*

*Onde há luta pelo controle há preocupação,.*

*Sempre que eu estiver sintonizado com a*
*Vontade Divina, conseguirei o que desejo.*

*O desejo do espírito universal da alegria é que eu*
*tenha em abundância tudo o que há de bom.*

## Diário Noturno da DÚVIDA

– Hoje me preocupei com...

– Luto para ter controle porque...

– Sei que posso confiar no processo da vida porque...

# *Dia 27*

# Quando Você Sentir MEDO

## Definição de Trabalho

A emoção com a qual estamos trabalhando hoje é o MEDO. Ele é a ausência da confiança. O desconhecimento da verdade. É pavor, aflição, desassossego. O medo acontece quando as nossas fantasias nos parecem reais.

## Comentário sobre o MEDO

Eu tinha quarenta e poucos anos. Ela era minha amiga e eu estava fazendo o que achava necessário para preservar a nossa amizade. Mas eu me sentia como se tivesse cinco anos, com medo de que, se não fizesse o que ela desejava, ela deixaria de gostar de mim. Ela não fazia por mal, pois também estava dominada por seus medos infantis. É na infância que aprendemos sobre o medo. Como lidar com ele, como camuflá-lo, como funcionar debaixo da pressão que ele exerce, como fugir dele. Como diria minha amiga Rene Kiser, "dentro da minha cabeça eu estava sozinha, sem a companhia de um adulto", tentando salvar aquilo que eu achava ser essencial para a minha sobrevivência. Ao tentar manter a amizade, criei o mais completo caos nas minhas finanças e nos meus relacionamentos familiares e amorosos. Ao final, a amizade mudou drasticamente e essa pessoa saiu da minha vida.

São poucos os que realmente tentam compreender o número de máscaras e disfarces usados pelo medo. Aprendi, da maneira mais difícil, que o que eu chamava de "ser uma boa amiga" era puro medo. Medo de perder o controle. Também aprendi que o que eu chamava de prudência, ao protelar as decisões, era medo – medo do fracasso e do sucesso misturados numa só coisa. Depois de várias experiências, descobri que quando eu exclamava, indignada, "Olha só o que fizeram comigo!", na verdade estava sentindo medo. Medo de não ser capaz. Medo de que descobrissem a verdade a meu respeito. Eu precisava fugir. Eu precisava sabotar o relacionamento antes de descobrirem o que eu achava ser a verdade a meu respeito. O medo tem tantos disfarces inteligentes, que é quase impossível reconhecê-lo a todo instante. O que podemos fazer, no entanto, é abraçá-lo. Torná-lo um aliado, em vez de um inimigo.

No livro *Building Your Dreams* (Construindo seus sonhos), Mary Manin-Morrisey escreve: "Ninguém pode dominar um inimigo que não conhece." Ela escrevia sobre o medo. Tenho certeza de que não estou só quando digo que há muitas coisas na vida que eu deixei de fazer por medo. Muitas vezes eu não sabia que estava com medo. Nas situações em que eu sabia estar com medo, tive medo de admiti-lo. Em vez disso, elaborei muitas formas criativas para não fazer aquilo que eu temia. Resultado: o medo me dominou. Passou a ditar meus movimentos e reações a qualquer situação. O medo se disfarçou naquilo que eu dizia que não podia fazer, naquilo que eu dizia não possuir, que afirmava não ter tempo para realizar e nas coisas que achava que os outros não me deixavam fazer. Eu já travesti o medo da necessidade de estar num outro lugar fazendo alguma outra coisa, sem saber como fazer essa outra coisa, sem precisar fazer nada. Pus a mesa, na minha vida, para que o medo se tornasse um amo guloso e insaciável.

Há alguns anos, o município plantou uma fileira de jovens árvores no meu bairro. Foram plantadas com cuidado, ancoradas na terra com cordões presos a estacas de metal. Cada manhã, durante a minha caminhada, eu passava por essas jovens árvores. Quando o vento soprava mais forte, eu olhava as árvores vergarem, parecendo às vezes que iam quebrar. Mas não quebravam. Dobravam-se com o vento, mas permaneciam ancoradas. O medo é uma reação comum aos ventos fortes que sopram em nossas vidas. Nesses momentos, precisamos nos lembrar de que estamos ancorados à divina fonte de energia. Precisamos aprender a nos dobrar e acreditar que não vamos quebrar. Precisamos nos segurar ao que sabemos sobre a nossa capacidade de resistir à tempestade. É assim que podemos usar a fé para matar o medo de fome.

Mary Morisey afirma: "O principal não é se livrar do medo. Em vez disso, precisamos abraçá-lo como a um amigo." Precisamos reconhecer quando estamos com medo, para então o desmantelarmos com a mais forte arma do arsenal humano: a fé. "Mate o medo de fome com a fé!" é o que ela diz. Isso quer dizer que, ao reconhecer que está com medo, você precisa invocar a sua força, o seu eu espiritual. Em vez de perder tempo e energia fugindo das coisas que teme, desenvolva a coragem necessária para superá-las. Para fazer isso, mantenha-se em silêncio o tempo suficiente para entrar em sintonia com o que sente. Aprenda a reconhecer e a aceitar os sinais e sintomas do medo quando ele se aproxima. Sua cabeça gira? Seu coração bate descompassado? Sua boca fica seca? Seu corpo se retesa? Quando você aprender a reconhecer que o medo está sentado, esperando ser alimentado, poderá matá-lo de fome com uma prece, com a confiança ou com a afirmação da verdade.

Hoje em dia há um vasto número de professores, livros e práticas espirituais que afirmam: "Só existem dois sentimentos: o amor e o medo." O amor é divino. O amor é a atividade de Deus e a única energia na qual Ele existe. O medo, por outro lado, é um instrumento do ego, que nos faz acreditar que somos seres independentes de Deus, independentes uns dos outros e, em geral, inferiores e inadequados. Pense nisso. Quando nos pedem que façamos algo que não nos achamos dignos ou capazes de fazer, não é o medo a primeira emoção que sentimos? Medo do abandono. Medo do ridículo, da desvalorização, da humilhação. Medo de que alguém deixe de nos amar. Como não queremos nos sentir assim, negamos o que sentimos. "Não estou com medo, estou excessivamente ocupado." "Não estou com medo, só não quero me casar com você!" "Não estou com medo, estou sem um tostão furado!" Não nos damos conta de que a única forma de lidar com o medo é amando-o. Para amar o medo, precisamos invocar o poder e a presença de Deus para dentro de nossas vidas ou da situação que nos intimida, permitindo que Sua presença desmanche o medo.

Da próxima vez em que seu estômago der cambalhotas de tanto medo, não negue, fingindo que está tudo bem. Sussurre bem baixinho: "Conheço você, medo, e sei exatamente o que quer. Mas hoje eu não estou com vontade de lidar com você!" Quando a sua boca ficar seca, seus joelhos amolecerem ou seu corpo retesar, não diga que é a menopausa ou algo que comeu na hora do almoço. Abrace esse medo que está batendo os talheres à sua mesa e diga: "Oi, medo! Aí está você de novo! Eu sinto muito, mas não posso alimentá-lo hoje!" No instante em que você se der conta de que está sob o poder do medo, não tente escapar. Relaxe! Diga a verdade: "Estou sob o poder do medo!" Lembre-se de que a verdade nos liberta. Você se liberta quando invoca a seguinte verdade: "Deus está sempre comigo!" Respire fundo algumas vezes. Afirme: "Que se faça a luz!" O medo odeia a luz da verdade. Sempre que você afirmar a verdade, o medo sairá correndo. Mas se você insistir em dizer que não está com medo, quando sabe que está, o medo, a mais vil forma de vida, enterrará seus dentes em você e nunca mais irá embora.

## Diário do Comentário

– Após ler o comentário de hoje me dou conta de que...

– A(s) frase(s) de que quero me lembrar e com a(s) qual(quais) desejo trabalhar hoje é(são):

## Afirmação Matinal sobre o MEDO

*Neste momento eu quero invocar conscientemente a luz do Espírito Santo para dentro de cada molécula, cada átomo, cada célula, cada tecido, cada órgão, cada músculo e cada sistema do meu corpo, pedindo-Lhe que liberte cada energia, cada crença, cada comportamento e cada pensamento que não estiver em sintonia com o amor de Deus.*

*Por todas essas coisas, agradeço!*

*E que assim seja!*

## Fazei com que Eu me Lembre de que...

*Onde quer que eu esteja, Deus está comigo.*

*O medo tem muitas caras.*

*O que não é amor é medo.*

*O amor há de se sobrepor ao medo.*

*A luz da verdade há de se sobrepor ao medo.*

*Quando eu abraço o medo, ele se torna meu aliado.*

*Mesmo as fantasias que parecem reais não são verdadeiras.*

*A fé matará o medo da fome.*

## Diário Noturno do MEDO

– Hoje reconheci que estava com MEDO quando...

– Quando sinto MEDO, meu corpo reage assim:

– De agora em diante, quando eu me der conta de que estou sob o poder do MEDO, me disponho a...

# Dia 28

# Quando Você Sentir CULPA

## Definição de Trabalho

A emoção com a qual estamos trabalhando hoje é a CULPA. Ela é o juízo ou a crença de que há algo de errado no que se fez. É um comportamento que nos ensinaram e que aprendemos. Uma necessidade de aprovação não satisfeita.

## Comentário sobre a CULPA

Esta parte do livro foi a mais difícil de escrever. O original estava atrasado, o que significava que eu não cumprira um compromisso. Eu me sentia culpada com relação a isso. Todos os dias eu me prometia sentar à frente do computador para terminar mais cinqüenta ou sessenta páginas. Mas, para minha profunda consternação, algo mais sedutor se apresentava. Essas seduções eram coisas como fazer compras, comer, limpar o armário ou assistir ao programa da Oprah na televisão. Não importava o quanto eu tentava resistir, elas sempre me atraíam muito mais do que o livro. Quando minha editora ou agente me ligavam, ou quando eu me lembrava delas, era tomada pela culpa. Ficava paralisada, recriminando-me por não estar cumprindo o acordo, por não ter mais disciplina, por ter comido uma barra inteira de chocolate antes de dormir. Após alguns momentos de autoflagelação, eu ficava tão deprimida, que precisava de outro chocolate para me sentir melhor. Eu comia o chocolate sabendo que, além de engordar, ele me daria sono, o que me faria dormir em vez de escrever, o que me dava mais um motivo para sentir culpa.

Existem duas emoções tóxicas: a culpa e a vergonha. A vergonha sugere que existe algo de errado comigo. A culpa sugere que há algo de errado com o que eu fiz. Se eu tivesse de apostar em qual das duas destruiria minha vida mais rapidamente, apostaria tudo na culpa. Eu acho que consegui funcionar apesar de me achar feia, inadequada, limitada e ignorante. No entanto, quando eu me convencia de que havia feito a coisa errada, lá vinha uma tremenda sensação de culpa, impossível de administrar. A culpa me mantinha paralisada de vergonha. Quanto mais eu lutava para me libertar de suas garras, mais ela as apertava. As pessoas me ligavam para perguntar: "Como vai o livro?" Enquanto eu vagava pela cozinha, atrás de uma receita nova, meu filhos me repreendiam: "Acho bom você ir escrever aquele livro." Quando eu avisava: "Não vou ao escritório hoje", alguma alma sábia sempre respondia: "Ah, que bom, vai ficar em casa hoje para escrever, não é mesmo?" Apesar de saber perfeitamente que ia fazer pipocas e assistir a um dramalhão na TV, eu respondia, muito envergonhada: "É isso aí." E depois me entupia de pipocas, tentando me livrar da culpa de não estar escrevendo.

Quantas vezes você já se perguntou: "O que há de errado comigo? Por que é que eu faço sempre a mesma coisa? Por que é que não consigo mudar?" A culpa e a vergonha caminham de mãos dadas pelo jardim da sua vida, causando um enorme estrago nela! Quando nos sentimos mal com relação a nós mesmos e/ou com relação ao que estamos fazendo, fica difícil tentar fazer qualquer coisa de positivo. Parece que não temos o poder de parar ou de mudar. Podemos até querer, mas não dá. Ficamos tão preocupados em compreender por que fizemos o que fizemos, que continuamos a fazê-lo. A lei é a seguinte: quando nos concentramos naquilo que fizemos de errado, ficamos paralisados no que chamamos de erro. Isso é a culpa. Eu descobri que a única forma de se libertar da teia de culpa é confessar o que se fez, perdoar-se e escolher uma outra coisa. Confessar! Dizer a alguém que eu errei, eu menti, não fiz o que disse que ia fazer porque preferi ver televisão? Você deve ter enlouquecido! Eu jamais faria uma coisa dessas! Só de pensar, fico mais culpada e ainda fula da vida! Agora eu estou sentindo culpa e raiva! E isso se chama negação.

Quando começamos a negar que estamos nos sentindo culpados é que o caldo engrossa. Nesse estado de espírito, precisamos encontrar razões e desculpas para as coisas que fizemos ou deixamos de fazer. Procuramos culpados e nos tornamos vítimas. Tanto as vítimas quanto a maioria das pessoas culpadas e das pessoas que culpam os outros são impotentes. Impotentes para escolher ou mudar. A trama da culpa tem vítimas e vilões chafurdando na lama da impotência e do desamparo. Como é que um simples mortal pode se levantar e seguir o seu caminho no meio de um dramalhão como esse? É muito simples. Confesse para você o que fez, perdoe-se e faça outra escolha. Mesmo que isso signifique ter de falar com as pessoas que você prejudicou ou desonrou. Peça perdão. Se elas não quiserem perdoar, o problema não é seu. Se elas deixarem de gostar de você, o problema também não é seu. Você precisa do amor da sua mãe, do seu pai, dos seus irmãos, do seu cônjuge, do seu amigo, do seu filho! Você precisa sobretudo se amar um bocado para assumir o que fez. Pode parecer difícil, mas só se você tornar as coisas difíceis. Bem, como é que se faz para tornar as coisas fáceis? É só fazer! Está bem!

Enquanto eu deveria estar escrevendo este livro, escolhi assistir televisão, ir às compras, fazer o pé, assar um bolo, lavar roupas, fazer amor ou brincar com minha maquiagem. Como resultado, este original foi entregue com dois meses de atraso. Minha agente e minha editora foram atormentadas pelo revisor e pelo departamento de vendas. O cronograma de trabalho de muita gente que eu nem conheço ficou caótico e passei semanas sob o domínio da culpa, do estresse, desperdiçando tempo precioso que eu poderia ter usado para terminar este projeto. Eu me perdôo por ter agido de maneira tão impensada e pouco amorosa. Também peço a todos que me perdoem. A partir de hoje, escolho passar pelo menos quatro horas por dia trabalhando neste projeto até estar completo. Firmo um pacto com o Espírito Santo para honrar este acordo. Se a qualquer momento, por algum motivo, eu for incapaz de manter o acordo, darei a mim mesma e a todas as partes envolvidas amor suficiente para renegociar o compromisso. Pronto, não é bem melhor assim? Sem dúvida!

### Diário do Comentário

– Após ler o comentário de hoje me dou conta de que...

– A(s) frase(s) de que quero me lembrar e com a(s) qual(quais) desejo trabalhar hoje é(são):

### Afirmação Matinal sobre a CULPA

*Estou sempre livre para escolher.*
*Minhas escolhas estão sempre em sintonia com a vontade do Divino.*
*Se por algum motivo minhas escolhas não resultarem em alegria, paz, harmonia e equilíbrio, estou sempre livre para fazer outra escolha.*
*Se minhas escolhas não invocarem o melhor de mim e dos outros, estou livre para fazer outra escolha.*
*Uma escolha defeituosa não reflete a verdade sobre mim.*
*A verdade é que, ao ver o que acontece com as escolhas que faço, estou sempre livre para escolher quantas vezes for preciso.*
*Por todas essas coisas, agradeço!*
*E que assim seja!*

## Fazei com que Eu me Lembre de que...

*Estou sempre livre para fazer escolhas.*

*Posso me perdoar e pedir perdão.*

*Não posso perder um amor verdadeiro.*

*A verdade fortalece meu poder.*

*Posso confessar o que fiz e renegociar um acordo.*

*Deus me ama independente do que eu faça ou deixe de fazer.*

## Diário Noturno da CULPA

– Hoje senti CULPA quando...

– Eu me alegro por ter superado a CULPA com relação a...

– Foi difícil superar essa experiência porque...

# *Dia 29*

# Quando Você se Sentir SÓ

### Definição de Trabalho

A emoção com a qual estamos trabalhando hoje é a SOLIDÃO. É uma experiência de isolamento resultante da crença na separação. É a reação emocional a se fechar.

### Comentário sobre a SOLIDÃO

Quando estamos sozinhos, normalmente ansiamos pela companhia ou pelo amor de outra pessoa. Ficamos tristes, achando que estaríamos mais felizes se tivéssemos alguém em nossas vidas. Queremos ser amados por uma outra pessoa. Esta urgência em ser amado gera um fechamento inconsciente à possibilidade de ser amado. Em algum lugar no fundo de nossas mentes está o medo do amor e/ou o medo do que significará ser amado. Podemos já ter sido magoados, abandonados ou rejeitados no passado, e embora consigamos nos convencer de que isso tudo já passou, o fato de estarmos sós prova o contrário. Ficamos sem vontade ou incapazes de receber o que desejamos por medo do que poderá acontecer.

Achei que nunca havia me sentido só. Eu sempre vivi cercada de gente. Sempre soube que alguém, em algum lugar, me amava. Houve até mesmo algumas raras ocasiões em que pude experimentar completamente a calorosa presença de Deus. Os momentos em que eu não estava envolvida afetivamente com alguém foram por escolha própria. De fato, eu não me lembrava de já ter me sentido sozinha, até que um dia descobri o que significa a solidão e me dei conta de que passei grande parte da vida sozinha.

Alguém me perguntou certa vez: "Quanto amor você consegue agüentar?" Achei a pergunta estranha, até parar para pensar a respeito. Pensei em todas as condições que coloco para ser amada. Pensei no quanto eu desejava que o amor me fosse demonstrado. Tive de reconhecer que acreditava que se alguém realmente me amasse, saberia tudo a meu respeito, e isso, pensava eu, não era boa coisa. Também reconheço que mantinha todas as pessoas que eu afirmava amar a uma certa distância, jamais permitindo que soubessem demais ou chegassem perto demais, porque tinha medo de ser magoada. Minha boca dizia que eu desejava ser amada, mas na minha mente não me achava digna. Eu dava sinais de que desejava ser amada, mas me dispunha a receber apenas uma certa quantidade de amor. Meu medo, que imagino ser o mesmo medo da maioria, é que amor demais poderia me matar. Eu simplesmente derreteria em sua presença.

Lembro da primeira vez em que vi meu filho: dois quilos e setecentos gramas de pura beleza. Ele era absolutamente perfeito e lindo. Eu sabia que ele não podia me ver, pois só tinha dois minutos de vida, mas podia sentir a confiança e o amor que emanavam dele enquanto eu o segurava. Foi meu primeiro filho. Ele não fazia qualquer juízo a meu respeito. Só queria uma coisa de mim: ser amado. A experiência tirou meu fôlego. Em questão de dois minutos, pensei em todos os motivos pelos quais eu era indigna e não-merecedora de seu amor. Pensei em todas as coisas que precisavam ser corrigidas e mudadas em mim. Pensei em todas as coisas que eu não poderia lhe oferecer. Eu estava com dezesseis anos, tinha um bebê novinho em folha e não tinha marido. Eu abandonara os estudos e tentava sobreviver. Aquilo era demais para mim e, naquele momento, acho que fechei uma parte do meu coração. Ele ficou fechado por muitos e muitos anos.

Amo o mesmo homem há trinta anos. Só de olhar para ele, meus joelhos ficam bambos. Ele é a única pessoa que sempre me fez sentir linda e maravilhosa. Passei trinta anos sem poder tê-lo. Isso me fazia querê-lo ainda mais. Ele era casado. Eu era casada. Ele morava num lugar. Eu morava em outro. Nossa primeira tentativa de ficarmos juntos foi um desastre completo. Nenhum dos dois estava preparado. Nenhum dos dois estava aberto à expressão completa do amor. Nenhum dos dois conseguia descobrir como aceitar o amor que o outro tentava dar. Ele levou trinta anos para dizer que me amava. Eu levei trinta anos para conseguir ouvi-lo dizer que me amava. Quando ele disse e eu ouvi, perdi o fôlego e tentei fugir dele o mais rápido que podia.

A solidão consiste em se fechar àquilo que você mais quer. Você não pode ter amor se seu coração está fechado. Não pode ter liberdade se não se dispõe a fazer escolhas. Não pode ter dinheiro se tem medo dele. Não pode ter paz se acha que ela significa abrir mão de algo essencial à sua sobrevivência. A ausência de todos esses potenciais divinos está na raiz da sensação de solidão. Na maioria do tempo, não nos damos conta de que estamos fechados. E, como não sabemos disso, ficamos procurando e desejando justamente aquilo que acreditamos não merecer. Este é o verdadeiro significado da solidão. Nós nunca nos sentimos sós com relação a uma pessoa ou coisa, mas quando estamos buscando uma experiência que acreditamos não poder ter. Quando você perceber que está se sentindo só, abra o seu coração. Peça ao espírito do Divino para inundar seu ser de amor. Quando sentir esse amor, respire algumas vezes, conscientemente. Deixe o amor invadir todo o seu ser. Quando conseguir isso, abra o seu coração para a experiência do amor, e tudo o que você acha que deseja surgirá, de forma milagrosa. Eu sei que vai funcionar porque sei que, conforme ensina *The Course in Miracles*, "o Espírito Santo sempre responderá ao seu menor convite".

## Diário do Comentário

– Após ler o comentário de hoje me dou conta de que...

– A(s) frase(s) de que quero me lembrar e com a(s) qual(quais) desejo trabalhar hoje é(são):

## Afirmação Matinal sobre a SOLIDÃO

*Hoje abro minha mente, meu coração e meu ser para receber o fluxo do amor divino.*

*Liberto todos os pensamentos, dúvidas e medos de que isso não seja possível.*

*Hoje me disponho a conhecer e experimentar o amor divino como a verdade de meu ser.*

*Eu sou o amor sendo amado.*

*Sou a expressão de tudo aquilo que é o amor.*

*Por todas essas coisas, agradeço!*

*E que assim seja!*

## Fazei com que Eu me Lembre de que...

*O Divino Espírito Santo responderá ao meu menor pedido.*

*Sou um recipiente aberto e receptivo.*

*Não há falta de amor.*

*Não há o que temer.*

*A promessa de Deus é a resposta a qualquer pedido.*

*A urgência é sinal de que estamos fechados.*

## Diário Noturno da SOLIDÃO

– Lembro de que me senti SÓ quando...

– Consegui superar essa experiência assim:

– Posso me abrir para receber as coisas boas que desejo da vida da seguinte forma:

# *Dia 30*

# Quando Você se Sentir DESVALORIZADO

## Definição de Trabalho

A emoção com a qual estamos trabalhando hoje é a AUTO-ESTIMA. Ela fica diminuída quando nos sentimos desvalorizados. Significa que estamos insatisfeitos por causa de um ato ou um gesto que fizemos.

## Comentário sobre Sentir-se DESVALORIZADO

Quantas vezes você já se desdobrou para fazer algo por outra pessoa que não demonstrou gratidão? Quantas vezes você ficou ao lado de alguém num momento de necessidade e se viu só quando precisou de ajuda? Quanto tempo você trabalhou em alguma coisa sem ter seu esforço reconhecido? Em quantos relacionamentos você já deu tudo de si e ao final se viu só? Se você tem uma resposta positiva para uma ou mais dessas situações, certamente já se sentiu desvalorizado. Se for igual a mim, provavelmente ficou com raiva da outra pessoa e se perguntou: "Por quê? Por que eu? Por que as pessoas me ignoram? Por que me usam?" Depois dessas perguntas inúteis, eu mudava de tom e continuava: "Por que é que as pessoas não se mostram gratas pelo que faço por elas? O que foi que eu fiz de errado?" Encontrei minhas respostas em *The Course in Miracles*: "O que você dá aos outros dá a si próprio." Traduzindo: se você gostou do que fez pelas outras pessoas, a reação delas deveria ter pouca ou nenhuma importância para você. Levei muito tempo para, realmente, entender isso e me sentir assim.

Eu não tinha a menor idéia de que era uma pessoa desajustada. Eu não era má, só era meio maluquinha. Não me dava conta de que tinha motivos tortuosos para fazer as coisas, questões mal-resolvidas, feridas não-cicatrizadas e um considerável complexo de inferioridade. Eu achava que estava ótima e resolvia provar isso fazendo coisas para os outros. Eu comprava amizades com meus atos e com meu dinheiro. Eu comprava afeição me tornando indispensável, satisfazendo necessidades, resolvendo questões. Eu atraía atenção para a minha vida criando dramas e crises, e depois ficava com raiva das pessoas a quem eu ajudara quando não vinham em meu socorro. Eu dava tanto, para tantas pessoas, e queria alguma coisa de volta. Eu queria um muito obrigado. Eu queria reconhecimento. Eu queria que as pessoas me fizessem sentir bem com relação a mim mesma. Eu queria que as pessoas reconhecessem em mim as coisas que eu não conseguia ver. Quando elas não preenchiam as minhas expectativas, eu me sentia desvalorizada.

"O que você dá aos outros dá a si próprio." O primeiro passo para integrar essa premissa à sua vida é o reconhecimento da verdade de que não estamos sós. Estamos todos ligados à Vida Única através do Divino Espírito e da Mente Única. Não há separação entre seres humanos. Ao compreendermos isso, nos damos conta da nossa extrema riqueza, inteligência e beleza. Poucas pessoas desajustadas partem dessa premissa! Eu dizia a mim mesma que estava bem, mas as coisas que eu fazia refletiam meus sentimentos mais profundos de que eu não estava bem, de que eu não era rica nem inteligente e certamente não era linda. Eu tentava demonstrar que era tudo isso, e quando as pessoas não me aplaudiam nem despejavam louvores sobre a minha pessoa, eu ficava arrasada. Levei muito tempo para me dar conta de que eu fazia a maioria das coisas pelos outros em busca de reconhecimento. Não era o fazer que me dava alegria, pois eu só queria o elogio. Quando ele não vinha, eu sentia que meus esforços não haviam sido suficientemente reconhecidos.

Certa vez, ouvi o comediante Chris Rock dizer uma coisa que fez muito sentido: "As pessoas sempre querem ser recompensadas pelas coisas *que têm o dever de fazer*." Coisas como chegar ao trabalho na hora, ficar no trabalho até terminar uma tarefa, cuidar dos filhos ou dar apoio a um parente, um vizinho, um amigo ou o cônjuge. Você está sendo pago para chegar ao trabalho na hora e para ficar lá até sua tarefa estar finalizada. É responsabilidade de quem escolhe ser pai ou mãe proporcionar amor, orientação e cuidados aos filhos que trouxerem ao mundo. O acordo silencioso existente em todos os nossos relacionamentos íntimos é de cuidarmos (ou seja, dar apoio e honrar) uns dos outros. Todo ser humano tem uma responsabilidade junto ao seu Criador de tratar os outros como gostaria de ser tratado, em qualquer situação. Por tais atos, não devemos esperar recompensas ou reconhecimento. O nome disso é "amor ao próximo". Seria bom ser reconhecido, mas é um desajuste acreditar que as pessoas têm uma dívida pelo que você faz por elas. Por trás de tudo isso está a verdade muitas vezes não reconhecida, e difícil de encarar, de que, se esperamos que alguém nos faça sentir bem devido a algo que fizemos, é bem possível que o tenhamos feito pelos motivos errados. Há uma chance ainda maior de que a nossa intenção, ao agirmos, fosse distorcida, ainda que não tivéssemos consciência disso. Em nove de dez casos como esses nos sentimos desvalorizados.

Quando você não receber reconhecimento, a única escapatória é se dar conta de que tudo aquilo que você deu, você recebeu. Você serviu ao Divino ao servir um de seus filhos que estava necessitado. Serviu a si mesmo ao compartilhar as generosas graças que o Divino lhe proporcionou e colocando as necessidades de outra pessoa antes das suas. Você se abriu para receber a graça da gratidão divina que promete se multiplicar dez vezes e retribuir tudo aquilo que você der em nome da verdade e do amor. Quando ao dar e fazer pelos outros você se sentir esgotado de cansaço e desvalorizado, é sinal de desajuste. Há uma motivação dúbia escondida em algum lugar da sua mente. Você deve se perguntar: "Por que é que quero reconhecimento pelo que fiz?" Mais importante ainda: "Como espero receber reconhecimento pelo que fiz?" Acabei descobrindo que, quando eu dava ou fazia algo só com o propósito de me sentir bem, nenhuma quantidade de reconhecimento me fazia sentir melhor ou mais prestigiada. Esta descoberta me ajudou a curar o desajuste. Outra coisa que eu descobri sobre o sentimento de desvalorização foi que, quando parei de esperar por reconhecimento e recompensa pelas coisas que fiz, recebi um imenso retorno.

## Diário do Comentário

– Após ler o comentário de hoje me dou conta de que...

– A(s) frase(s) de que quero me lembrar e com a(s) qual(quais) desejo trabalhar hoje é(são):

## Afirmação Matinal sobre a AUTO-ESTIMA

*Eu tenho muito a compartilhar.*
*Eu tenho muito a compartilhar.*
*Tudo o que dou, estou dando a mim.*
*Tudo o que dou, dou para a essência divina que existe dentro de mim.*
*Tudo o que dou é multiplicado e me é retribuído dez vezes.*
*Por todas essas coisas, agradeço!*
*E que assim seja!*

## Fazei com que Eu me Lembre de que...

*Tudo o que dou, estou dando a mim.*
*Tudo o que faço, estou fazendo por mim.*
*Quando sirvo aos outros, estou servindo ao Divino.*
*Quando sirvo a mim, sirvo ao Divino.*
*Nada daquilo que dou me esgota.*
*Não há nada que eu faça que me esgote.*
*O universo tem uma abundância de coisas*
*para serem compartilhadas.*
*Eu sou um ser universal conectado a tudo o que existe.*

## Diário Noturno da AUTO-ESTIMA

– Hoje me senti DESVALORIZADO(A) quando...

– Eu me alegro por não ter me sentido DESVALORIZADO(A) quando...

– A forma de dar mais sem me sentir DESVALORIZADO(A) é...

# *Fase Cinco*

*"Deus não é responsável pela*
*sua incapacidade de encontrá-lo."*

Paul Ferrini

*"Se você passar o tempo todo esperando por Ele,*
*talvez o perca quando Ele aparecer."*

Neale Donald Walsh
*Conversations with God* (Conversando com Deus)

## Reverencie o Seu Processo

O fecho daquela relação de sete anos foi um lindo casamento. O segundo de ambos, mas que todos já aguardavam, que todos sabiam que iria durar e que alegrava a todos. Eles eram mais velhos, mais maduros, mais sábios, e ambos percorriam um belíssimo caminho espiritual. Ele estava prestes a se aposentar, e os dois planejavam o que iriam fazer depois disso. Faltava um ano para ela completar um curso fora do estado em que moravam e ambos decidiram que era melhor que ela terminasse, para que pudessem ficar *realmente* juntos. Alguns meses antes do início do último semestre do curso, ele ficou muito doente. Foi o coração.

Duas operações sérias num espaço de menos de dois meses fizeram com que ela ficasse indo e vindo da escola para casa, de avião. Ela se sentia cansada. Ele se sentia sozinho. Preces ajudaram-na a sobreviver. O amor dela e mais preces ajudaram-no a sobreviver. Se algum dos dois soubesse o que estava por acontecer, é provável que tivessem feito as coisas de maneira um pouco diferente. Provavelmente teriam entrado em pânico. Talvez ela tivesse interrompido as aulas. Talvez ele tivesse mudado os hábitos alimentares há muito tempo. Talvez eles não tivessem se casado. Talvez tivessem economizado mais dinheiro. Talvez! Talvez! Talvez! A vida em comum dos dois não correspondia ao que haviam imaginado. As coisas com as quais nos preocupamos parecem não acontecer nunca, e as que acontecem de forma inesperada são coisas com as quais nunca nos preocupamos. Ambos sabiam que, embora não soubessem, Deus sabia. Também sabiam que Deus faria com que soubessem o que precisavam saber e fazer quando chegasse o momento.

Você já se perguntou por que a estrada tem curvas? Por que é que todas as estradas não são retas? Por que é que as ruas da cidade sobem, descem e dobram esquinas? Minha amiga Joie me fez essa pergunta quando eu estava no meio de uma das minhas crises existenciais, me torturando com cobranças. Por que foi que eu não consegui prever isso? Como foi que não reconheci isso até acontecer? "Porque", disse Joie, "você não tinha condições de lidar com a situação naquele momento. Só tem agora." É por isso que existem curvas na estrada. Elas nos dão a oportunidade de ir vendo um pouquinho de cada vez. À medida que vamos avançando, ganhando terreno, um pouco mais nos é revelado. É assim que a vida funciona. Ela vai lhe dando aquilo com que você consegue lidar em pequenas doses, mesmo quando você acha que agüentaria mais. Isso é o que chamamos de graça de Deus.

Houve uma época na minha vida em que eu não me considerava suficientemente boa, competente e esperta. Sempre havia algo de errado comigo ou com o que eu havia feito. Eu sempre poderia ter feito mais, poderia ter estado em outro lugar. Em outras palavras, eu estava sempre reclamando de alguma coisa. Eu hoje consigo compreender como minhas reclamações constantes davam nos nervos de todo mundo, inclusive nos meus. Eu me ouvia dizer certas coisas e depois queria bater em mim mesma por tê-las dito. Eu não confiava em mim, nem gostava de mim. Quando estou num mau dia, ainda volto a repetir o mesmo comportamento. Mas hoje uma coisa me salva. Eu sei que o copo pode estar transbordando, mas é só naquele momento.

Onde quer que você se encontre, é exatamente onde precisa estar. Mesmo quando você queria estar em outro lugar, em circunstâncias diferentes, a vida sabe que você provavelmente não conseguiria lidar com a outra situação. Deepak Chopra escreveu: "Sejam quais forem os relacionamentos que você atraiu para dentro de sua vida, numa determinada época, eles são os relacionamentos de que você precisava naquele momento." Quando você estiver preparado para fazer uma coisa nova, de uma maneira nova, você a fará, com pessoas novas. Há gente à espera da pessoa na qual você está se transformando. É provável que você ainda não esteja pronto para conhecê-las. A cada momento específico, cada um de nós está passando pelo processo de ser e de se tornar. Estamos aprendendo o máximo que podemos. A estrada tem curvas e estamos sendo preparados para lidar com o que nos aguarda a cada curva.

O dicionário *Webster* define "processo" como um fenômeno natural marcado por mudanças graduais que levam a um resultado específico. É uma descrição bastante precisa de nossas vidas. Passamos por uma dada experiência e mudamos. Descobrimos um pouquinho mais a respeito da vida, a respeito de nós mesmos, das pessoas, e mudamos mais um pouco. O resultado que buscamos é lembrar quem somos. Para que isso aconteça, precisamos saber quem não somos. A vida é o processo de reconhecer quem não somos. Cada vez que nos defrontamos com desafios, obstáculos ou dificuldades, aprendemos o que podemos e o que não podemos fazer. Eu sempre me esquecia disso. Vivia achando que deveria ter feito ou que deveria estar fazendo algo diferente. Esquecia o processo.

As condições com as quais nos defrontamos não nos definem. Elas nos lembram quem somos e quem queremos ser. Quando eu vivia um casamento violento, sabia que não era aquilo que eu queria. Eu sabia que não deveria estar ali. A experiência me ensinou que não vim ao mundo para me baterem. As experiências que temos na vida nos lembram o que estamos pensando a nosso respeito. Se achamos que devemos ser castigados, seremos. Se achamos que devemos ser atacados, seremos. Mas o processo da vida deve apenas nos lembrar que somos divinos, milagrosos, poderosas manifestações da vida. É essa a verdade que precisamos aprender cada vez que caímos e nos levantamos, perdemos e recuperamos, fazemos escolhas e mudamos de idéia. Cada experiência nos leva um pouquinho mais longe na estrada da vida e para além das curvas.

Se eu soubesse, aos dezenove anos, que meu casamento seria violento, eu teria ficado arrasada. Não teria conseguido lidar com aquilo e provavelmente teria ignorado a informação. Se eu tivesse sabido na terça-feira que minha mãe morreria na quinta, eu não teria conseguido ir ao seu enterro. Teria ido parar num manicômio! Se eu tivesse sabido que meu único filho passaria três anos e meio na cadeia, eu teria deixado de respirar muito antes de ele ser preso. Obrigada, meu Deus, por ter feito as curvas da estrada! Obrigada por nos amar o suficiente para nos dar apenas aquilo com que conseguimos lidar no momento em que acontece! Obrigada, meu Deus, por permitir que o curso do processo da vida seja lento e suave.

# *Dia 31*

# Reverencie o Seu Processo com a AUTENTICIDADE

### Definição de Trabalho

O princípio com o qual estamos trabalhando hoje é a AUTENTICIDADE. Ela é real. É verdadeira. É feita exatamente igual ao original. Um produto natural do Mestre. Baseada na verdade ou na essência do original.

### Comentário sobre a AUTENTICIDADE

*Que tipos de jogos você costuma jogar?* De início, a pergunta não me pareceu estranha. Minha mente perfeitamente lógica deu uma resposta perfeitamente lógica: "Eu gosto de Banco Imobiliário, mas ando tão ocupada, que raramente tenho chance de jogar!" *Que tipos de jogos você costuma jogar?* Desta vez o impacto foi como um balde de água fria. A voz dele era grave, os olhos penetrantes, a atitude era de quem sabia e exigia que eu confessasse. Eu sabia exatamente do que ele estava falando, mas meus lábios e minha língua não me obedeciam. Medo, vergonha e culpa atiravam areia em meus olhos e eu não conseguia respirar. *Que tipos de jogos você costuma jogar?* Na ausência do meu cérebro e da minha língua, eu fiz o que qualquer pessoa apanhada com a boca na botija faria. Eu chorei.

Eu queria escrever um livro chamado *Divas Não Soltam Gases:*

*101 Formas Criativas Usadas por Seres Humanos para Disfarçar Seus Erros*. Minha teoria é que as pessoas fazem coisas extraordinárias para fingirem que não soltam gases. Apertamos bem uma nádega contra a outra, esperando não fazer barulho. Depois saímos andando, na esperança de que o mau cheiro não nos siga. Acredito que exista uma pequena diva em todos nós. A diva é sempre perfeita e infalível, acima de repreensões. A diva não ousaria fazer algo tão vulgar quanto soltar gases ou arrotar. Soltar gases é ser falível. Significa que você pode cometer erros. Divas não cometem erros. Infelizmente, a diva não se dá conta de que erros são ocorrências naturais. São produto da conseqüência do fluxo natural da vida. Podem não ser atraentes ou agradáveis, mas são tão naturais quanto gases. São autênticos. Quando a diva que existe dentro de nós se recusa a reconhecer os produtos naturais e normais de nossos atos na vida, recorremos a joguinhos. Eu confesso. Era culpada de ser uma diva que jogava joguinhos e fui pega.

*Que tipos de jogos você costuma jogar?* Eu jogava o *Jogo do Eu Não Sei*. Se eu não soubesse, não podia estar errada. Eu jogava o *Jogo do Dinheiro*. Eu não tinha dinheiro para fazer o que precisava ser feito. Se eu não pudesse fazer uma determinada coisa, não poderia fracassar nela. Eu também usava o jogo do dinheiro como desculpa para não honrar os meus acordos. Pegava dinheiro emprestado e não pagava, conforme acordado. Normalmente isso deixava as pessoas bastante zangadas. Por que é que você está zangado comigo? Eu não tenho dinheiro! E aí eu ficava zangada com quem estava zangado comigo, porque eu não tinha dinheiro para pagar minha dívida, conforme acordado. Isso era, na verdade, uma versão disfarçada do *Jogo do Olha Só o que Estão Fazendo Comigo*. Eu era uma vítima vitalícia: meus pais, meu marido, as pessoas de quem eu pegara dinheiro emprestado, todos estavam fazendo alguma maldade comigo. Enquanto era vítima do que alguém estava fazendo comigo, eu não precisava assumir o que estava fazendo comigo mesma ou com quem quer que fosse.

O jogo mais elaborado e complexo de todos era o *Jogo do Eu Não Agüento Mais.* Esse é o jogo de quem assume mais do que seria humanamente possível fazer, e, como não consegue fazer o que começou, cria um caos generalizado na vida e fica reclamando do quanto as pessoas esperam dela. Esses jogos eram produto do medo da desaprovação, alimentado pelo medo de não ser aceita, misturado com o medo de não fazer uma coisa direito, embebido na crença de que eu não era boa o bastante. Por cima de tudo isso vinha a bombástica "diva que nada faz de errado" que habitava dentro de mim. Eu não soltava gases. Traduzindo: eu não era autêntica.

Para sermos autênticos, precisamos estar dispostos a reconhecer e aceitar os produtos naturais do que pensamos, fazemos e dizemos nesta vida. As pessoas à sua volta são meros espelhos das várias facetas existentes em você. Quando as pessoas de seu mundo agem ou fazem coisas de uma maneira que você considera feia, isso é reflexo de alguma parte sua. Resista à tentação de ficar com raiva delas. Busque no seu coração e na sua mente qual foi o pensamento, palavra ou ação que surgiu na sua vida como os gases que você solta.

A autenticidade também exige que você fique em contato com seus sentimentos. Você não pode negar o que sente, não pode controlar. Use de autenticidade! Aprenda a descrever e a comunicar o que está sentindo quando estiver sentindo, em primeiro lugar, para você. Comunique aos outros apenas à medida que for necessário. Da mesma forma como não gostamos de soltar gases, há certas coisas que não gostamos de sentir, sobretudo quando o sentimento nos traz desconforto. Mas, além de nos fazerem saber que estamos vivos, os sentimentos nos tornam autênticos e diferentes de todo o mundo, porque são só nossos. Se você quer viver uma vida autêntica, livre das exigências da diva que habita dentro de você, precisa permitir-se sentir.

Um outro aspecto importante da autenticidade é a disposição para dizer sempre a verdade. Gay e Kathlyn Hendricks chamam isso de "verdade microscópica". Isso significa dizer a verdade sobre todas as coisinhas da vida. Quando você soltar gases, não culpe outra pessoa, admita e simplesmente peça desculpa! Quando sentir dor, não diga que está tudo bem. Admita a sua dor. Admita o seu medo, a sua raiva, a sua insegurança. Admita tudo o que você criar, interna e externamente. Admita cada emoção como uma parte de você. Quando você admite o que sente, tem poder para fazer uma escolha consciente para mudar esse sentimento. Quando você comunica a outras pessoas o que sente, tem poder para criar e definir limites. A autenticidade exige que não haja comparações. Você não pode se comparar ou comparar o que você faz com mais ninguém. Você é você! Você representa uma parte verdadeira e original do Mestre! Não existe ninguém igual a você. Segundo o escritor Og Mandino, você é "o maior milagre do mundo!". Isto é tão verdadeiro que, se você se comparar aos outros e governar seus atos pelos atos dos outros, você se perderá.

Finalmente, e mais importante, a autenticidade significa que você deve fazer o que faz ao seu modo e deve permitir o mesmo a todas as outras pessoas. Houve um tempo em que eu queria ser igual a todo escritor famoso que jamais existiu. Eu tentava copiar estilos, reproduzir informações, usar ilustrações parecidas. Quase fiquei louca! Agora, eu simplesmente faço o que faço. É claro que me aconselho. Admiro o trabalho de algumas pessoas, mas escrevo à minha maneira. Decoro minha casa à minha maneira. Visto-me à minha maneira. Se Deus nos fez tão únicos, é uma pena ficarmos imitando os outros. Quando cada um de nós admite as suas partes autênticas, podemos todos nos divertir, apoiar, educar e curar uns aos outros sem parar. Quando admitimos nossos próprios gases, estamos trabalhando a favor da eliminação do preconceito, da opressão e do ódio. Quanto mais jogos nós jogamos, mais regras precisamos seguir. Quanto mais regras existem, menos oportunidades temos de ser criativos. A criatividade precisa da autenticidade. Sem ela, o Mestre que existe dentro de cada um de nós não pode ser verdadeiramente reconhecido e reverenciado.

## Diário do Comentário

– Após ler o comentário de hoje me dou conta de que...

– A(s) frase(s) de que quero me lembrar e com a(s) qual(quais) desejo trabalhar hoje é(são):

## Afirmação Matinal sobre a AUTENTICIDADE

*Não há ninguém no mundo exatamente como eu.*
*Sou original.*
*Sou um produto AUTÊNTICO.*
*Sou um ser único e vivo que oferece um dom único e especial.*
*Sou como Deus me criou para ser.*
*Sou um ser AUTÊNTICO!*
*Um ser original!*
*Um ser divino!*
*Por todas essas coisas, agradeço!*
*E que assim seja!*

## Fazei com que Eu me Lembre de que...

*Não há ninguém no mundo exatamente como eu.*

*Sou uma expressão única do Mestre original.*

*Erros são acontecimentos naturais.*

*Ninguém mais pode fazer o que nasci para fazer.*

*Não posso fazer o que outra pessoa nasceu para fazer.*

*Sou do jeito que Deus me criou para ser.*

## Diário Noturno da AUTENTICIDADE

– Eu me alegro por permanecer AUTÊNTICO(A) quando...

– Em vez de jogar meus jogos, posso ser AUTÊNTICO(A) da seguinte forma:

– Agora compreendo que não consigo ser AUTÊNTICO(A) quando...

# *Dia 32*

# Reverencie o Seu Processo com a PACIÊNCIA

## Definição de Trabalho

O princípio com o qual estamos trabalhando hoje é a PACIÊNCIA. Ela é a demonstração de firmeza e segurança. Ela é a estabilidade. É uma atitude mental de calma e de equilíbrio. É a base da fé.

## Comentário sobre a PACIÊNCIA

A maioria de nós tem dificuldade em decidir o que deseja da vida. Isto acontece porque temos a tendência de determinar o que queremos, quando queremos e a forma como queremos qualquer coisa. Esperar requer paciência, que é uma virtude rara, difícil de ser exercida. A paciência requer fé. A fé requer confiança. Para confiar, você precisa conhecer a verdade. Sem a paciência nós nos preocupamos, reclamamos e, às vezes, nos desesperamos. Não compreendemos que a demora não é negação e que, se confiarmos fielmente na verdade, será bem mais fácil ter paciência.

Eu corria pela casa, tentando chegar a um almoço onde já deveria estar há meia hora, procurando a meia-calça enquanto passava o delineador, escolhendo a blusa enquanto escovava os dentes. É incrível o número de coisas que conseguimos fazer quando estamos atrasados. Eu estava prestes a passar batom quando o telefone tocou. Por que é o que telefone sempre toca quando estamos atrasados? Algo me disse: "Não atenda!" E você acha que dei ouvidos? É claro que não! "Alô." Era o meu filho. Ligando a cobrar daquela colônia de férias mais conhecida como cadeia. "Eu aceito a ligação." "Mãe, estou enrascado!" "É óbvio que está! Você está preso!" "Não, mãe! Estou enrascado aqui dentro da prisão." "Damon, eu precisava ter saído há meia hora. Fale rápido!" Eram 14:30, horário em que as ligações telefônicas ficam mais caras. Eu estava danada comigo por ter me atrasado. E no meio de tudo isso meu filho resolve ligar para ter uma conversa franca, de filho para mãe. Eu estava atrasada e aquele telefonema interferia nos meus planos! Comecei a ficar um bocado impaciente.

Ele tinha emprestado seu livro favorito para outro preso, que o passou adiante. Ao ver que lhe recusavam devolver o livro, meu filho, que tivera um dia de cão, ficou tão fulo com o preso, que bateu nele. Isto deu origem a uma grande briga, envolvendo vários presos. Quando Damon conseguiu se libertar dos punhos e pés que o atingiam, correu para me ligar. "Mãe, eu tenho feito tudo o que você me mandou fazer. Tenho lido, rezado e meditado. Tenho respirado, perdoado e elogiado. Tenho pensado pensamentos positivos, pronunciado palavras positivas, e quer saber de uma coisa, mãe? Não está funcionando!"

O maior desafio que enfrentamos ao procurar desenvolver a paciência é ser capaz de esperar provas concretas de que nossos esforços estão sendo recompensados. Como já disse, temos uma idéia bem precisa do que queremos, e nos agarramos tão firmemente a essa idéia, que muitas vezes nem percebemos que aquilo pelo qual tanto esperamos já chegou. E se não tiver a aparência que imaginamos, se não nos der a sensação que esperávamos, não nos damos conta de sua presença. O discernimento é uma parte importante da paciência. Precisamos enxergar através das aparências e sermos capazes de reconhecer a manifestação de nossos desejos. Isto requer um reconhecimento interior. Este reconhecimento chama-se paciência.

"Mãe, você disse que se eu esperasse o melhor eu teria o melhor. Disse que se eu pedisse as coisas com fé, acreditando que conseguiria, eu as conseguiria. Já julgaram meu pedido de liberdade condicional duas vezes, e nessas duas vezes eu achei que ia poder ir para casa. Minha condicional foi negada essas duas vezes. Esse troço não funciona, mãe. Simplesmente não funciona!" Eu ia chegar muito, mas muito atrasada. Ele continuou falando mais alguns minutos sobre as condições do ambiente em que vivia, sobre o caráter das pessoas com quem convivia, a atitude pouco afetuosa dos responsáveis por aquele ambiente e concluiu dizendo: "Deus não funciona na cadeia!"

Eu ia chegar muito, mas muito atrasada!

Eu sabia a verdade e estava na hora do meu filho saber também. Eu tinha a mais absoluta confiança na sabedoria do Divino e acreditava que meu único filho homem estava na cadeia aprendendo uma lição importante sobre escolhas e responsabilidade. Eu tinha a mais absoluta, completa, inabalável fé de que, muito embora eu não gostasse do fato de meu filho estar preso, essa experiência resultaria em um bem muito maior. Eu só precisava ter paciência e poder me sentar cinco minutos para compartilhar com ele o que eu sabia e no que acreditava. Respirei fundo, tirei os sapatos e lembrei meu filho das seguintes coisas:

1 – Você está passando por um teste de fogo. Cada vez que fizer uma escolha, precisa estar preparado para enfrentar as conseqüências dessa escolha. A maioria das pessoas tem consciência de algumas conseqüências de seus atos. Mas há sempre coisas que não sabemos e que não podemos ver. Quando essas conseqüências desconhecidas e invisíveis se apresentam nas nossas vidas, precisamos ser firmes, precisamos acreditar na sabedoria das leis espirituais do universo, sabendo que o melhor ainda está por vir. Você precisa confiar e ser paciente.

2 – Você não pode permitir que qualquer vento afete a sua

essência. Um vento muito forte pode arrancar as folhas das árvores. Pode fazer com que os ramos mais frágeis se quebrem. Pode fazer o mesmo com galhos bastante grandes. Mas um vento não pode afetar o cerne, a essência interna de uma árvore forte. Um vento forte não consegue agitar a escuridão tranqüila do fundo do mar. O que existe na sua essência que faz com que você agrida um homem por causa de um livro? Será que as suas preces, meditações e exercícios de respiração não foram apenas da boca para fora? Quando um vento muito forte soprar na sua vida, é preciso que você se recolha à sua essência. É preciso fazer isso para não se quebrar. Deve ter fé e ser paciente.

3 – O Espírito e as coisas espirituais não funcionam de acordo com o seu cronograma. O fato de você querer que certas coisas ocorram de uma determinada forma, num determinado limite de tempo, mostra que você acha que pode controlar as coisas, acha que o Espírito da vida obedece exatamente ao seu desejo. Mas você não tem o controle das coisas! Você está passando por um processo de revelação espiritual e neste processo, quer você goste ou não, o Espírito usará cada experiência possível para se certificar de que o seu desenvolvimento está correndo de acordo com um cronograma que é espiritual. Você não pode ficar olhando um relógio ou um calendário. Você precisa olhar para o seu coração, precisa saber a verdade e ser paciente com seu processo de revelação.

Eu podia ouvi-lo respirar do outro lado da linha. Eu tentara explicar que a paciência é mais do que a capacidade de esperar um ônibus no ponto durante quarenta e cinco minutos. Ela é muito mais do que tentar controlar várias crianças pequenas enquanto se assiste ao noticiário noturno. A paciência é uma demonstração de que você se dispõe a entregar-se total e completamente à sabedoria de Deus. Ela é a capacidade de perceber o desdobramento de uma meta no meio de uma ventania. É saber que seus esforços estão valendo a pena, até mesmo quando não há provas concretas que apóiem essa crença. Ser paciente é ser capaz de recolher-se à própria essência quando você se vir diante de um desafio e juntar tudo aquilo que há no seu arsenal de verdade que glorifique a presença do Divino em sua vida. Ser paciente é saber que você deu o melhor de si e que o que vai cair na prova você já aprendeu.

Eu me dei conta de que estava falando comigo mesma. O dia havia se desdobrado de acordo com um plano divino. Eu havia me atrasado porque precisava estar em casa quando meu filho telefonasse. Não havia motivo para correr ou para me censurar. Havia algo de muito maior do que o meu cronograma pessoal e eu estava sendo convocada para me entregar a ele. Eu me dei conta de que a única coisa que estava perdendo no tal almoço era um discurso de boas-vindas e uma salada murcha. Eu não precisava correr o risco de levar uma multa por excesso de velocidade por nenhuma dessas duas coisas. Enquanto esses pensamentos cruzavam minha mente, ouvi meu filho dizer: "Ainda não estou pronto para voltar para casa, estou? Ainda preciso aprender algumas coisas, como a fé e a disciplina." Com todo o amor e paciência que consegui reunir naquele momento, respondi: "Meu filho, você não precisa tirar 10 nas provas da vida, só precisa passar. Você parou para me telefonar, em vez de continuar brigando. Se quer saber, acho que está indo muito bem."

## Diário do Comentário

– Após ler o comentário de hoje me dou conta de que...

– A(s) frase(s) de que quero me lembrar e com a(s) qual(quais) desejo trabalhar hoje é(são):

## Afirmação Matinal sobre a PACIÊNCIA

*Eu me movimento no tempo de acordo com a ordem divina.*

*Estou onde preciso estar, quando preciso estar, fazendo o que precisa ser feito, quando precisa ser feito.*

*A ordem divina do tempo divino guia meus passos, meus gestos e minha vida.*

*Eu me movimento no tempo de acordo com a ordem divina.*

*Eu me movimento no tempo de acordo com a ordem divina.*

*Eu me movimento no tempo de acordo com a ordem divina.*

*Por todas essas coisas, agradeço!*

*E que assim seja!*

## Fazei com que Eu me Lembre de que...

*A confiança, a verdade e a fé são a base da paciência.*

*Há um tempo para todas as coisas.*

*Não sou eu quem governa a vida.*

*Um vento forte não pode afetar a minha essência.*

*O tempo e a ordem divinos são garantia de meu bem divino.*

*Há mais coisas acontecendo do que posso enxergar.*

## Diário Noturno da PACIÊNCIA

– Eu me alegro por ter sido PACIENTE hoje quando...

– Descobri que fico impaciente com as pessoas quando...

– Eu me dou conta de que não tenho sido PACIENTE comigo quando...

# *Dia 33*

# Reverencie o Seu Processo com a FÉ

### Definição de Trabalho

O princípio com o qual estamos trabalhando hoje é a FÉ. Ela é um conhecimento interior que traz segurança espiritual/emocional. É a substância/base daquilo em que acreditamos.

### Comentário sobre a FÉ

Certa vez eu achei que precisava trabalhar para fortalecer minha fé. Como muitas pessoas, eu pensava que a fé era algo que vinha e ia embora de acordo com nossa capacidade de aderir a certas práticas religiosas determinadas. Quanto mais rezássemos, mais forte se tornaria a nossa fé. Quanto mais andássemos na companhia de pessoas que pensam da mesma forma, mais a nossa fé cresceria. Essas práticas são mesmo capazes de nos levar até um certo ponto. Mas o que eu descobri foi que a fé é resultado do nosso conhecimento e da nossa crença inabalável na perfeita operação das leis espirituais. Quando você conhece e compreende as leis do universo espiritual, você acredita que elas trabalharão a seu favor. Quando você não conhece as leis espirituais, passa a achar que algo ou alguém pode fazer com que as coisas aconteçam ou deixem de acontecer. Grande parte das minhas tentativas em ter mais fé deu margem à dúvida. A dúvida é o resultado da ignorância das leis espirituais. Eu ficava achando que não estava fazendo as coisas certas, da forma certa, para "fazer" acontecer o que eu queria que acontecesse. Quando você compreende a lei espiritual, descobre que as leis funcionam porque funcionam e não porque precisam ser aplicadas de uma forma especial.

As pessoas que conseguem chegar à fé colocam seus pensamentos na bondade e no poder do Divino. Concentram-se na verdade. Pretendem e esperam ter o melhor de tudo, o tempo todo, ainda que o melhor para elas não seja exatamente aquilo que determinaram. Compreendem que seu desejo será satisfeito se esse desejo for parte do plano traçado pelo Divino para a sua vida. Essas pessoas não são mais informadas do que eu ou você, mas entregaram sua vontade humana à vontade do Espírito Santo, por se darem conta de que o bem é um ato do Espírito. Aqueles que têm fé compreendem também que estão participando da construção do mundo através do pensamento, da palavra e da ação. Por isso sabem que, se estiverem empenhados com toda força e capacidade em investir no seu maior bem, se estiverem honrando a si mesmos e aos que os cercam, as leis do universo trabalharão a seu favor. Este saber se chama fé.

Muitas vezes me surpreendo preocupada com o que vai acontecer, quando vai acontecer e o que será de mim se isso ou aquilo acontecer. É incrível que haja tão pouca fé no mundo! Você já pensou que vamos dormir todas as noites sem nos perguntarmos se vamos acordar ou não na manhã seguinte? E que inspiramos e expiramos, sem nos preocuparmos com a próxima respiração? Que levantamos a mão e coçamos a cabeça quando sentimos necessidade disso? Todos esses atos e os pequenos gestos de que somos capazes são exemplos de fé, e nós vivemos baseados neles. O desafio consiste em desenvolver uma "fé viva". A fé em nossa capacidade e no nosso direito de viver mais completa, mais rica e mais significativamente o tempo todo.

Você é a fé em carne e osso. Deus tem tanta fé em você que

lhe confiou o dom da vida e uma missão única a ser cumprida. Você alguma vez já parou para pensar que poderia ter sido uma árvore frutífera? Em vez disso, lhe foi dado o direito de fazer escolhas conscientes, a capacidade de criar através do pensamento e da ação, e o domínio sobre todas as outras criaturas. Isso é uma demonstração da fé que o Divino tem nas suas habilidades e capacidades. Sua tarefa é retribuir esta fé de Deus em você com fé. Ter a consciência de que tudo de que precisa, quando precisa, lhe está *sendo* proporcionado. Eu não disse que *será* proporcionado. *Está sendo proporcionado!* É dessa forma que todos nós podemos nos tornar exemplos de "fé viva": tendo consciência de que o melhor para nós está a caminho. Quando obstáculos aparentemente insuperáveis estiverem desafiando você, acredite que a verdade de suas palavras positivas vai se manifestar de forma concreta. Quando você fixar uma meta, vá em frente, com a fé viva de que há um plano divino se revelando na sua vida e sendo a sua própria vida, e de que, se nossos pensamentos e atos forem apoiados pelo conhecimento das leis espirituais, os benefícios serão divinos.

Há um aspecto importante sobre a fé que quero repetir, porque acho fundamental termos consciência dele: a fé só lhe dará aquilo que você cria através da sua identidade divina! Vamos dar um exemplo para você compreender isso. Digamos que você queira ser cantor, mas é completamente desafinado. Você sabe disso, mas mesmo assim decidiu que quer se tornar um cantor famoso. Ouça o meu conselho: não há fé no mundo que possa fazer isso acontecer. Não é espiritualmente apropriado depositar a sua fé em algo que se encontra além de sua habilidade e capacidade. Por outro lado, você talvez tenha uma linda voz, queira cantar, mas não consiga trabalho nem como animador de festas. A fé ajudará você? Talvez. Tudo vai depender da sua intenção e da sua expectativa. Você quer cantar só para ganhar dinheiro? Ou quer cantar porque tem fé na sua habilidade e deseja compartilhar o seu dom? Quer cantar porque adora cantar? A lei espiritual diz: "O que você dá, você recebe!" Quando você dá com boa intenção, colhe bons frutos. Quando dá com amor, colhe dez vezes mais do que semeou.

Muitas pessoas ficam desapontadas quando aquilo que pedem com fé não acontece. A questão é: havia fé viva por trás do pedido? Ou havia medo? O medo do que poderia não acontecer ou do que não iria acontecer liquida com qualquer fé que você possua. A outra grande questão é saber se o que você pede está em sintonia com o seu objetivo espiritual. Muitas vezes nós rezamos, imploramos, suplicamos para que aquilo que desejamos se torne realidade. Rezar, implorar e suplicar a Deus não é uma demonstração de fé. É uma maneira de impor a sua vontade sobre a vontade do Divino. A entrega é a irmã mais velha da fé. Para que a fé viva possa se manifestar como uma experiência concreta, você deve entregar o medo, a dúvida, a preocupação. E, acima de tudo, você deve entregar a sua vontade, sabendo que a vontade do Divino é a sua salvação.

A única maneira de se tornar um exemplo vivo de fé é empenhando-se para expandir a sua sabedoria e a sua capacidade de abraçar a verdade. Empenhe-se para reconhecer e aceitar a sua verdadeira identidade como um fruto do Divino. Empenhe-se para eliminar cada pensamento, idéia, crença e juízo que fazem você se ver como um ser separado de Deus e indigno da sua bondade. À medida que você for expandindo sua consciência da lei espiritual, sua disposição em confiar na sabedoria do Divino se tornará um manto protetor e a eterna graça do Divino passará a ser sua melhor amiga.

## Diário do Comentário

– Após ler o comentário de hoje me dou conta de que...

– A(s) frase(s) de que quero me lembrar e com a(s) qual(quais) desejo trabalhar hoje é(são):

## Afirmação Matinal sobre a FÉ

*Eu sou a encarnação viva da FÉ.*
*Eu respiro através da FÉ.*
*Vivo através da FÉ.*
*Vejo tudo com olhos cheios de FÉ.*
*Falo com FÉ.*
*Ouço com FÉ.*
*Sei que a FÉ pode, quando eu não posso.*
*Sei que a FÉ é sempre, em todas as situações, a ação abençoada do Espírito Santo atuando em minha vida.*
*Por todas essas coisas, agradeço!*
*E que assim seja!*

## Fazei com que Eu me Lembre de que...

*Deus tem FÉ em mim.*
*Eu sou a FÉ viva.*
*A lei espiritual trabalha em benefício*
*dos que vivem em nome da FÉ.*
*Pensamentos conscientes, palavras amorosas,*
*atos com propósito firme são provas de minha FÉ.*
*A FÉ pode quando eu não posso.*
*A entrega é a irmã mais velha da FÉ.*
*A graça de Deus é a mãe da FÉ.*
*A chave para a FÉ é a confiança.*

## Diário Noturno da FÉ

– Eu me alegro por ter sido capaz de demonstrar FÉ hoje quando...

– O desafio que enfrentei hoje e que testou a minha FÉ foi...

– Eu me disponho a atuar com mais FÉ com relação a...

# *Dia 34*

# Reverencie o Seu Processo com a DISCIPLINA

## Definição de Trabalho

O princípio com o qual estamos trabalhando hoje é a DISCIPLINA. Ela é uma conduta ordenada ou um padrão de comportamento. É o treinamento ou a formação que aperfeiçoa ou molda as faculdades mentais e o caráter.

## Comentário sobre a DISCIPLINA

Não há como escapar! Você pode fugir ou adiar uma tarefa que tem que fazer. Mas, quando chega a hora de fazer, ou você faz ou agüenta as conseqüências. Além de correrem o risco de se tornarem sérias e desagradáveis, as conseqüências também parecem seguir uma regra geral: quanto mais tempo você evita ou adia uma tarefa, mais séria e/ou desagradável ela vai ser. Quando você sabe que tem que fazer alguma coisa, é melhor fazê-la. E para isso você precisa de disciplina. Mas acho que, quando Deus distribuiu a disciplina, eu devia ter saído para fazer compras!

Quando notei que meu dente estava ficando sensível ao calor e ao frio, não tive disciplina suficiente para ligar para um dentista. Dois canais e US$600 depois, tive de reconhecer o valor da disciplina. Quando meu ex-marido começou a chegar tarde em casa, evoluindo para passar a noite fora, depois duas ou três noites seguidas, treinei o discurso que ia fazer para ele vinte vezes por dia, por pelo menos vinte semanas. Você acha que eu tive a disciplina necessária para dizer o que precisava ser dito, perguntar o que tinha planejado? É claro que não! Dois filhos, duas costelas e um maxilar quebrados depois, eu consegui compreender o valor da disciplina. Ser despedida por chegar atrasada a um trabalho que eu detestava e por apresentar um desempenho muito pouco brilhante mostrou-me o quanto a disciplina era necessária para que eu pudesse seguir o desejo do meu coração. Em resumo, ter disciplina é ter coragem de fazer o que precisa ser feito antes que forcem você a fazê-lo.

Certa vez ouvi a apresentadora Oprah Winfrey dizer: "A disciplina se aprende fazendo!" Foi muito triste para mim ouvir isso. Eu achei que podia continuar a rezar pedindo disciplina, lendo a respeito da disciplina, esperando um dia acordar primeira da turma em disciplina. Foi um bocado desconcertante descobrir que não havia outro jeito senão fazendo o que eu vivia evitando fazer. Eu me senti injustiçada! Sobretudo quando descobri por que estava evitando certas coisas (CONFIANÇA!), como certas coisas pareciam difíceis de serem feitas (DISPONIBILIDADE!) e quantas outras coisas exigiam a minha atenção ao mesmo tempo (ESCOLHA!). Concluí que o aspecto "fazer" da disciplina era demais para mim.

Quantas dietas eu já comecei e não terminei? Quantos cronogramas de exercício matinal e meditação já desenvolvi? Quantas promessas fiz a mim mesma que não consegui manter? Quantas vezes esperei até o último minuto para fazer uma coisa e sofri com a histeria de ter de trabalhar sob estresse? Quantas vezes prometi a mim mesma que não diria ou não faria uma determinada coisa e acabei me vendo no meio de um caos, uma controvérsia terrível, porque fiz ou falei o que havia prometido não dizer ou fazer? Eu não compreendia por que minha avó insistia tanto para que eu arrumasse o quarto antes de escovar os dentes ou para que eu passasse a ferro todas as roupas que planejava vestir na semana seguinte, no sábado de manhã. Para mim não fazia o menor sentido ter de lavar os cabelos às terças, fazer faxina às quartas, comer os legumes antes da carne ou colocar bóbis na parte de trás da cabeça antes de colocar em cima. Minha avó tinha mania de fazer tudo de uma determinada maneira, em uma determinada hora e, como resultado, conseguia fazer um bocado de coisas. Ao contrário de mim, minha avó era muito disciplinada.

Aprendi, depois de muitas experiências dolorosas, resultantes de anos evitando e adiando, que quando começamos a nos reverenciar e a reverenciar as nossas vidas, passamos a administrar nossa vida com muito mais disciplina. A disciplina não consiste só em fazer ordenadamente, mas em se cuidar com carinho. Quando você se sente bem com quem é, você se cuida com carinho e disciplina. Quando você aceita e reconhece que você e sua vida fazem parte de um processo de amor, você quer participar ativamente desse processo. Você se dá conta de que tudo o que faz e a forma como faz determinarão a distância que você percorrerá e a rapidez com que qualquer processo irá adiante.

## Diário do Comentário

– Após ler o comentário de hoje me dou conta de que...

– A(s) frase(s) de que quero me lembrar e com a(s) qual(quais) desejo trabalhar hoje é(são):

## Afirmação Matinal sobre a DISCIPLINA

*Eu me amo o suficiente para cuidar de mim com DISCIPLINA e carinho.*

*Eu amo a vida o suficiente para cuidar das questões da minha vida com DISCIPLINA.*

*Amo Deus o suficiente para cuidar de mim e de minha vida com DISCIPLINA e carinho.*

*Deus me ama o suficiente para me mostrar as áreas de minha vida em que preciso ter mais DISCIPLINA.*

*Sou um ser disposto!*

*Sou um ser receptivo!*

*Por todas essas coisas, agradeço!*

*E que assim seja!*

## Fazei com que Eu me Lembre de que...

*A DISCIPLINA vem do fazer.*

*A DISCIPLINA é a forma de me reverenciar.*

*A DISCIPLINA é minha forma de reverenciar a vida.*

*A DISCIPLINA é minha forma de reverenciar o Divino.*

*A DISCIPLINA elimina o estresse.*

## Diário Noturno da DISCIPLINA

– Eu me alegro por ter demonstrado DISCIPLINA hoje quando...

– Eu me dou conta de que preciso ter mais DISCIPLINA com relação a...

– Os benefícios que posso obter se tiver mais DISCIPLINA são...

# *Fase Seis*

*Da mesma forma que uma aranha desdobra*
*sua teia de dentro de seu próprio ser,*
*precisamos desdobrar a sabedoria divina, a alegria divina*
*e o potencial divino de dentro de nós mesmos.*
*No momento em que pararmos de tentar*
*fazer com que Deus venha até nós,*
*nos daremos conta de que Ele já está aqui.*

Joel Goldsmith
*A Parenthesis in Eternity* (Um parêntese na eternidade)

## Reverencie a Vida

Muitas vezes senti vergonha de mim mesma e de minha vida. Já fiz coisas que considero imperdoáveis. Muitas vezes, de muitas maneiras, arrisquei minha vida. Desafiei e algumas vezes me senti derrotada. Finalmente me dei conta de que nada daquilo que eu fizera tinha qualquer coisa a ver com a vida. Era tudo um enorme mal-entendido. Eu não compreendia qual era o real significado da vida. Não compreendia o meu papel na vida. Não sabia como me reverenciar e não sabia que era necessário reverenciar a vida. Eu me senti confusa, perdida, cheguei a me ajoelhar, pedindo a Deus que tirasse a minha vida. Eu já passara por duas tentativas de suicídio e não queria tentar essa mesma estrada de novo. Implorei a Deus que me levasse embora. Passei horas rezando e chorando. Quando terminei, ainda estava viva. Alguns dias depois eu estava assistindo a um evangélico na televisão. No meio do sermão, ele olhou nos meus olhos e disse: "Deus quer a sua vida, sim! Ele a deu a você! Reverencie o que Deus lhe deu e faça alguma coisa com a sua vida!" Era exatamente o que eu precisava ouvir, mas não sabia por onde começar.

A vida é um processo permanente de crescimento. Houve uma época em que eu acreditava que a vida era trabalho. Agora eu sei que ela é um processo de entrega completa. Para viver de maneira plena, precisamos desenvolver nosso potencial divino, ultrapassando continuamente os nossos próprios limites. Cada experiência pela qual passamos, e que nos faz crescer, é um aspecto de vital importância para nosso crescimento espiritual. Não se trata de trabalho, mas de um processo guiado pelo divino.

Como definir a vida? Como podemos descrever este divino processo de crescimento contínuo? O que você responderia se um marciano lhe perguntasse: "Que negócio de vida é esse?" Como você descreveria a essência da vida? Eu não saberia por onde começar. Ficaria completamente aparvalhada, como fico normalmente diante desse miraculoso processo chamado vida.

Se você ainda está entre os vivos, quer dizer que ainda não sabe a história toda. Todos nós precisamos esperar o resultado final. Para reverenciar a vida, precisamos nos dispor a passar por coisas que ainda não conhecemos, a crescer além daquilo que conhecemos. Para reverenciar a vida, precisamos nos entregar ao processo, a cada momento, nos dando conta de que uma nova trama está se desenrolando, que um novo personagem pode estar prestes a entrar em cena. Ao reverenciarmos a vida, precisamos dar crédito ao divino diretor, produtor e criador dessa montagem ao vivo, reconhecendo e aceitando que Ele conhece o final e o papel que precisamos desempenhar. O Divino nos ajudará a desenvolver o personagem. O Divino desvendará a trama tortuosa, cheia de novas viradas, e nos reverenciará protegendo-nos, enquanto crescemos. Para reverenciarmos a vida e seu diretor, só precisamos comparecer, prestar atenção e nos dispormos a aprender o papel.

# *Dia 35*

## Reverencie a Vida com o EQUILÍBRIO

### Definição de Trabalho

O princípio com o qual estamos trabalhando hoje é o EQUILÍBRIO. Ele é um estado de proporção de uma coisa em relação a outra. É dispor as coisas de maneira que um conjunto de elementos se iguale a outro.

### Comentário sobre o EQUILÍBRIO

Descanse. Trabalhe. Divirta-se. Sirva. Aprenda. Ensine. Dê. Receba. Um pouco disso. Um pouco daquilo. Pare. Ande. Fale. Ouça. Chore um pouquinho. Compreenda mais. Reze bastante. Alegre-se ainda mais. Não importa quem você seja e nem o que pense saber ou não saber, a vida ensinará você a reverenciar e a respeitar o equilíbrio. Até alcançar harmonia, haverá muita divergência. A escuridão nos impulsionará em direção à luz. O vento frio que nos ensinará a usufruir do calor. Eu devo admitir que passei grande parte da minha vida completamente desequilibrada, mas a culpa não era minha.

Quando eu era bem pequena, aprendi a medir meu valor através do que eu fazia e não de quem eu era. Quanto mais eu fazia, mais valor me dava. Quanto mais valor eu me dava, mais coisas buscava fazer. Eu era uma pessoa do tipo "faça mais e melhor". E você acha que eu fazia as coisas que gostava de fazer? Eu, não! Gente do tipo "faça mais e melhor" acaba se tornando gente do tipo "faça mais, melhor e mais rápido", o que acaba transformando o fazer em tédio. Pode acreditar numa coisa: gente do tipo "faça mais, melhor e mais rápido", como eu era, não gosta de trabalhar. Simplesmente não sabe parar. Por fim, até mesmo as coisas divertidas dão trabalho. Trabalhamos do amanhecer ao anoitecer, com medo de parar, com medo de perder nosso valor aos olhos dos outros. Mais ainda, de perder valor aos nossos próprios olhos. É esta forma de viver "fazendo mais, melhor e mais rápido" que leva ao desequilíbrio físico, mental e emocional.

Acho que meu irmão contribuiu para o meu desequilíbrio porque vivia repetindo: "Você brinca demais!" Sei que meus professores contribuíram, quando diziam: "Você não estuda o bastante!" Minha mãe, que Deus a tenha, fez a contribuição mais importante, quando dizia: "Você simplesmente não sabe o que fazer com você mesma, não é?" Ela tinha razão! Eu não sabia o que fazer e nem o quanto fazer. Eu sabia que trabalhar com muito empenho me traria recompensas financeiras. Sabia que estudar muito me traria honras acadêmicas. Também sabia que brincar, relaxar ou simplesmente me divertir roubaria tempo precioso do empenho que eu deveria demonstrar no trabalho e nos estudos, que me traria recompensas maiores. No entanto, parecia que quanto mais eu me empenhava, mais ressentida ficava. Quanto mais eu estudava, mais obsessiva me tornava. Eu não estava chegando a lugar algum, porque vivia quebrada, cansada, hostil e muito, muito agressiva, até que uma grande amiga me ensinou o que era o equilíbrio.

"A vida", disse ela, "tem muitas avenidas e você precisa passar um pouquinho de tempo em cada uma delas. Como é que você pode saber o que está acontecendo à sua volta, conhecer os benefícios de passear pelas avenidas, se percorre uma única estrada, um único caminho, uma única rua, o tempo todo? Há dias em que você precisa passear pela avenida descalça. Haverá momentos em que terá de andar pela avenida com grande pose, de salto alto. Se você quiser saber o que *realmente* está acontecendo, precisa calçar seus tênis mais surrados e se misturar com o povo. Não se esqueça de estar na avenida enquanto todos os mocassins engraxadinhos estiverem passeando. E também há aquelas ocasiões para lá de especiais, em que você terá de calçar as sapatilhas de lamê e deslizar pela avenida, observando todas as coisas que provavelmente não notou nas outras vezes. Acima de tudo, você precisa saber que sapatos calçar e por qual avenida caminhar se quiser descobrir o melhor da vida", minha amiga explicou. O que ela disse me soou muito simpático, quase poético, mas O QUE É QUE EU FAÇO COM ESSA SENSAÇÃO DE QUE PRECISO TRABALHAR O TEMPO TODO?!

Equilíbrio. Reserve algum tempo para brincar descalço. Isso manterá você em contato com a inocência da criança que vive dentro de você. Calce os escarpins de salto alto ou o mocassim de verniz preto e saia de vez em quando para dançar. Assim, você se mantém em contato com o ritmo da vida. Volte-se para o passado, estenda a mão para ajudar alguém, em algum momento. Enquanto estiver se voltando para o passado, estendendo a mão, tentando ajudar quem precisa, estará servindo. Quando servir, faça-o com humildade. Tênis surrados são um símbolo de humildade. A vida é sua professora. Há sempre algo de novo a ser aprendido todos os dias. Todo bom aluno sabe que os mocassins são essenciais para o bom aprendizado. Mas há momentos em que é preciso sentar-se para comungar. Comungar com a natureza, com o seu eu mais íntimo e com Deus. Sapatilhas de lamê dourado são parte essencial da comunhão. São um carinhoso lembrete de que "o chão sobre o qual caminhamos é sagrado". Quando olhar para baixo e vir as sapatilhas de lamê dourado em seus pés, você agradecerá por estar entre os vivos e vai querer saborear todas as experiências de todos os aspectos da vida.

O equilíbrio é a chave para que você saboreie a vida. O equilíbrio não exige que você faça qualquer coisa melhor ou mais rápido do que qualquer outra pessoa. Exige apenas que você faça um esforço consciente para se divertir com o que está fazendo, que aprenda a estar presente em qualquer aspecto da vida, por alguma parte do dia que você está vivendo. Descanse. Trabalhe. Divirta-se. Sirva. Aprenda. Ensine. Dê. Receba. Um pouco disso. Um pouco daquilo. Pare. Ande. Fale. Ouça. Chore um pouquinho. Compreenda mais. Reze bastante. Alegre-se ainda mais. O equilíbrio é a chave da iluminação. A iluminação é a chave do nosso próprio valor. Uma pessoa iluminada, que compreende seu próprio valor, tem diversos tipos de sapatos e os calça nos momentos apropriados para poder caminhar, passear, correr, pular, saltitar e dançar pelas muitas e maravilhosas avenidas da vida.

## Diário do Comentário

– Após ler o comentário de hoje me dou conta de que...

– A(s) frase(s) de que quero me lembrar e com a(s) qual(quais) desejo trabalhar hoje é(são):

## Afirmação Matinal sobre o EQUILÍBRIO

*Vivo uma vida EQUILIBRADA.*
*Tenho tempo para trabalhar e tempo para me divertir.*
*Tenho tempo para aprender e tempo para ensinar.*
*Tenho tempo para dar e me abro para receber as abundantes bênçãos da vida.*
*Passo tempo comigo.*
*Passo tempo com o Divino.*
*Passo tempo com as pessoas.*
*Passo tempo com a natureza.*
*Tenho tempo para passar meu tempo me divertindo com aquilo que a vida tem a oferecer.*
*Vivo uma vida EQUILIBRADA.*

*Por todas essas coisas, agradeço!*
*E que assim seja!*

## Fazei com que Eu me Lembre de que...

*Devo descansar. Trabalhar. Divertir-me.*
*Aprender. Ensinar. Dar. Receber.*
*A vida é um lugar maravilhoso onde há muitas coisas a se fazer*
*e a aprender. Meu valor não está ligado ao que faço.*
*Há uma criança dentro de mim que adora brincar.*
*Há um ser em crescimento que precisa descansar.*
*Acordos e desacordos criam a harmonia do equilíbrio da vida.*

## Diário Noturno do EQUILÍBRIO

– Hoje eu me reverencio por ter criado EQUILÍBRIO ao...

– Hoje achei difícil atingir o EQUILÍBRIO porque...

– Hoje me dei conta de que perdi meu EQUILÍBRIO quando/porque...

# *Dia 36*

# Reverencie a Vida com a EXPANSÃO

## Definição de Trabalho

O princípio com o qual estamos trabalhando hoje é a EXPANSÃO. É o processo de aumentarmos volume, território e dimensão. Significa crescimento. Um processo de evolução natural.

## Comentário sobre a EXPANSÃO

Minha avó chamava isso de sonhar acordada. Shakti Gawain escreveu um livro sobre o assunto intitulado *Creative Visualization* (Visualização criativa). Para mim é ir vendo as coisas com mais clareza, ir descobrindo seus objetivos e ir fazendo a vontade de Deus. Independente de como chamamos ou de como fazemos, no final das contas tudo leva a um crescimento que vai além do ponto onde nos encontramos num determinado momento. A grande questão é saber como desenvolver todo o meu potencial. Eu já fiz essa pergunta a meu respeito e a respeito de outras pessoas, de diversas maneiras, em diversas ocasiões. Entre as várias respostas que recebi, a que me causou maior impacto foi: *"Deus quer o melhor para você e só Deus sabe o que é o melhor para você."*

Algumas vezes é muito difícil nos vermos além do ponto onde nos encontramos. Como chegar lá é um desafio ainda maior. Sonharmos acordados ou visualizarmos é uma das muitas formas de expandirmos nossa visão da vida. Infelizmente, vovó dizia que sonhar acordada era uma perda de tempo e que eu tinha trabalho demais a fazer para ficar sonhando acordada. Isso me deixava com medo de pensar demais, sonhar demais, perder tempo. Em vez disso, eu trabalhava, dando um duro danado para me instruir, para construir minha carreira, para poupar dinheiro. Nem sempre dar tanto duro funcionou. As situações viviam mudando, e os desafios estavam sempre surgindo. Não parecia haver tempo ou dinheiro o suficiente para eu chegar onde queria.

No início da minha jornada espiritual, aprendi a visualizar, a ver uma coisa em minha mente e aceitá-la como sendo a minha realidade. Aprendi a não julgar o que eu queria, e sim a acreditar naquilo. Aprendi a não desperdiçar energia e luta, e sim a confiar e a acreditar. Em alguns casos, os resultados foram notáveis. As coisas simplesmente surgiam em minha vida. As coisas funcionavam. Obstáculos eram removidos. Mas infelizmente a visualização não parecia funcionar sempre. E enquanto eu tentava conseguir o que queria através da visualização, dava um duro danado para fazer com que acontecesse. Era muito frustrante.

Como era que eu queria que a vida fosse? O que era que eu realmente queria da vida? Eu vivia mudando de idéia e talvez fosse por isso que muitas coisas não aconteciam. Como podemos pedir uma coisa se não estamos bem certos do que ela é? Como podemos atingir o máximo de nosso potencial se não sabemos o que ele é? Eu descobri que existe uma resposta para a questão do crescimento e da expansão. Infelizmente, não gostei dela!

O objetivo desta vida e de todas as nossas experiências não é fazer de nós o que achamos que deveríamos ser. É o desdobramento do que já somos. Já somos seres poderosos, divinos, sábios e amorosos. Somos assim porque o espírito do Divino existe dentro de nós. Este espírito está sempre buscando uma forma de expressão. Nós somos os veículos desta expressão. À medida que nossas experiências de vida vão se revelando, temos a responsabilidade de viver de acordo com as qualidades do Divino. Dessa forma, desenvolveremos nossa natureza espiritual, expandiremos nossa visão de nós mesmos e descobriremos o sentido da vida. Para fazermos isso, precisamos nos sintonizar com o Divino e com os seus propósitos. Em outras palavras, precisamos fazer o que o Divino nos enviou para fazermos. Eu não gostei nem um pouco dessa idéia. E se Deus quisesse que eu fizesse algo que eu não queria fazer? E lá estava eu, mais uma vez insistindo no que eu queria. Agarrando-me mais uma vez àquilo que eu acreditava ser correto. Recusando-me a crescer e a expandir além dos limites da minha própria visão e atingir a visão divina daquilo que Deus pensou de mim e para mim. Lá estava eu perguntando como fazer, quando o Divino só esperava eu dizer sim. Talvez você não esteja entendendo nada do que estou dizendo!

Certa vez ouvi Marianne Williamson, autora de *A Return to Love* (Um retorno ao amor), dizer: "Não importa o que você pedir, é apenas uma visão microscópica daquilo que Deus deseja lhe dar!" Isso foi um tapa na minha cara! A atriz de teatro e cinema BarbaraO me disse certa vez: "Em vez de pedir o que precisa agora, peça o fluxo contínuo que conduz à eternidade." Eu jamais havia pensado nisso. Eu vivia pedindo a Deus coisas específicas. O segredo é o seguinte: em vez de dizer a Deus o que você deseja, peça a Ele que lhe mostre o que está reservado para você. A seguir, peça Sua orientação para poder desenvolver as qualidades e características que farão com que a sua dimensão divina se desdobre. Visualizar é isso: dizer a Deus o que você deseja e se dispor a expandir-se até se tornar aquilo que Ele já reservou para você.

Se continuarmos a fazer o que sempre fizemos, não sairemos do lugar. Devemos a nós mesmos e ao Divino expandir nosso potencial. Eu hoje me dou conta das muitas situações em que me apeguei a razões e desculpas para não chegar aonde eu queria. É sempre muito mais fácil culpar os outros. É ainda mais fácil encontrar uma desculpa perfeitamente lógica para não crescermos, para não expandirmos e não sermos tudo aquilo que queremos ser. Um dia eu resolvi correr o risco. Você precisa se dispor a perder tudo se quiser, seriamente, conseguir alguma coisa. Eu arrisquei minha vida, meus recursos, minha necessidade de estar sempre certa e o medo de ter medo, e pedi a Deus que me mostrasse como Ele me via. A visão foi tão espetacular, que passei os últimos doze anos da minha vida correndo para acompanhar todas as coisas boas que vêm acontecendo. E você quer saber de uma coisa? Nada do que estou passando foi aquilo que eu pedi e tudo é muito melhor do que eu jamais teria ousado pedir. É isto que chamo de expandir na direção do Divino.

### Diário do Comentário

– Após ler o comentário de hoje me dou conta de que...

– A(s) frase(s) de que quero me lembrar e com a(s) qual(quais) desejo trabalhar hoje é(são):

### Afirmação Matinal sobre a EXPANSÃO

*Eu me disponho a me abrir mais para a vida.*

*Eu me disponho a receber mais daquilo que a vida tem a oferecer.*

*Não tenho medo de me conhecer, de ser meu eu divino.*

*Eu me disponho a EXPANDIR além dos limites que determinei para mim e daqueles que permiti que determinassem para mim.*

*Eu me disponho a EXPANDIR minha compreensão da verdade, minha experiência da alegria e minha demonstração do amor.*

*Eu hoje peço ao Divino Espírito Santo que me dê a orientação necessária para EXPANDIR minha visão até a realização de todo o bem divino que a vida me reserva.*

*Por todas essas coisas, agradeço!*

*E que assim seja!*

## Fazei com que Eu me Lembre de que...

*Deus só quer o melhor para mim.*

*Deus sabe o que é melhor para mim.*

*Eu me disponho a me ver como Deus me vê.*

*Não importa o que eu peça,*

*Deus sempre reserva mais para mim.*

*Deus não pode me dar o que desejo se eu não sei o que é.*

*Assumir riscos com Deus é divino.*

## Diário Noturno da EXPANSÃO

– Eu me alegro por ter EXPANDIDO minha visão com relação a...

– Eu hoje me dou conta de que as áreas de minha vida que não estão se EXPANDINDO são...

– Eu agora me disponho a viver a EXPANSÃO de forma a poder experimentar...

# *Dia 37*

# Reverencie a Vida com a GRATIDÃO

## Definição de Trabalho

O princípio com o qual estamos trabalhando hoje é a GRATIDÃO. Ela é o reconhecimento e a expressão de apreço por aquilo que existe. É dar graças pelo que existe e pelo que recebemos. É um ato de reconhecimento.

## Comentário sobre a GRATIDÃO

Certa vez alguém me perguntou: "Qual foi a última vez que alguém lhe deu algo de valioso sem esperar coisa alguma em troca?" A pessoa acrescentou que valioso não queria dizer, necessariamente, caro, mas algo de valor inestimável. Eu realmente precisei parar para pensar. A maioria das coisas que eu considerava de valor inestimável me foram dadas por meus filhos. Grande parte eram coisas que eles haviam dito ou feito para mim, mas normalmente havia a expectativa de receberem algo em troca, nem que fosse um "obrigada". Eu respondi que não me lembrava. E naquele momento me ocorreu o seguinte pensamento: "Foi Deus. Deus me deu a vida e eu não precisei fazer nada para recebê-la, nem Ele esperava algo em troca." Assim que essas palavras passaram pela minha mente, a pessoa disse: "Deus deu."

Não faz o menor sentido reclamar a respeito do papel quando

você sabe que há um presente escondido por baixo dele. Todos nós gostamos de papel de presente bonito, com um laçarote para combinar e um cartãozinho simpático. Quando um presente vem bem embrulhado, abrimos bem devagar, com cuidado para não rasgar o papel, imaginando que haverá algo igualmente bonito lá dentro. Não é sempre esse o caso da vida que recebemos. As experiências que temos e as condições em que vivemos são o papel. Outra coisa é a essência da vida, este presente de valor inestimável. Muitas das coisas sobre as quais reclamamos, com as quais nos preocupamos, sobre as quais fazemos drama e que tememos, não passam de um papel de presente feio. Podem não ser muito bonitos de olhar ou de passar, mas não afetam a essência da vida. Quando pensamos no significado verdadeiro e no valor do presente da vida, a única resposta digna é a gratidão. Da forma que é expressada aqui, a gratidão é mais do que uma palavra ou um gesto. Ser verdadeiramente gratos pela dádiva da vida deve ser uma experiência concreta.

Aos quarenta anos eu fiquei bastante deprimida com as coisas que havia feito e deixado de fazer. Eu vivia fazendo ou esquecendo de fazer alguma coisa. No minuto em que eu parava de fazer uma coisa, precisava encontrar outra para fazer. Às vezes, eu não encontrava a menor satisfação no que havia feito, então continuava a fazer. É fácil nos envolvermos tanto em *fazer* o que acreditamos que precisa ser feito, que esquecemos de ser gratos pela capacidade de *fazer*. Andar. Respirar. Pensar. São dádivas. Ver. Ouvir. Sentir. São presentes de valor inestimável. Cada uma dessas dádivas é um elemento inerente à vida que nada fizemos para merecer e pela qual jamais nos foi pedida retribuição. Recebemos tantas dádivas, que há momentos em que agimos como crianças mimadas. Não lhes damos o devido valor. Somos ingratos.

Quando aprendemos a sentir plenamente a gratidão, começamos a notar as menores coisas. Coisas como o piscar de nossos olhos, o crescer de nossos cabelos, a flexibilidade de nossos músculos. Quando somos gratos, prestamos atenção no bater de nosso coração e nos maravilhamos com o crescer das unhas das mãos ou dos pés. Prestamos atenção em tudo aquilo que é nosso e, mais importante ainda, reconhecemos quem somos. Somos expressões vivas do Criador do universo. Somos vinte e dois trilhões de células e dentro de cada uma dessas células somos milhões de moléculas. Cada molécula de nosso ser contém um átomo, que oscila mais de dez milhões de vezes por minuto. Toda essa atividade é controlada por um cérebro de 1,360 kg que contém três bilhões de células que controlam quatro milhões de estruturas sensíveis à dor, quinhentos mil detectores de toque e duzentos mil de temperatura. Se alguém lhe desse um carro novo em folha no seu aniversário, você provavelmente ficaria muito grato. Você por acaso sente gratidão pela máquina esplêndida que é o seu corpo e pela atividade da vida nele?

A gratidão é um estado de consciência. É a experiência de viver num estado de alegria. Ao observar a expressão exasperada das pessoas presas num engarrafamento, muitas vezes eu me pergunto: quantas se sentem gratas por estarem num carro? Por terem uma casa que em algum momento vai acolhê-las? A gratidão significa também viver sem o medo da morte. Podemos nos preocupar de tal forma com a morte – quando vamos morrer, o que precisamos realizar antes de morrer, quem cuidará disso ou daquilo quando morrermos –, que nos esquecemos de viver plenamente agora, no instante que é nosso. Se escolhermos viver com o pânico, o drama e o medo, a vida fará os devidos ajustes para responder às nossas expectativas! Ela nos dará exatamente o que for preciso para experimentarmos o estado de espírito que escolhemos para nós. Mas se queremos viver pacífica, alegre e plenamente, devemos procurar ter ao máximo experiências de paz, alegria e plenitude, e agradecer por elas. A gratidão é como um ímã que atrai para si elementos positivos. Quanto mais gratidão você demonstrar, mais razões terá para sentir gratidão.

A eletricidade não se importa se você acredita nela ou não, se gosta ou não dela, se sabe como ela funciona. Quando você quer ter luz num cômodo, basta dar um leve toque no interruptor. A luz reage à conexão dos circuitos que se completam quando você liga o interruptor. A vida funciona da mesma forma. Para que tenha uma vida plena e valiosa só é preciso que você dê um leve toque no interruptor para completar a conexão. A gratidão é a conexão entre quem e o que você é e a magnificência da vida.

### Diário do Comentário

– Após ler o comentário de hoje me dou conta de que...

– A(s) frase(s) de que quero me lembrar e com a(s) qual(quais) desejo trabalhar hoje é(são):

### Afirmação Matinal sobre a GRATIDÃO

*AGRADEÇO muito pela vida.*

*AGRADEÇO cada dádiva e dom que a vida me proporcionou.*

*AGRADEÇO cada uma das experiências que jamais tive e que fizeram da minha vida o que ela é hoje.*

*AGRADEÇO pelas lições que aprendi.*

*AGRADEÇO pela oportunidade de aprender ainda mais.*

*AGRADEÇO por ser uma expressão da vida divina que se desloca através de mim.*

*AGRADEÇO por estar alerta.*

*AGRADEÇO pela minha consciência.*

*AGRADEÇO por minha vida poder ser um reflexo da consciência divina em qualquer instante.*

*AGRADEÇO por hoje ser a única oportunidade de que preciso para viver plenamente a alegria, a paz e a plenitude ilimitadas.*

*Hoje eu plantarei as sementes da GRATIDÃO em minha vida, sabendo e crendo que elas florescerão, transformando-se na bondade e na glória do Divino.*

*AGRADEÇO tanto! AGRADEÇO tanto! AGRADEÇO tanto!*
*Por tudo aquilo que recebi e por tudo o que hei de receber!*
*E que assim seja!*

## Fazei com que Eu me Lembre de...

*AGRADECER pela dádiva inestimável que é a vida.*

*AGRADECER por ser um instrumento vivo do Divino.*

*AGRADECER pelo milagroso funcionamento de meu ser.*

*AGRADECER cada experiência vivida até este dia.*

*AGRADECER por tudo o que recebi na vida.*

## Diário Noturno da GRATIDÃO

– Eu me alegro por ter conseguido expressar minha GRATIDÃO com relação a...

– Reconheço que é difícil demonstrar GRATIDÃO quando...

– Reconheço que é fácil demonstrar GRATIDÃO quando...

# *Dia 38*

# Reverencie a Vida com a ORDEM

## Definição de Trabalho

O princípio com o qual estamos trabalhando hoje é a ORDEM. Ela é um ajuste à harmonia universal. Um alinhamento. Uma manifestação perfeita e oportuna. Uma colocação apropriada.

## Comentário sobre a ORDEM

1, 2, 3, 4, 5. Segunda, terça, quarta. Verão, outono, inverno, primavera. Concepção, gestação, parto. Há uma ordem natural para tudo na vida. A vida se desenrola e se desenvolve de maneira ordenada. Em certos momentos, a ordem parece desordenada, ilógica e irracional. Pense na dor associada ao parto ou na destruição causada por uma tempestade. O objetivo da dor ou da tempestade pode não fazer sentido para a mente lógica e racional. No entanto, as coisas parecem sempre voltar a ordenar-se, por mais destruidoras que possam parecer.

Você e eu somos prova do desenvolvimento ordenado do processo da vida. Nós crescemos física, mental, emocional e espiritualmente de acordo com o desenrolar ordenado de nossas experiências. Eu admito que houve muitos momentos em que a minha vida pareceu estar completamente desordenada. Hoje me dou conta de que essa desordem era ordenada de acordo com as minhas escolhas e necessidades de desenvolvimento. Há uma ordem divina e uma ordem física que influenciam cada um de nós de acordo com o divino plano da vontade divina. Cada um de nós precisa viver determinadas experiências para lembrar e aprender o que for preciso a respeito de nossa identidade divina.

A ordem é a graça de Deus que nos traz exatamente o que precisamos, no exato momento em que precisamos. A graça de Deus nos garante que o plano divino para as nossas vidas se desdobrará de maneira ordenada, de acordo com nosso grau de desenvolvimento. Quantas vezes você achou que tinha condições de enfrentar uma certa coisa, para descobrir mais tarde, algumas vezes de maneira dolorosa, que na realidade não tinha? Talvez você tenha pulado uma ou duas etapas do caminho. Talvez não tivesse consciência do que era esperado de você. Deu um passo em falso e caiu. Era preciso que isto acontecesse para você descobrir o que não sabia e se preparar assim para a experiência seguinte.

Há um outro tipo de ordem com a qual você também precisa se familiarizar. É a ordem física. A ordem do ambiente físico é um reflexo da ordem ou do estado da mente. Uma mente clara e aberta normalmente cria em torno de si um ambiente limpo e em ordem. A ordem de um ambiente demonstra o que você aprendeu, o que você está pensando, o que está em condições de receber. Seu ambiente é atravancado? É desmantelado ou desordenado? É entulhado de coisas? Essas coisas estão em mau estado? Dê uma olhada à sua volta, no cômodo onde você se encontra, na sua casa, no seu escritório, no seu carro, e pergunte-se: "Este lugar é um reflexo daquilo em que eu acredito de verdade, de como me sinto em relação a mim?" Se for, meus parabéns! Se não, então pergunte-se: "Onde é que estou com a cabeça para me deixar ficar num lugar como este?" O local onde você se encontra física, mental ou emocionalmente é um reflexo da ordem ou da desordem de seus pensamentos, crenças e emoções. Precisamos nos perguntar constantemente: "De acordo com meu grau de desenvolvimento, estou em ordem ou fora de ordem?"

A ordem significa mais do que ter um lugar para tudo e tudo no lugar. Embora esse seja um bom começo, a ordem é também a capacidade de reconhecer que você *está em ordem* e que se encontra onde deve estar. Ficamos entediados quando realizamos tarefas repetitivas. Depois que dominamos determinada coisa, queremos seguir em frente. Há momentos em que acreditamos estar acima daquilo que nos solicitam, e outros em que acreditamos estar mal preparados para realizar o que nos pedem. A graça de Deus é a ordem, e você se encontra na presença dessa graça a todo instante. Há uma razão divina para você estar onde está. E tudo o que acontece serve para mostrar que talvez você esteja se esquecendo de fazer alguma coisa importante. Ou que você tenha alguma capacidade, habilidade ou virtude que não venha praticando ultimamente. Pode ser que em alguns momentos você não tenha condições de seguir em frente e a situação vivida se apresente para mostrar exatamente isso. Se você realmente acredita que não está onde precisa estar, o que se dispõe a fazer para chegar até lá? O que você deseja fazer, mas tem medo? Será que esta não é uma oportunidade de começar? Não se esqueça nunca: todas as experiências são ordenadas pela graça de Deus para nos ensinar e nos lembrar quem somos.

Você pode colocar sua mente em ordem concentrando-se numa coisa de cada vez, fazendo-a bem, tomando consciência do que essa oportunidade lhe proporciona. Você pode colocar sua vida em ordem se perguntando continuamente o que realmente deseja e dando um passo de cada vez nessa direção. Você pode pôr ordem no seu ambiente tirando as coisas velhas, gastas, quebradas e inúteis que estão atravancando o espaço. Você pode colocar seu espírito em ordem substituindo pensamentos de medo, insegurança e raiva por outros que invoquem a graça de Deus, aceitando que o objetivo, o plano e a vontade Dele para a sua vida constituem o desenvolvimento ordenado da identidade da sua alma.

## Diário do Comentário

– Após ler o comentário de hoje me dou conta de que...

– A(s) frase(s) de que quero me lembrar e com a(s) qual(quais) desejo trabalhar hoje é(são):

## Afirmação Matinal sobre a ORDEM

*Hoje eu peço ao Espírito Santo que coloque ORDEM nos meus pensamentos, nas minhas palavras, nos meus passos e na minha vida.*

*Hoje eu desejo reconhecer e me dar conta de que a graça de Deus encontra-se em todas as experiências que vivo.*

*Hoje eu me disponho a permitir que o plano perfeito de Deus para a minha vida me molde.*

*Hoje buscarei a verdade a meu próprio respeito, eu a aceitarei e procurarei viver de acordo com essa verdade.*

*Por todas essas coisas, agradeço!*

*E que assim seja!*

## Fazei com que Eu me Lembre de que...

*A ORDEM é a graça de Deus.*

*Estou onde preciso estar para aprender ou lembrar.*

*A ORDEM começa no espírito e flui para a mente.*

*Deus dá ORDEM aos meus pensamentos.*

*Deus dá ORDEM aos meus passos.*

*Minhas escolhas dão ORDEM à minha vida.*

## Diário Noturno da ORDEM

– Eu me alegro pelos passos dados com o intuito de dar ORDEM a...

– Hoje reconheci a desordem de minha vida quando...

– Hoje me dei conta de que minha vida é posta em ORDEM quando...

# *Dia 39*

# Reverencie a Vida com a ALEGRIA

## Definição de Trabalho

O princípio com o qual estamos trabalhando hoje é a ALEGRIA. Ela é um estado de encantamento e de bem-estar. É um júbilo interno expressado de forma agradável. É um estado de felicidade.

## Comentário sobre a ALEGRIA

Alegria e felicidade não são a mesma coisa. A alegria é um processo interno fundamentado no conhecimento da verdade espiritual. É a capacidade de confiarmos na sabedoria do Divino, é a fé na capacidade de aperfeiçoamento do processo da vida. Não deve nunca ser confundida com a euforia momentânea. A felicidade é, geralmente, uma reação mental e emocional a um estímulo externo. A alegria é um estado de espírito. A felicidade depende de uma série de eventos que podem ou não ocorrer. É claro que elas se parecem e que às vezes causam a mesma sensação. Mas os resultados que trazem para nossas vidas são bem diferentes. Como a alegria é fundamentada no espírito, seu impacto é muito mais profundo e duradouro. A felicidade, que com freqüência depende de alguma coisa concreta, pode ir e vir de um momento para o outro.

A alegria consiste em *saber* que está tudo bem, neste exato momento. A felicidade é *esperar* que tudo continue bem. A alegria é a capacidade de reconhecer a verdade. A felicidade é tentar descobrir o que é verdadeiro e o que é falso. Quando você descobre, fica feliz. Quando não descobre, a felicidade escapa. A alegria pode ficar sempre conosco, independente de quem somos e do que está acontecendo. A felicidade é uma reação ao que acontece externamente. A alegria é a consciência do amor incondicional. A felicidade é a busca do prazer temporário. Pode-se ter alegria sem felicidade? Não. Pode-se ter felicidade sem alegria? Por um breve período, sim. A alegria pode levar à felicidade? Quase sempre. A felicidade pode levar à alegria? De modo algum! Quando seu estado de espírito depende de fatores externos, ele é temporário e não alegre.

A alegria é a capacidade de manter a consciência da verdade em face de qualquer experiência física. Isso quer dizer que você passará o tempo todo sorrindo? Não. Que você vai se sentir bem o tempo todo? Não. Significa que você nunca mais vai ter um momento de medo, dúvida, vergonha, culpa, raiva ou solidão? De modo algum! Quer dizer que quando esses momentos acontecerem, aquilo que você *sabe* profundamente vai reagir e vir à tona para lembrar-lhe que há uma *força dentro de você* que nada nem ninguém pode roubar. Essa força se tornará a sua direção, a sua proteção e salvação. A alegria é a disposição de seguir em frente aconteça o que acontecer. A alegria é a coragem de ir onde todos aconselharam você a não ir. A alegria é a liberdade de fazer escolhas conscientes diante do que parece ser a iminência de um desastre, aceitando e reconhecendo que você é um ser criativo numa jornada divina, e que nada, só o Divino, pode deter você. A felicidade não lhe dá o poder de escolher, de criar, não lhe dá apoio quando você se vê contra a parede, com os lobos rondando! A alegria, por causa de sua natureza espiritual, dá a você a capacidade de enfrentar os lobos!

É difícil ser feliz quando todos à sua volta estão tristes. É por isso que precisamos da alegria. Pode ser um grande desafio continuarmos felizes quando enfrentamos o desconhecido, o inesperado, o não-planejado. É por isso que precisamos desenvolver a alegria interna. Quando o emprego desaparece, o casamento azeda, as crianças aprontam, o carro quebra, tudo isso num único dia, você terá de se virar do avesso para encontrar um motivo para estar feliz. Se, por outro lado, todas essas coisas estiverem acontecendo e você tiver alegria no coração, você sempre se lembrará das palavras de uma velha canção: "Tudo estará terminado amanhã de manhã." Mesmo que esse amanhã leve dias, semanas, meses ou anos para chegar, a alegria lhe dará sustento pelo tempo necessário. Se você parar para pensar, a felicidade é uma sensação de plenitude em resposta às circunstâncias e acontecimentos da vida. A alegria nos faz sentir realizados apenas por estarmos vivos. A diferença entre a alegria e a felicidade pode parecer muito pequena, mas, quando os lobos estiverem nos ameaçando, ela pode ser fundamental para determinar a diferença entre escaparmos ou sermos devorados.

## Diário do Comentário

– Após ler o comentário de hoje me dou conta de que...

– A(s) frase(s) de que quero me lembrar e com a(s) qual(quais) desejo trabalhar hoje é(são):

## Afirmação Matinal sobre a ALEGRIA

*Eu me sinto alegremente transbordante de ALEGRIA.*
*Sou a ALEGRIA em movimento.*
*Sou a ALEGRIA em ação.*
*Encontro-me numa ALEGRE missão de espalhar ainda mais ALEGRIA!*
*Caminho à luz da ALEGRIA!*

*Crio momentos de ALEGRIA para mim e para aqueles à minha volta!*

*Quanto mais eu sou, mais eu me torno!*

*Eu sou ALEGRIA!*

*Eu dou ALEGRIA!*

*A ALEGRIA é o que crio, atraio e uso para me sustentar a cada momento do dia!*

*A ALEGRIA do Divino é minha força! Meu guia! Meu desejo! Minha proteção!*

*Por todas essas coisas, agradeço!*

*E que assim seja!*

## Fazei com que Eu me Lembre de que...

*A ALEGRIA é um estado de espírito.*

*A ALEGRIA é inspirada pelo espírito.*

*A ALEGRIA vem de dentro.*

*A ALEGRIA não depende de pessoas ou de circunstâncias.*

*A ALEGRIA tem um efeito duradouro.*

*O Divino se ALEGRA quando eu me ALEGRO.*

## Diário Noturno da ALEGRIA

– Eu me alegro por ter continuado ALEGRE quando...

– Eu agora me dou conta de que não fiquei ALEGRE quando...

– Eu me lembrarei de continuar ALEGRE quando....

# *Dia 40*

# Reverencie a Vida com o AMOR INCONDICIONAL

## Definição de Trabalho

O princípio com o qual estamos trabalhando hoje é o AMOR INCONDICIONAL. Ele é o reconhecimento e a aceitação da presença de Deus. É dar altruisticamente. É abrir-se para receber.

## Comentário sobre o AMOR INCONDICIONAL

Se alguém me dissesse que eu não sabia coisa alguma sobre o amor incondicional, eu o teria considerado louco. Afinal de contas eu já havia escrito quatro livros sobre assuntos espirituais. Passara por uma completa transformação de consciência e de vida que eu atribuía à atividade do amor incondicional de Deus. Eu ministrara palestras, seminários e conferências em todo o país, para discutir assuntos e tópicos baseados no conceito do amor incondicional. Eu me achava o próprio amor incondicional de saltos altos! Então, um homem entrou na minha vida e declarou seu amor incondicional por mim. Eu imediatamente entrei em estado de choque, me apavorei e – por incrível que pareça – parti para a autodestruição.

*The Course in Miracles,* este livro de que já falei e que tanto me ajuda, ensina: "Há apenas um amor, o amor incondicional de

Deus" e "O amor trará à tona tudo o que não é ele mesmo." Eu acabei descobrindo que, quando nos vemos cara a cara com o amor incondicional, ele traz à tona cada sentimento e pensamento de desamor e nos obriga a encará-los! Fica difícil mentir quando o amor de Deus está nos encarando. Fica ainda mais difícil admitir que andamos mentindo para nós mesmos esse tempo todo.

Quando aquele homem declarou seu amor incondicional por mim, eu comecei a procurar todos os defeitos possíveis nele. Tinha de haver algo de errado com ele! Por que outro motivo ele haveria de me querer? Eu não disse isso a ele, mas vivia procurando mil razões para provar que ele estava enganado comigo. Ele se recusou a cair na minha armadilha. Manteve a sua palavra. Aparecia na hora marcada. Sussurrava bobagens de amor nos meus ouvidos. Aproveitava cada oportunidade para demonstrar o carinho e a preocupação por mim. Ele sempre dizia a verdade, e me contou tudo o que eu precisava saber a seu respeito. Era um truque! Um golpe dos mais baixos! Ele devia estar errado! Eu achava que estava certa! Infelizmente eu não tinha provas.

Quando meu poder de observação começou a falhar, adotei uma nova abordagem. Comecei a criticá-lo. Tratava suas atitudes de gentileza e carinho com completa indiferença. Quando isso não funcionava, eu questionava suas motivações, seu caráter, sua família! Ele era bom para a mãe. Embora fosse divorciado, era um pai consciente e participante. Estava numa jornada espiritual para se fortalecer e se desenvolver. E gostava de política, de esportes e de música. Amava crianças, flores e momentos de silêncio para poder ler. Ajudava senhoras idosas a atravessarem a rua. Abria a porta do carro para mim e a mantinha aberta para quem estivesse saindo atrás dele. Ele tinha uma risada sincera e não tinha medo de chorar, abertamente, de alegria ou de tristeza. Este homem, esta maravilhosa e divina expressão de amor, queria que eu me tornasse sua esposa. Concluí que ele só podia mesmo ser louco de pedra!

Quando passamos a vida inteira acreditando haver algo de terrivelmente errado a nosso respeito, o amor incondicional nos mostrará a verdade. Quando conseguimos nos convencer de que, por mais que façamos, jamais seremos bons o suficiente, o amor incondicional nos mostrará a verdade. Quando começamos a dar ao nosso ego e a cada uma de nossas manias humanas rótulos depreciativos, o amor incondicional desnudará tudo o que estivermos escondendo, colocará diante de nossos olhos e murmurará bem baixinho: "E agora, como é que você vai se virar?" Ele aceitava minhas críticas porque confiava em mim. Lidava com as oscilações do meu humor porque se dava conta de que "gente criativa é um pouco diferente". Dava-me o espaço que eu pedia quando eu pedia. Compartilhava tudo o que tinha sem se desculpar por não ter mais para dar. Ele reconhecia as suas próprias limitações e aceitava as minhas como parte de quem eu era. Cada vez que eu apontava as minhas fraquezas e imperfeições físicas, ele me lembrava bem baixinho, com toda a gentileza: "Mas são essas coisas que eu mais amo em você!"

Eu fiz tudo o que consegui inventar para afastá-lo de mim, mas ele não foi embora. Finalmente, quando os demônios do meu ego estavam quase conseguindo que eu fizesse uma imensa tolice, como desmarcar o casamento, eu me dei um belo puxão de orelha: *Que diabos, o que há de errado com você? Não era isto que você vivia pedindo, implorando? Vá pegar seu diário e olhe quantas vezes você rezou, pedindo um companheiro com todas as características desse homem. Quantos relacionamentos você já terminou porque o sujeito não correspondia às suas expectativas? Eis aqui um homem que satisfaz todas as exigências e você tenta encontrar alguma coisa de errado nele!* Bem, ele podia ter um pouquinho mais de dinheiro! *Cale a boca! Você podia ter um pouquinho mais de amor! Por você e por ele, mas acima de tudo por Deus!*

*Eis aqui Deus, bem na frente da sua cara, não pedindo nada e dando a você tudo o que Ele possui. Assim funciona o amor incondicional de Deus, tirando você do medo, das limitações que você se impôs, da ânsia temporária de sua mente física, e levando-a ao território inexplorado do seu coração. Você está aberta para ter essa experiência ou isso tudo era pura conversa fiada? Você tem medo de não conseguir controlar o que está acontecendo e por isso prefere fugir? Tem medo de que todo esse lixo que anda dizendo a seu próprio respeito não passe mesmo disso, de lixo? Tem medo de descobrir que as coisas que disse a você mesma sobre Deus e sobre o amor sejam, realmente, verdadeiras?*

Quando há uma batalha sendo travada dentro da sua cabeça, alguma parte de você é obrigada a se render, forçada a contar a verdade, a abandonar o controle que tem sobre a mente. Na busca ou na presença do amor incondicional, você precisa se entregar, precisa dizer a verdade, precisa se soltar do ego. Minhas reações demonstravam que eu não estava pronta. Bem baixinho eu respondi que sim, que tinha medo de ser amada incondicionalmente.

Onde existe amor não existe medo. Por um momento apenas eu me permiti sentir a presença do amor incondicional de Deus. Nessa presença, lembrei-me de todos os meus erros e defeitos e, milagrosamente, eles desapareceram. Diante daquela presença, confessei para mim mesma todas as coisas de que eu não me orgulhava, de que sentia vergonha ou culpa. De repente, tudo aquilo passou a ter um significado. Eu conseguia ver como havia crescido através de todos aqueles comportamentos e experiências. Na presença do amor incondicional de Deus, encontrei coragem para admitir para mim mesma o que eu realmente queria da vida e que tinha medo de ter. Meus medos tinham origem na minha relação com meus pais, em padrões de comportamento herdados, na tendência desesperada de querer sempre agradar as pessoas, nas minhas atitudes derrotistas. À medida que eu me sentia cair de novo nas garras cruéis do meu ego, ouvi uma voz dizer bem baixinho: "*Venha para Mim. Não há amor além do Meu amor. Na presença do Meu amor, tudo o que não for amor desaparecerá.*"

Não há nada que possa fazer com que Deus deixe de nos amar. O amor de Deus é incondicional. Está presente em todos os lugares, a todo momento. O único desafio que precisamos enfrentar e vencer para reconhecer e receber o amor de Deus são as necessidades do nosso ego.

O ego é o nosso lado escuro e sombrio que quer que acreditemos que não somos capazes de ser amados por ninguém, sobretudo por Deus. O ego nos faz sentir vergonha, culpa e confusão. O ego nos afasta da verdade e usa todos os recursos da hipocrisia para manter o medo em nossos corações. O amor incondicional a si mesmo e aos outros é a única forma de desmantelar o ego. Exige que aceitemos a verdade sobre nós mesmos e sobre Deus. Exige que reverenciemos Deus reverenciando a nós mesmos. O amor incondicional é a compreensão de que não importa o que façamos, como nos comportemos, Deus nos ama e espera que incorporemos e demonstremos esse amor em qualquer circunstância. Depois de quarenta e três anos de uma vida baseada no ego, Deus respondeu às minhas preces e apareceu em minha vida na forma de um marido que me ama incondicionalmente. Há momentos em que ainda me esqueço de quem sou, de quem ele é. Ainda há momentos em que caio nas armadilhas do ego. A cada dia eu tomo mais consciência das minhas atitudes e comportamentos baseados no medo, nos julgamentos, no desejo de controle, no desamor. Quando reconheço essas coisas em mim, invoco a presença e a energia do amor divino e incondicional. Essa presença me faz lembrar que basta simplesmente me dispor a mudar, e a mudança se dará naturalmente.

## Diário do Comentário

– Após ler o comentário de hoje me dou conta de que...

– A(s) frase(s) de que quero me lembrar e com a(s) qual(quais) desejo trabalhar hoje é(são):

## Afirmação Matinal sobre o AMOR INCONDICIONAL

*A energia na qual eu vivo, na qual me movo, na qual existo, é o AMOR INCONDICIONAL de Deus.*

*O poder que permeia cada átomo, célula e molécula do meu ser é o AMOR INCONDICIONAL de Deus.*

*A realidade através da qual a minha vida se desdobra é o AMOR INCONDICIONAL de Deus.*

*Não há energia maior do que o AMOR INCONDICIONAL de Deus.*

*Não há poder maior do que o do AMOR INCONDICIONAL de Deus.*

*Não há realidade que eu deseje conhecer com maior fervor do que o AMOR INCONDICIONAL de Deus.*

*Ao aceitar, reconhecer e abraçar o AMOR INCONDICIONAL de Deus, ele se torna a força que dá direção à minha vida.*

*Por todas essas coisas, agradeço!*

*E que assim seja!*

## Fazei com que Eu me Lembre de que...

*Só existe um amor, o amor de Deus.*

*O amor de Deus por mim é INCONDICIONAL.*

*Onde existe AMOR INCONDICIONAL não existe medo.*

*Deus me ama, aconteça o que acontecer.*

## Diário Noturno do AMOR INCONDICIONAL

– Hoje eu me alegro por ter sido capaz de expressar meu AMOR INCONDICIONAL quando...

– Reconheço que venho impondo condições para o amor da seguinte forma:

– Eu me disponho a experimentar o AMOR INCONDICIONAL em todas as áreas de minha vida porque...

# *Fase Sete*

*Chegou um momento em minha vida em que pude associar todas as coisas que ouvia, via ou experimentava à bondade e à glória da divina presença de Deus. Senti crescer em mim o desejo de me dar profundamente conta da presença de Deus. As palavras do guru Muktananda –"Quando você come, está alimentando Deus. Quando você fala, está falando por Deus e para Deus. Quando você vive, está vivendo a glória de Deus" – tornaram-se a verdade e a realidade da minha vida. É claro que ainda há momentos, até mesmo dias, em que eu me vejo correndo de um lado para o outro, sentindo medo, acreditando na minha falta de valor, deixando meu ego prevalecer. Entretanto, a verdade acaba sempre explodindo em minha mente, me fazendo lembrar de minha herança e identidade espirituais. Sou um ser humano normal, sujeito a todas as oscilações! Mas sei que sou constantemente amada e abraçada pelo espírito de Deus! Que imensa bênção!*

Houve um momento em minha vida em que o medo da morte, do fracasso e do ridículo foi substituído pelo reconhecimento de minha capacidade de escolher e criar, escolher e recriar. Escrevi num cartão: *"Não tenho medo de ver o meu eu, de conhecer o meu eu, de ser o meu eu."* Coloquei o cartão no parapeito da janela do meu banheiro. Era a primeira coisa que eu via, todas as manhãs. Muitas vezes, eu me via refletida nas pessoas, nos acontecimentos e nas circunstâncias de minha vida que me revelavam um eu desvalorizado, rejeitado, sem recursos. Um eu que não queria ver nem enfrentar. Quando me dava conta de que isso estava acontecendo, eu procurava deliberadamente recriar meus pensamentos e sentimentos. Súbita e milagrosamente, a pessoa ou a circunstância se mostrava de maneira diferente. Eu descobri que não eram as pessoas ou situações que mudavam, era eu que me via e sentia de uma forma diferente.

Houve um momento na minha vida em que me dispus a abrir meu coração para sentir, conhecer e experimentar o amor. Não o amor de meu marido e de meus filhos. Na verdade, eu me dispus a aceitar o fato de que Deus me amava. Deus amava a garotinha assustada que havia dentro de mim, que contara mentiras e roubara dinheiro. Deus amava a adolescente rebelde que havia sido desafiadora, promíscua, agressiva e confusa. Eu me dispus a aceitar que Deus me amava apesar do que eu tinha feito ou do motivo que me levara a fazê-lo. Eu descobri que o amor de Deus era o fôlego que me dava alento. Era o sangue que corria em minhas veias. O amor de Deus era o bater do meu coração, o funcionar sistemático de todos os órgãos e sistemas vitais de meu corpo. Tudo isso indicava o amor de Deus. Deus sabia que eu soltava gases e que arrotava, e ainda assim me amava. Foi naquele dia, naquele momento, que tudo finalmente ficou claro. Ficou claro que Deus não estava me perseguindo, não queria me castigar. Eu me dei conta de que a ação divina e a presença de Deus sempre me guiavam, me estimulando a fazer as melhores escolhas, a tomar decisões mais acertadas, a permanecer aberta para o amor, a não me julgar, mas a abraçar tudo o que sou eu e, acima de tudo, a não sentir medo quando esquecesse de fazer todas essas coisas. Finalmente ficou claro que meus olhos, ouvidos, mãos, pés e corpo eram divinos instrumentos de Deus, e que minha única função nesta vida era me reconhecer como um instrumento divino e ser grata pela oportunidade de usar minha energia divina para criar uma vida melhor para mim e para os outros.

Algo de verdadeiramente maravilhoso ocorre quando você atinge a clareza. Desaparece a necessidade de ter sempre razão, de ser melhor do que todo mundo, de andar cada vez mais rápido e de superar os outros. A clareza lhe dá a capacidade de fazer o que você está fazendo da melhor maneira que puder, sem ter medo de estar fazendo a coisa errada. Você deixa de fazer, para ser. A clareza promove a capacidade abençoada e divina de gostar de tudo a seu respeito, sabendo que tudo é bom e que tudo é Deus. Deus quer que saibamos quem somos, descobrindo quem não somos. Com este grau de clareza, encontramos coragem e força para não nos deixarmos limitar pelo medo e para sintonizarmos nossas almas com os objetivos de Deus. Quando você tem clareza, a opinião na qual você confia é a sua. A capacidade criativa que deseja expressar é a sua. A gratidão que expressa é por você, pela sua capacidade de reconhecer e abraçar a sua verdade, lembrando quem você é e quem não é. A clareza faz com que você seja paciente e tolerante com você e com os outros. Ensina o amor por tudo e todos, como reflexo de quem você é. Ela lhe dá instrumentos para trabalhar as áreas que ainda precisam ser desenvolvidas e fortalecidas. A clareza é mais valiosa do que todo o ouro do mundo. A clareza remove todas as fronteiras da sua mente e do seu coração, levando você a se dar conta de que é, de fato, um ser divino. Com esse conhecimento, a sua saúde é restaurada, sua divindade é acionada e a vida se torna uma conseqüência da consciência da verdade do seu eu. No meu caso, quando as coisas se tornaram claras assim, minha alma se abriu e a paz, a alegria e o amor de Deus se derramaram sobre mim. Eu nunca mais fui a mesma, e avancei no caminho da paz.

Como tantos de meus irmãos e irmãs humanos, passei tempo demais da minha vida lutando contra os demônios que vivem dentro de mim. Indignidade. Inadequação. Medo. Desvalorização. Arrogância. Falta de disciplina. Desobediência. Querer ser especial e recusar-me a reconhecer que era isso que eu queria. Achava que estava sendo egoísta e gananciosa, e que as coisas que desejava eram inatingíveis porque eu era má e indigna. Eu estava em guerra dentro de mim e com o meu próprio mundo, o mundo que eu criara inconscientemente. Eu me forçava a fazer cada vez mais, e ao mesmo tempo sabotava minhas tentativas de realização. Eu conseguia me convencer de que quase todas as coisas boas eram possíveis, e me convencia do contrário com a mesma rapidez. Essa batalha foi travada dentro de mim durante quase vinte anos. Foi uma batalha sangrenta e dilacerante, na qual criei e usei muitas armas violentas para me agredir. Quando a batalha estava chegando ao fim e os demônios estavam prestes a declarar sua vitória sobre mim, tive a presença de espírito de invocar aquele Deus vingativo, punitivo, exigente no qual eu acreditava, com a prece final: "SOCORRO!" No fundo eu não acreditava que Deus me socorresse, mas, como era de se esperar, Ele/Ela me atendeu.

*Conheço você e a amo! Sei tudo a seu respeito, pois fui Eu quem criou tudo o que você é! Gostaria que você acreditasse um pouco em Mim! Eu, que criei tudo do nada, posso certamente fazer alguma coisa de tudo o que SOU dentro de você! Posso curar as feridas que você mesma se infligiu. Posso corrigir seus erros impensados. Posso mudar o curso que você escolheu por medo e revelar o caminho que lhe dei com e por amor. Posso levantá-la quando cair. Posso ir ao seu encontro e dar-lhe o que for necessário para que se levante sozinha. Posso ouvir e posso falar. Não SOU limitado nem pelo tempo e nem pela distância. Não SOU limitado por pesquisas de opinião ou pelas reações das pessoas. Eu tenho um plano porque SOU o plano. Tenho tudo de que você necessita, pois criei tudo. Você Me pediu ajuda. Posso ajudá-la. Eu já a ajudei, Eu a ajudo e a ajudarei, já que você Me pediu. Não lhe peço nada em troca. Eu simplesmente desejo lembrá-la de uma coisa. Se realmente quer a minha ajuda, você precisa desbloquear Meu caminho! Abandone o medo, a raiva, o ódio, os limites que você coloca para receber Minha ajuda. Abra a mente e o coração para dar amor e ser o amor em tudo aquilo que você pensar, fizer e disser. Pare de querer determinar quando devo ajudá-la, pare de Me dizer a quem ajudar e por que ajudar. Se você realmente quer a Minha ajuda, ouça-Me quando falo através dos outros. Ouça-Me nas canções, no vento e, acima de tudo, no silêncio. Se você realmente quer a Minha ajuda, aproxime-se de Mim em seu cora-*

*ção e peça, como você acaba de fazer. Cada vez que você o fizer, porque sei que você vai fazê-lo outra vez, saiba que ESTOU aqui e que a atenderei. E quando Eu lhe falar, tenha coragem de ouvir!*

Enquanto eu enxugava as lágrimas dos olhos e levantava meu corpo do chão, um pensamento iluminou minha mente: "Ora! Isso não poderia ter sido mais claro!" A nova batalha seria descobrir como manter essa clareza.

# *Um Dia Claro*

Eu poderia ter escrito este livro inteirinho em cinco páginas. Infelizmente a editora não o teria considerado um livro, e você provavelmente iria achá-lo simples demais para ter algum valor. Nós gostamos de coisas difíceis. Gostamos de concordar e de discordar, discutir e debater. Dissecar detalhe por detalhe para ver se combina com as nossas crenças, com as coisas que já sabemos. Nós nos esquecemos de dar valor à simplicidade porque achamos que ela é simples demais para ser verdade. Sinto-me grata por poder apresentar em trezentas páginas o que poderia ter dito em cinco. Escrever este livro, desta maneira, me ajudou a lembrar de certas coisas que costumo esquecer e a praticar algumas coisas que havia deixado de lado. Também me sinto grata ter podido compartilhar com vocês os desafios que enfrentei. Enquanto escrevia, eles me ajudaram a lembrar que eu e você somos um único ser. E nessa unidade sinto-me fortalecida e encorajada. Sei que não estou só na busca da clareza e no desejo de continuar a enxergar minha verdadeira identidade com clareza. Sei também que não estou sozinha na jornada em busca da força espiritual e da alegria pessoal. Você, que está segurando este livro, me ajuda a lembrar dessa verdade. Mas eu sei que é um grande desafio tentar lembrar de tantas coisas necessárias e aplicá-las às situações que enfrentamos todos os dias. Por isso é que sinto a necessidade de condensar em algumas páginas o que escrevi nas anteriores.

## Diga a Verdade

Minha avó costumava me dizer isso todos os dias, durante os primeiros dez anos de minha vida. Ela devia ter algum tipo de radar que a fazia descobrir quando eu não estava sendo sincera. Ela me castigava virando as costas para mim. Eu imediatamente fazia uma careta horrível, mostrando a língua para ela. Nem um segundo se passava para ela perguntar, sem se virar: "Você está fazendo má-criação?" Sem pestanejar, eu respondia: "Não!" Não era verdade, mas eu achava que se dissesse: "Pois é, vovó, acabo de mostrar a língua para a senhora!", ia levar uma bronca daquelas. Quantas vezes deixamos de dizer a verdade com medo do que poderemos enfrentar? Diga a verdade sobre o que você está pensando. Diga a verdade sobre o que está sentindo. Diga a verdade sobre o que está fazendo e por que está fazendo. Só quando contamos a nós mesmos a verdade sobre nós mesmos é que conseguimos pedir a ajuda necessária para nos sintonizarmos com o verdadeiro propósito de Deus para as nossas vidas.

## Seja Obediente

"Faça o que estou mandando, menina!" era o que vovó dizia. Não é desta obediência que falo aqui, mas daquela que começa em nós como um pensamento. Depois cresce e vira um desejo constante, nos guiando dia e noite. É aquilo que a mente manda você fazer para que possa ser livre. Obedeça à sua mente quando ela lhe falar. SEJA OBEDIENTE! Se você for igual a mim, vai se perguntar como saber se as coisas que está pensando são aquelas que precisa fazer. Aqui estão alguns critérios: aquilo que lhe dará alegria pode prejudicar você ou outra pessoa? Trará algum bem para você ou para o resto do mundo? Ajudará a superar algum medo? Se a sua resposta for sim, SEJA OBEDIENTE! Em vez de perguntar: "Como é que eu posso?", simplesmente diga: "Eu me disponho!" E entregue-se.

## Discipline Sua Mente, Seu Corpo, Seu Eu!

Por que foi que você se levantou da cama esta manhã? O que

espera viver até o final deste dia? Para responder a essas perguntas e sintonizar-se com o propósito divino para a sua vida, você precisa ter disciplina. Precisa procurar fazer o que disse que faria. Precisa estruturar seu dia de maneira consciente e criativa para concretizar qualquer pequena intenção. Precisa disciplinar seu pensamento, suas palavras e seus atos. Treine, conscientemente, para realizar as coisas que lhe fazem bem. Respirar. Caminhar. Comer. Descansar. Trabalhar. Ouvir. Criar. Rezar. Meditar. Discipline-se para falar suavemente. Discipline-se para viver de maneira pacífica. A disciplina é a única forma de evitar a briga, o caos e a confusão. Quando você sabe o que deve fazer, quando fazer e por que, tudo o que não estiver em sintonia com o seu propósito será descartado. Quando você se encontra onde pretende estar, fazendo o que pretende fazer para concretizar uma intenção, corre muito menos risco de ser tirado de seu eixo. A disciplina acalma a mente, abre o coração e desentulha o caminho que leva do ego ao espírito. Quando você se disciplina em sua busca pela paz, pela harmonia, pelo equilíbrio e pela expansão, os limites do medo, da raiva, do ressentimento, das restrições, da culpa e da vergonha se expandem. Ter disciplina é como fazer cem abdominais espirituais. Constrói a força e os músculos do espírito.

## Coloque a Sua Vida em Ordem

Ordem! Ordem! Ordem! Esta é a primeira lei do céu. É o método pelo qual a vontade humana entra em sintonia com a vontade de Deus. Na busca pela força espiritual, você precisa colocar em ordem sua mente, seu corpo e todas as suas coisas. Você precisa fazer uma faxina. Dê uma olhada debaixo da cama, dentro do armário, na mala do carro, no porão da casa, no sótão, na garagem, nas gavetas da cômoda, na bolsa, na carteira, no porta-luvas do carro e naquela gaveta da cozinha onde você guarda absolutamente tudo. Existe ordem? Existe um lugar para cada coisa?

Cada coisa tem seu lugar? Você anda guardando coisas que não têm utilidade? Existem coisas quebradas que você ainda não reservou um tempinho para consertar? Ou para se desfazer? Você está guardando coisas do passado na esperança de revivê-lo? Se as coisas do seu ambiente são um reflexo do que se passa em sua mente, pergunte-se: "Minha mente está em ordem?"

Quando não há ordem ou espaço em nossas vidas, há pouca chance de que a vontade de Deus se desdobre. Quando nos apegamos ao passado, trazendo essa bagagem para o presente, corremos o risco de bloquear o futuro. Quando não sabemos onde as coisas estão, fica muito mais difícil achar ou receber o que estamos buscando. ORDEM! ORDEM! ORDEM! Limpar os armários é uma boa forma de eliminar o tumulto mental. Limpar o porão liberta o subconsciente. Tirar velhos recibos e telefones inúteis da bolsa ou da carteira remove da mente o medo, a vergonha ou a culpa das oportunidades não aproveitadas no passado. Colocando ordem no seu dia, fazendo certas coisas em certos momentos, de certas maneiras, você aumenta a chance de estar exatamente onde precisa estar, fazendo exatamente o que precisa estar fazendo para receber as bênçãos que o Divino ordenou para você naquele momento.

## Faça Outra Escolha

Quando você perceber que o que está fazendo, que o que escolheu, não está funcionando, faça outra escolha. Quando descobrir que o que está pensando ou sentindo não está trazendo os pensamentos e sentimentos que você deseja, faça outra escolha. Mesmo que você tenha investido muito tempo, mesmo que tenha gasto muita energia para fazer determinada coisa, se ela não estiver funcionando, faça outra escolha! Escolher não significa abandonar ou desistir. Abandonar um caminho para escolher outro não faz de você um ser volúvel. Escolher significa simplesmente que você reconhece a inadequação, o conflito, o caos e a dor criados pela primeira escolha. Você escolhe eliminar essa experiência fazendo outra escolha.

## Lave as Mãos Quando Terminar!

Aprendemos desde pequenos a lavar as mãos antes de passarmos à experiência seguinte, mas não nos damos conta da importância espiritual desta recomendação. A eliminação é uma experiência tanto espiritual quanto humana. Quando você tiver eliminado, soltado, liberado alguma coisa ou alguém da sua vida, lave as mãos e siga em frente! Quando uma coisa termina, está terminada. Não há necessidade de ficar verificando se ela ou eles foram realmente embora. Puxe a descarga! Lave as mãos e siga em frente. Evite a tendência humana de ficar virando as coisas entre os dedos para descobrir o que são exatamente, por que são e como você foi parar onde está. O auxílio está a caminho! Você saberá o que precisa saber quando precisar. Por enquanto, admita a verdade. Acabou! Está terminado! Está na hora de desapegar-se! De eliminar! Lave as mãos e passe à coisa seguinte.

## Saiba que Você Sabe

Duvidar de si pode facilmente tornar-se a causa de cada passo que deixamos de dar. Duvidar de si é um fungo que cresce e se torna um câncer de inutilidade e inadequação. Essa dúvida rouba seus sonhos, rejeita a esperança e assassina a fé. Saiba que você sabe o que está fazendo. Quando você fizer o que parece ser certo para você, saiba que você sabe que isto é o certo para você. Quando você quiser mais do que tem agora e se dispuser a fazer o que for necessário para consegui-lo, saiba que o que quer é o certo para você. Saiba que você está a todo instante, em qualquer situação, ligado à fantástica, poderosa e criativa fonte da vida. Saiba que o que Deus sabe, você também sabe. Quando você não conseguir compreender por que sabe o que sabe ou o que fazer com o que sabe, saiba que poderá pedir clareza e que esta clareza lhe será proporcionada. Saber que você sabe é o que algumas pessoas chamam de fé.

### Não Tenha Medo

Não há nada pior nesta vida do que viver nas garras, nos limites do medo. Minha amiga e mentora Helen Hannon me lembrou disso ao dizer: "Você não pode perder!" Aconteça o que acontecer, não podemos perder. Se abrimos mão de algo ou de alguém que foi ordenado pelo Divino para nós, essa coisa ou pessoa nos será devolvida quando estivermos prontos para recebê-la. Se abrirmos mão de algo ou de alguém que não foi ordenado pelo Divino para nós, estaremos abrindo espaço para que o Divino ocupe seu lugar em nossa vida. Não há nenhum motivo para sentirmos medo de termos nos enganado ou de estarmos perdendo algo. O Deus que existe em nós sabe o que deseja e o alcançará. O medo só atrasa este processo, mas não consegue destruí-lo. O medo é a forma insidiosa de nos fazer acreditar que existe alguma coisa que Deus não pode fazer e não sabe. No fundo, é admitir que não se pode confiar em Deus e de que o amor de Deus não nos dá apoio suficiente. O medo é resultado dos antigos padrões de pensamento de que queremos nos livrar. Não tenha medo! Tome firme consciência de que, aconteça o que acontecer, independente do que você estiver sentindo e experimentando, você não pode perder, porque o auxílio está a caminho.

### Faça Tudo com Amor!

Caso ninguém tenha lhe dito hoje que ama você, deixe eu ser a primeira. EU AMO VOCÊ! Eu sempre amei você, mas infelizmente eu não sabia que isto era amor. Eu me considerava apenas uma escritora fazendo algo que deixaria minha editora e eu ricas. Não sabia que era por estar me amando que eu queria compartilhar com quem me lia as idéias erradas que eu tinha a meu respeito. Eu não compreendia que era o meu amor e a minha confiança em você que me levavam a querer revelar todas as armadilhas em que tinha caído. É exatamente isso o que nos acontece todos os dias. Levantamos da cama e arrastamos nossos "eus" para o mundo do trabalho, do lazer, do comércio, da história, da economia, da política, por uma única razão: porque amamos uns aos outros. Tudo o que fazemos durante o dia é movido pela mesma razão. Não sabemos que estamos demonstrando amor porque nos preocupamos com o que está errado, com o que nos falta, com o que poderíamos ter, deveríamos ter, poderíamos ter feito se tivéssemos mais tempo, mais dinheiro, mais oportunidades. Nos esquecemos de que, se não aparecermos, alguém, nem que seja uma única pessoa, ficará sem aquilo que temos a oferecer, a perguntar ou fazer naquele dia. Não nos damos conta de que somos o amor em movimento, buscando revelar-se de muitas formas, em qualquer circunstância. Podemos consertar isso. Podemos transformar o amor na prioridade de nossas vidas, fazendo uma coisa muito simples. Podemos substituir todas as palavras que expressem uma necessidade, um desejo, uma idéia ou sentimento por amor.

Em vez de "Eu te odeio", podemos dizer "Eu te amo". Em vez de "Eu queria ter mais dinheiro e mais tempo", podemos dizer "Eu queria ter mais amor". Em vez de dizer "Olhe só o que você fez com o meu carro, com a minha vida, com o meu crédito na praça!", vamos dizer: "Olhe só o que você fez com o meu amor!" Se inserirmos a palavra amor em todas as afirmações de discórdia ou de falta de harmonia, em todas as intenções, em todas as metas, estaremos invocando o espírito do amor, que é a presença ativa de Deus. Na presença de Deus, a verdade é revelada, a ordem, a harmonia e o equilíbrio são restaurados, a paz é desencadeada e a vida se torna um acontecimento com propósito. Não importa se você estiver datilografando, arquivando, cozinhando, limpando, dirigindo, fazendo uma entrega, lecionando, cuidando de um doente, cantando, dançando, tricotando, policiando, votando, navegando, faça-o com a intenção de demonstrar mais amor. Na presença do amor, todo o desamor é revelado, nos proporcionando a oportunidade de escolher outra vez. Quando escolhemos fazer tudo pelo amor e com o amor presente em nossa consciência, estamos mandando um convite para que o Espírito Santo abra as nossas almas e revele mais amor em nossas vidas.

# *Sobre Iyanla...*

Iyanla Vanzant é sacerdotisa ioruba, pastora e autora de cinco grandes *best-sellers* sobre crescimento pessoal e cura espiritual, entre os quais ENQUANTO O AMOR NÃO VEM, publicado no Brasil pela Editora Sextante. Como fundadora e diretora executiva da Inner Visions Spiritual Life Maintenance Network (Visões interiores – Rede de manutenção da vida espiritual), ela dirige oficinas, seminários e palestras em todo o país. Ex-advogada criminal e apresentadora de um programa de rádio, Iyanla tem três filhos, quatro netos e mora em Silver Spring, Maryland, com o marido Adeyemi.

De Iyanla Vanzant:

# *Enquanto o Amor Não Vem*

"Haverá um momento em sua vida em que o amor chegará. Antes disso, você terá feito e tentado tudo o que podia, sofrido o quanto podia e desistido muitas vezes. Mas com a mesma certeza com que você está lendo este texto, lhe garanto que esse dia virá. Nesse meio tempo, este livro vai lhe contar muitas histórias e lhe ensinar algumas coisas que você pode fazer para se preparar para o dia mais feliz de sua vida: o dia em que experimentar o amor verdadeiro."

Reconhecida como "o maior fenômeno editorial de 1998", com mais de 4 milhões de livros vendidos nos Estados Unidos, Iyanla Vanzant se dedica a mostrar como podemos transformar nossas vidas e crescer espiritualmente. "Meu maior objetivo é que as pessoas conheçam a si próprias e usem este conhecimento como um meio de cultivar o amor e a afirmação de seus desejos na condução de suas vidas."

De Yitta Halberstam & Judith Leventhal:

## *Pequenos Milagres II*

As pessoas que leram *Pequenos Milagres* tiveram uma reação semelhante: "Eu também poderia contar histórias parecidas que aconteceram em minha vida." Encontros inesperados em momentos de necessidade, fatos insignificantes que impedem problemas graves ou direcionam para uma melhor solução, grandes frustrações que abrem espaço para realizações mais felizes.

Se estivermos atentos para o que ocorre conosco e acreditarmos que esta grande energia universal – que muitos chamam de Deus – se manifesta em nossa vida através dos acontecimentos, poderemos nos beneficiar dos sinais que nos envia. Através deles aprendemos, crescemos espiritualmente.

As histórias reais, engraçadas, comoventes que se encontram neste livro nos ajudam a reforçar esta convicção, dando-nos olhos para ver, sensibilidade para captar os sinais que nos são enviados e disposição para usá-los na transformação de nossa vida.

## *Pequenos Milagres*

Um avião cujo embarque você perdeu e que sofre um acidente. Um encontro inesperado com alguém que traz solução para um problema angustiante. Um objeto que parecia perdido e é encontrado. *Pequenos Milagres* é uma coletânea de mais de cinqüenta dessas extraordinárias, comoventes e enternecedoras histórias. Sua leitura nos ajuda a ficar atentos para percebermos estes momentos e entendermos seu significado.

De Sua Santidade o Dalai-Lama:

# *Uma Ética para o Novo Milênio*

Aos 64 anos de idade e às vésperas do novo milênio, a Sua Santidade o 14º Dalai-Lama registra neste livro o seu mais pungente manifesto para o mundo.

Com uma visão ao mesmo tempo crítica e otimista, o Dalai-Lama examina o papel social desempenhado pela educação, mídia, política internacional e religião, estabelecendo um plano de ação para cada setor e guiando-nos para assumir a responsabilidade por nosso futuro e para a criarmos um sistema ético que seja global e viável.

Neste livro, ele também apresenta uma visão radical do progresso material, do desenvolvimento tecnológico e da falta de contentamento e ética de nossa sociedade. Ele defende que o alto grau de ansiedade, ambição, estresse, insegurança e depressão que existe no mundo desenvolvido pode ser alterado com uma mudança em nossa percepções básicas. Por que vivemos com tantos conflitos, quando tantos de nós temos saúde, riqueza e as necessidades básicas atendidas?

De acordo com a Sua Santidade, precisamos começar a perceber que o bem-estar dos outros está intimamente ligado ao nosso, e agir de acordo com este princípio fundamental. Ele mostra que a solução para nosso sofrimento não depende da adesão a uma religião, mas de se adotar os princípios da compaixão, paciência, perdão, humildade e tolerância que, em sua opinião, são as qualidades que podem trazer felicidade para nós.

De Domenico De Masi:

# *O Ócio Criativo*

Domenico De Masi expôs suas idéias sobre a sociedade, o trabalho, o tempo livre e a criatividade em diversos livros e ensaios destinados aos amantes da sociologia.

Atento ao crescente interesse de um público mais amplo em sua visão do futuro, De Masi elabora, neste livro, não apenas os temas da sociedade pós-industrial, do desenvolvimento sem emprego, da criatividade e do tempo livre, como também as questões da globalização, da feminilização, do declínio das ideologias tradicionais e do novo arranjo de classes.

A conversa tem como pano de fundo uma profunda insatisfação com o modelo social elaborado pelo Ocidente, sobretudo pelos Estados Unidos, centrado na idolatria do trabalho, do mercado e da competitividade. A este é contraposto um novo modelo com as seguintes premissas:

- no qual os indivíduos são educados a privilegiar a satisfação de necessidades radicais, como a introspecção, a amizade, o amor, as atividades lúdicas e o convívio;
- militante pela redistribuição do tempo, do trabalho, da riqueza, do saber e do poder;
- centrado mais no crescente tempo livre do que no tempo decrescente dedicado ao trabalho;
- baseado na simultaneidade entre trabalho, estudo e lazer;
- atento à distribuição equânime da riqueza, assim como a sua produção de forma eficiente.

De Mitch Albom:

## *A Última Grande Lição*

Talvez tenha sido um avô, um professor ou um amigo da família. Uma pessoa mais velha, paciente e sábia, que se interessou por nós e nos compreendeu, quando éramos jovens, inquietos e inseguros. Uma pessoa que nos fez olhar o mundo de uma perspectiva diferente e nos ajudou com seus conselhos a encontrar nossos caminhos. Para Mitch Albom, essa pessoa foi Morrie Schwartz, seu professor na universidade.

Talvez, como Mitch, você tenha perdido o contato com seu grande amigo. Você seguiu pela vida, as lições foram se apagando... Você não gostaria de reencontrar essa pessoa para tratar das grandes questões que ainda lhe causam angústia, tal como fez em sua juventude?

Mitch Albom teve essa chance vinte anos depois de deixar a universidade. Ele redescobriu Morrie nos últimos meses de vida. Visitou-o durante quatorze terças-feiras, até a sua morte. Nesses encontros, trataram de temas fundamentais para a felicidade e a realização humana. Foi essa a última grande lição: um ensinamento sobre o sentido da vida.

De Elisabeth Kübler-Ross:

## *A Roda da Vida*

A fascinante autobiografia de Elizabeth Kübler-Ross, que transformou o modo como o mundo vê a morte, trazendo imenso consolo para os doentes terminais e para seus entes queridos.

Sua história é uma aventura do coração, vigorosa, inspiradora, um legado à altura de uma vida extraordinária. Uma leitura indispensável para alimentar a fé e a esperança no ser humano.

De Morrie Schwartz:

## *Lições sobre Amar e Viver*

Aqueles que se encantaram com Morrie Schwartz e com a sabedoria de seus ensinamentos em *A Última Grande Lição* têm agora o privilégio de ouvir diretamente esse mestre esplêndido dando sua aula final.

Para os que não o conhecem, esta é a oportunidade de tomar contato com um professor excepcional que marcou a vida dos seus alunos e que nos ensina a tomar nas mãos as rédeas de nossa existência e a ter uma vida em harmonia.

De Leonardo Boff:

## *A Oração de São Francisco*

Leonardo Boff, um de nossos maiores teólogos, a transporta para o mundo atual, ajudando-nos na assimilação dessa mensagem pronunciada através dos séculos por todos os povos e credos.

O texto nos conta a origem da Oração, definindo a paz a que ela se refere, as causas que atentam contra a harmonia no mundo e a maneira de ser um autêntico instrumento de paz. Cada frase é objeto de uma reflexão e acrescida de fatos que ajudam a compreendê-la. Depois da leitura deste livro, sempre que pronunciarmos esta oração, o nosso apelo estará fortalecido pelo espírito que fez deste Santo um símbolo dos sonhos de felicidade e realização humana acalentados no fundo de nossos corações.

De David Kundtz:

## *A Essencial Arte de Parar*

Você se sente sufocado ou atordoado pelo ritmo e pela quantidade de coisas na sua vida? Está insatisfeito com sua profissão, seu casamento, sua vida, mas toca em frente como se não houvesse alternativas? Você deseja dar mais atenção aos significados e valores fundamentais, mas vem se frustrando ao tentar transformar esse desejo numa prática real?

Se você se reconhece de alguma forma nas descrições acima, neste livro vai encontrar a solução. E se você anda frustrado porque os métodos a que apelou para reduzir o ritmo eram complicados, pode ter certeza de que as sugestões deste livro vão lhe ajudar muito. Tudo o que ele ensina é fácil, simples, acessível a qualquer pessoa, mas capaz de operar milagres, como testemunham muitas histórias que nele se encontram.

De Richard Bode:

## *Velejando com a Vida*

Era uma vez um menino que queria ter um veleiro. E encontrou um lendário marinheiro que o ensinou a velejar, a observar o ritmo da natureza, a ir encontrando as formas de se harmonizar com os ventos e com o movimento do mar para chegar ao seu destino. No processo, ele foi descobrindo as relações que estes conhecimentos tinham para sua própria vida.

Esse menino é Richard Bode, o autor de *Velejando com a Vida*. Com generosidade, o homem adulto escreve para compartilhar sua experiência náutica e suas descobertas existenciais. Para os que não são íntimos do mar, este livro é uma viagem cheia de histórias interessantes sobre um universo mágico e inspirador.

De Brian L. Weiss:

## *A Divina Sabedoria dos Mestres*

"Este livro vai descrever a sabedoria espiritual presente em nossa jornada desde antes do nascimento até a morte e depois dela. O que pode nos ajudar e o que pode nos atrapalhar. O que eu tenho aprendido em meus reencontros com os Mestres.

Acredito que nosso maior objetivo na vida é atingir o conhecimento íntimo de que somos almas imortais, trazidas a esta escola chamada Terra para aprender lições sobre amor, compaixão, paciência, equilíbrio e harmonia, não-violência, fé e esperança. Não posso dizer que aprender nesta grande escola seja fácil. Para se tornar iluminado e feliz é preciso muito trabalho.

O que eu posso dizer é que se você ler este livro com a mente aberta e o coração repleto de amor, você estará andando na direção certa. Cada passo que você der será sagrado."

## *Meditando com Brian Weiss*

A Busca do Equilíbrio, da Cura e da Espiritualidade

O mundo de hoje invade nosso cotidiano com pressões e demandas que tumultuam nossa mente. Torna-se cada vez mais difícil nos voltarmos para dentro de nós mesmos, tentando iluminar nosso íntimo e visualizar a causa de nossas angústias.

Através da meditação, vivenciamos a beleza interior que nos faz repensar tudo o que nos rodeia e a nós mesmos. Que nos faz confiar na capacidade que possuímos de utilizar e direcionar nossas energias para a purificação de nossos corpos e mentes, para a descoberta e o desenvolvimento de nossa espiritualidade.

Inclui CD com os exercícios de *Relaxamento Profundo e Meditação para Cura*.

## *Muitas Vidas, Muitos Mestres*

*Muitas Vidas, Muitos Mestres* conta a surpreendente e controvertida história do Dr. Brian Weiss e seu trabalho com a paciente Catherine, que, apesar de tratada durante 18 meses com a terapia tradicional, só apresenta cura satisfatória ao regredir às suas vidas passadas.

## *Só o Amor É Real*

*Só o Amor É Real* descreve o drama da procura de almas gêmeas – duas pessoas que estão marcadas para todo o sempre pelo amor que tiveram em outras encarnações e que percorrem vidas e vidas, sempre buscando uma à outra.

## *A Cura através da Terapia de Vidas Passadas*

Relatando casos reais ocorridos em seu consultório, o Dr. Brian Weiss mostra como a terapia de regressão pode curar as dores físicas, o pesar pela perda de pessoas queridas, os relacionamentos conflitivos e os mecanismos nocivos de defesa, ajudando-nos a criar relações amorosas, desbloquear talentos reprimidos e transformar nossa visão da vida e da morte.

De Louise Hay:

## *Meditações para a Manhã e para a Noite*

A *meditação para a manhã* nos torna atentos para as maravilhas do cotidiano, criando uma abertura amorosa para todos com quem vamos nos encontrar e fazendo-nos dirigir para nós mesmos esse olhar de afeto e valorização.

A *meditação para a noite* limpa nossa mente dos pensamentos desgastantes do dia, e recupera, com gratidão, o que foi vivido de positivo. É um exercício de amor, compreensão, perdão e aceitação de nós mesmos, e a garantia de um sono mais tranqüilo e recuperador das nossas energias físicas e emocionais.

Inclui CD com as meditações para a manhã e para a noite.

## *Meditações para a Saúde do Corpo e da Mente*

"O corpo é um espelho de nossas crenças e pensamentos mais íntimos. Está sempre conversando conosco. Foi para aprender a escutar o que ele tem a dizer e a incorporar as suas lições para o seu bem-estar que criei estas meditações.

Se você deseja investir na sua saúde, as meditações irão ajudar a tornar sua vida e seu corpo íntegros. Eu sei que você tem, dentro de si, tudo de que precisa para conseguir isso.

Quando começar a compreender o processo que leva à saúde ou à doença, será capaz de assumir o controle consciente das mudanças que deseja. Este é um processo muito emocionante que vai se tornar uma das aventuras mais felizes da sua vida."

Inclui um CD com exercícios de meditação.

De James Van Praagh:

## *Em Busca do Perdão*

"As histórias e reflexões deste livro têm por objetivo desenvolver em você um dom que todos recebemos, mas que a rigidez de nossa formação muitas vezes bloqueou: o dom de perdoar, de ter compaixão e de tratar a si e aos outros com amor.

Quero ajudar você a fazer as pazes com sua consciência, a se livrar da culpa e a tornar o mundo à sua volta mais hospitaleiro, sem a pressão de julgar nem de ser julgado. Um mundo no qual podemos expressar o amor e a nossa espiritualidade.

Para isso ofereço também essas meditações que têm o poder de curar e de transformar, cultivando em você uma nova consciência voltada para o crescimento e para a felicidade."

Inclui um CD com exercícios de meditação

## *Em Busca da Espiritualidade*

O autor nos leva a uma viagem da alma através do tempo para revelar os mistérios do mundo espiritual e do processo da reencarnação, mostrando, entre outras coisas, o que acontece na morte e como uma alma escolhe o seu renascer.

Relatando tocantes histórias da comunicação após a morte, o autor demonstra como nossas energias espirituais podem ser bloqueadas por emoções negativas como a culpa e o medo. Ele ensina exercícios e meditações que vão nos ajudar a nos manter centrados, e oferece as chaves para desenvolver o nosso crescimento espiritual e o de nossos filhos.

# *Conversando com os Espíritos*

Neste livro, você compartilhará diversas histórias tocantes sobre a comunicação depois da morte, como a da mãe que reencontra esperança e razão para viver nas palavras meigas, mas corajosas, de sua filha, vítima da AIDS. O que estes espíritos contam sobre si, sobre um maravilhoso lugar de paz e de luz e sobre laços eternos de amor nos inspira e enche de emoção.

Consciente da dor e angústia que a morte causa, Van Praagh oferece meios de lidar com a perda de maneira positiva e saudável. Ele mostra como entrar em contato com o reino espiritual, conhecendo seus espíritos-guias e identificando os sinais que seus entes queridos estão sempre enviando para você.

Do Dr. Patch Adams:

# *O Amor É Contagioso*

Patch Adams foi o pioneiro na idéia de que os médicos devem tratar as pessoas, e não apenas as doenças. Compaixão, envolvimento e empatia têm tanto valor para os médicos quanto os remédios e os avanços tecnológicos.

Em *O Amor É Contagioso,* Patch uniu-se ao ilustrador Jerry Van Amerongen para apresentar suas descobertas e prescrições inspiradas no humor, com o objetivo de conseguir um sorriso, uma ligação espiritual, ou um simples momento de prazer do paciente.

De Daniel Goleman:

## *A Arte da Meditação*

Aprenda a tranqüilizar a mente e a relaxar o corpo, a aliviar as dores físicas, a fortalecer seu sistema imunológico e a desenvolver a percepção e o poder de concentração. Daniel Goleman, o consagrado autor de *Inteligência Emocional,* ensina a alcançar esses benefícios através de tradicionais técnicas de meditação adaptadas à vida moderna.

Inclui CD com quatro tradicionais técnicas de meditação: *Meditar Respirando, Meditar Relaxando o Corpo, Meditar Concentrando* e *Meditar Caminhando.*

De Fadynha:

## *Meditação para Gestantes*

Uma obra fundamental para que uma gravidez saudável e um parto feliz tenham reflexos positivos na criança que vai nascer. A autora registra sua experiência de trabalho durante 20 anos, com mais de 7.000 grávidas, neste livro que vai abordar as principais questões ligadas à gestação.

O livro é acompanhado de um CD com uma meditação que, realizada regularmente, contribuirá para a serenidade da gestante, a participação do pai no processo e o bem-estar do bebê.

De Nick Bunick:

## *Os Mensageiros*

O livro narra a história real de Nick Bunnick, bem-sucedido empresário americano que, através de sessões de regressão, descobre ter sido a reencarnação do apóstolo Paulo, descrevendo sua convivência e amizade com Jesus desde o início de sua vida pública até a crucificação, a experiência na estrada de Damasco e o engajamento na pregação da autêntica mensagem cristã.

De Richard N. Bolles:

## *Como Conseguir um Emprego e Descobrir a Profissão de Seus Sonhos*

Segundo Richard Bolles, os caçadores de emprego dividem-se em dois grupos: aqueles que querem achar um emprego o mais rápido possível, mesmo se o trabalho não corresponder àquilo com que sonhavam, e aqueles que têm tempo, paciência (e dinheiro) para enfrentar a caça ao emprego de maneira mais seletiva, com o objetivo de atender suas expectativas de profissão ou de trabalho.

Considerado a Bíblia sobre a caça a empregos e "o mais completo guia sobre emprego e carreiras que existe", *Como Conseguir um Emprego* foi apontado pela Biblioteca do Congresso americano como um dos 25 livros que marcaram a vida dos leitores, tendo orientado milhões de pessoas a encontrar o seu caminho profissional.

De Monique Le Poncin:

# *Pense Melhor, Viva Melhor*

Sabemos que só usamos uma parte mínima do nosso potencial cerebral. O resto fica em silêncio. A Ginástica Cerebral apresentada neste livro é capaz de reativar zonas adormecidas e mobilizá-las, ampliando as capacidades cerebrais e – este é o seu maior objetivo – mantendo o cérebro jovem e ativo.

# *Informações sobre eventos no Brasil*

Para receber informações sobre as palestras e seminários de nossos autores no Brasil e sobre os próximos lançamentos da SEXTANTE, queira entrar em contato com nossa Central de Atendimento, dando seu nome, endereço e telefone para:

SEXTANTE
Av. Nilo Peçanha, 155 - Gr. 301 - Centro
20020-100 - Rio de Janeiro - RJ
Tel.: (21) 524-6760 - Fax: (21) 524-6755
DDG: 0800-22-6306 (ligação gratuita)
E-mail: salvend@openlink.com.br